肖天明　著

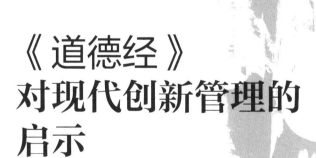

《道德经》
对现代创新管理的
启示

The Enlightenment of
the *Tao Te Ching*
on Modern Innovation Management

社会科学文献出版社
SOCIAL SCIENCES ACADEMIC PRESS (CHINA)

前　言

　　创新是需要管理的，管理是创新的保障。现代社会，如何有效进行创新管理？这个问题已经引起国内外不少学者的关注。然而，高度关注中国传统文化，并认真将中国传统文化中的精华应用于现代创新管理的研究成果还处于缺乏状态。

　　创新并不是否定传统，而是在汲取传统精华的基础上实现发展。将传统的精华引入现代创新管理，具有重要的理论和现实意义。

　　2013 年，笔者被聘为管理学教授，当时对管理理论的研究已经取得一些成果。基于这些成果，笔者又投入大量的时间和精力研究中国传统文化。经过多年的研究，形成了一系列研究成果，现在笔者决定将这些研究成果撰写成专著公开出版。

　　《道德经》全书共八十一章，每一章都充满了智慧和哲理，每一章都对现代创新管理有深刻的启示。因此，本书需要对《道德经》进行逐章分析。

　　因为本书对《道德经》进行逐章分析，而针对《道德经》各章的分析可以独立成章，所以，本书也设置了八十一章分别分析《道德经》的八十一章。本书的最后对前文进行总结，并基于《道德经》对"水柔"的高度重视，建议将"至柔之水"引入创新思维与创新管理，构建可望有辉煌应用前景的水式创新思维与水式创新管理理论。全书分为上篇（第一章至第三十七章）、下篇（第三十八章至第八十一章）和总结与展望篇。

1

　　我们既要继承祖先的优秀文化遗产，更要推陈出新，"古为今用"，从古代哲理中寻找启示，使现代创新管理得到进一步优化，并有力保障和推动现代创新，促进国家和社会持续进步和发展。

肖天明

2023 年于福州

目　录

下篇 德经对现代创新管理的启示

绪　论

作为道家哲学之宗，《道德经》不仅是中国古代哲学的经典之作，更蕴含丰富的、具有启发性的哲理与智慧。这些哲理与智慧，对现代社会的组织创新管理仍然具有十分重要的启示意义。

创新是组织生生不息、持续发展的源泉和动力。目前全球至少有80%的企业认为创新是企业成功的关键。在现代竞争激烈的市场环境中，组织没有创新就意味着无力立足，更谈不上发展。现代组织创新的重要性不言而喻。

创新需要管理。创新是一个复杂而充满挑战与风险的过程。在这个过程中，不能缺少管理的四大基本职能——计划、组织、领导和控制。第一，创新需要计划。创新是一个严谨的过程，需要有明确的目标和周详的规划，需要有长期计划、中期计划和短期计划。第二，创新需要组织。创新需要有一个完善的组织支撑创新的研究、开发、试验、销售、服务等各个必要的环节。第三，创新需要领导。创新需要有领导"掌舵"，把握创新的正确方向；需要有领导鼓舞士气，提高创新团队的战斗力；需要有领导协调矛盾，保障创新团队的和谐发展。第四，创新需要控制。创新也需要管理的控制职能，以便能够及时发现创新实践与计划之间的偏差，查找偏差的原因，并采取必要的纠偏或者调适的措施。管理的控制职能并不会影响创新能力的发挥，它是保障创新目标得以实现的必要职能。

既然我们在创新过程中不能缺少管理的任何一项职能，那么我们就必须承认：创新不能缺少管理。如果说创新就是不断推陈出新的过程，那么，在这样一个不断变化的过程中起着重要支撑与维持作用的"主心骨"就是管理。以创新为主要管理对象的管理活动，我们称为"创新管理"。

创新管理，是指组织在创新过程中，对创新的规划、组织、领导、控制、评价等一系列活动的总称。组织只有通过有效的创新管理，才能将其创新潜能充分发挥出来，让创新成果得以实现和应用。创新管理，既是一门科学，也是一门艺术。说其是科学，是因为创新管理需要以科学的管理理论、管理思维、管理方法为基础，且所有的创新管理活动都需要围绕科学规律展开。说其是艺术，是因为创新管理过程中很需要灵感和创造力，也很讲究沟通艺术、领导艺术、合作艺术、竞争艺术等。现代创新管理是推动组织创新发展的利器。无论是微软公司，还是海尔公司，每一个成功的企业，都离不开创新管理。

在前文，我们明确了创新与创新管理的重要性。但是，我们强调创新与创新管理，并不是要放弃传统。创新、创新管理与传统并不是对立的，而是相互依存、互促互进的关系。

创新应该是"站在巨人肩膀之上"的发扬光大。这个"巨人"就是传统。不重视传统的创新，会成为"无本""无根"的创新，其价值难以提升。也就是说，如果我们只是不断地创新，而缺乏对传统的继承和发扬，那么，这种创新通常是低价值的，且容易陷入盲目和混乱。我们应该正确对待创新与传统的关系，既重视创新，又重视传统，将传统融入创新，提升创新的价值。

创新管理与传统也存在着千丝万缕的联系。不少传统哲理对现代创新管理有重要启示意义，若能善加应用，就可以有效促进现代创新管理。例如，《道德经》中的"道""德""不妄为""平衡""自然""玄同"等理念对现代创新管理都有深刻的启示。将现代创新管理同《道德经》哲理相结合，可以使我们对管理的计划、组织、领导、控制四大基本职能有更深入的理解和认识，进而在"道"与"德"的指导下全面优化现代创新管理。

本书基于笔者多年的研究，将在后文中详细分析《道德经》对现代创新管理的启示，希望能对现代创新管理者有所启发。

上　篇
道经对现代创新管理的启示

第一章 《道德经》第一章对现代
创新管理的启示

一 《道德经》第一章原文及其翻译

《道德经》第一章的原文是："道可道，非常道；名可名，非常名。无名，天地之始；有名，万物之母。故常无欲，以观其妙；常有欲，以观其徼。此两者同出而异名，同谓之玄。玄之又玄，众妙之门。"① 其中蕴含的古老哲理，用现代文翻译是：我们可以说它是"道"，但它并非普通人常说的"道路"；我们可以给它取一个名称，但它并非普通人常见的名称；万物在刚诞生的时候，都没有名称，随着万物的繁衍发展，才有了名称；所以，如果你没有贪欲，你可以观察到"道"的微妙；如果你有贪欲，你只能看到名的变化；同出一源的两者却有着不同的名称，这都是"道"的体现；"道"是那么玄妙而深远啊，它是探求宇宙万物奥秘的门户。那么，这些古老的哲理与现代创新管理有什么关系呢？

二 对现代创新管理的启示

（一）道可道，非常道；名可名，非常名。无名，天地之始；有名，万物之母。故常无欲，以观其妙；常有欲，以观其徼

这段话作为《道德经》全书的开篇，在探讨如何给"道"命名的问

---

① 张景、张松辉译注《道德经》，北京：中华书局，2021，第1页。

题。如何给这么玄妙而深远的"道"命名呢？这是一个较大的难题。作者老子指出：我们可以将它命名为"道"，但这个称呼与普通的称呼不同，它并不是指普通人常说的"道路"。接着，作者指出，万物在刚诞生时都没有称呼，繁衍发展后才有称呼。"道"原本并没有称呼，但其被发现后才有了这个称呼。而如何能观察"道"的细微之处呢？作者指出需要保持"常无欲"的状态。如果你是一个"常有欲"的人，那么你就观察不到"道"的细微之处，你只能观察到事物名称的变化。事物在发展过程中，会发生名称的变化，举个大家熟知的例子：蝌蚪长大后变成了青蛙，其名称发生了改变。蝌蚪为什么会变成青蛙呢？"常无欲"的人可以观察到从蝌蚪变成青蛙全过程中潜藏的细节和内在的规律；而"常有欲"的人只能观察到表面现象，他们只能看到从蝌蚪到青蛙的名称变化。

从这段话开始，现代创新管理者将逐步认识到"道"的强大力量和现实意义。通过学习这段话，现代创新管理者可以明白"道"这个名称的由来，它并不是普通人常说的"道路"。这段话也启示现代创新管理者，要克制自己的贪欲，不贪则明，不贪才能观察到"道"的细微之处，做一名成功的组织创新"导航者"。

（二）此两者同出而异名，同谓之玄

这句话提出了一个常见的现象，即同源的两个事物却有着不同的名称。如上文例中的蝌蚪与青蛙，就是同源而异名的。类似于这样的例子很多，万物都是动态发展的，边发展边变化。万物的发展变化都是有规律可循的，那么这个规律是什么？如果能够掌握万物的发展变化规律，那么就可以利用这个规律使万物向好的方向发展了。

如何才能掌握万物发展变化的规律呢？这就是学习和研究"道"的过程啊。"道"的本质就是万物发展变化的自然规律。如果现代创新管理者可以掌握创新发展变化的自然规律，那么就可以应用创新发展变化的自然规律使创新向好的方向发展；同理，如果现代创新管理者可以掌握管理对象与创新对象的发展变化规律，那么就可以应用管理对象与创新对象的发展变化规律使它们向好的方向发展。如此，组织的创新环境都向好的方向发展，整个组织将在创新发展的道路上欣欣向荣地持续发展。

（三）玄之又玄，众妙之门

这句话指出，"玄之又玄"是"道"的重要特征，而且"道"是人类探求宇宙万物内在规律（潜藏奥秘）的门户和入口，可见"道"的玄妙、深远和重要作用。

"道"是如此神秘，那么它是什么？通过本章的描述，我们初步认识了"道"。"道"是宇宙万物发展变化的根本规律，是追溯到万物本源后的顿悟，是难以言说与深远玄妙的，是主宰万物的无形力量，是大自然的运行规律。

在现代创新管理中，"道"是创新发展的自然规律，是创新理念与创新思维，是创新实践的主导者，是直接关系到创新成败的无形力量。现代创新管理者，需要基于《道德经》的学习与参悟，在创新管理实践中不断思考与探索，逐渐掌握"道"的基本规律，并进一步应用"道"的启示与指引从事创新管理实践，形成良性循环。

三　小结

总之，受《道德经》第一章启示，现代创新管理者明白了"道"这个名称的由来；认识到"道"的含义、强大力量与现实意义；要克制贪欲，逐渐掌握"道"的基本规律，构建组织创新发展的良性循环体系。

第二章 《道德经》第二章对现代
创新管理的启示

一 《道德经》第二章原文及其翻译

《道德经》第二章的原文是："天下皆知美之为美，斯恶已；皆知善之为善，斯不善已。故有无相生，难易相成，长短相较，高下相倾，音声相和，前后相随。是以圣人处无为之事，行不言之教。万物作焉而不辞，生而不有，为而不恃，功成而弗居。夫唯弗居，是以不去。"① 其中蕴含的古老哲理，用现代文翻译是：正如天下的人所知道的，"美"之所以显得美，是因为有丑陋的衬托；"善"之所以显得善，是因为有"不善"现象的存在；"有"与"无"是相生的关系，"难"与"易"是相成的关系，"长"与"短"是相较的关系，"高"与"下"是相倾的关系，"音"与"声"是相和的关系，"前"与"后"是相随的关系；所以，圣人处事不妄为，教导不多言，遵循万物发展的自然规律，做事不强加自己的意志，成功了也不居功；正是因为不居功，所以就不会失去。那么，这些古老的哲理与现代创新管理有什么关系呢？

---

① 张景、张松辉译注《道德经》，第10页。

二　对现代创新管理的启示

（一）天下皆知美之为美，斯恶已；皆知善之为善，斯不善已。故有无相生，难易相成，长短相较，高下相倾，音声相和，前后相随

这段话存在明显的辩证思维，强调万物之间存在一种矛盾而共生的关系。美与丑、善与恶、有与无、难与易、长与短、高与下、前与后都是互相矛盾而又共生的关系。"美"因为"丑"而被欣赏；"善"因为"恶"而被赞美；"有"因为"无"而存在；"难"因为"易"而凸显；"长"因为"短"而突出；"高"因为"下"而更高；"音"和"声"相和才更悦耳动听；"前"之所以为"前"，是因为有"后"跟随着。

受这段话启示，现代创新管理者的创新思维应有所拓展，看待万物的眼光不要过于绝对化，例如，创新优势与劣势、机会与挑战都是相对而言的。正是竞争对手存在某个方面的劣势，你才存在某个方面的优势；你选择了、抓住了某个难得的机会，你也就必须接受某个挑战。又如，现代创新管理的过程中可能有让你感觉"不美"的困难和压力，但你更要期待战胜这些困难、压力后的"大美"。都说"不经历风雨怎能见彩虹"，经历过风雨的艰辛之后，你才会觉得彩虹格外美。事实上，现代创新管理本身就是一门艺术，虽然也存在艰苦、劳累等"不美"之处，但是只要你以乐观的心态去看待它，就会发现现代创新管理有一种别样的美。现代创新管理的美，不同于山水花草的绚烂多姿之美，而是富有逻辑和灵动感的美。现代创新管理的这种美可以带给创新者充实、静谧和成就感。

学习了"故有无相生，难易相成，长短相较，高下相倾，音声相和，前后相随"之后，请认真思考现代创新管理过程中存在哪些相关的例子。你会发现，有很多相关的例子。以"有"与"无"的关系为例，"有"与"无"是事物存在的两种状态。在自然界中，"有"与"无"始终相互依存、相互转化，在人类社会中亦然。例如，正是因为市场上没有符合客户需求的新产品或新服务，符合客户需求的创新才显得更有价值。再以

"难"与"易"的关系为例:客观上很难的事情,主观上可能感觉很容易、很简单;客观上很容易的事情,主观上可能感觉很难;同样的事情,张三感觉很难,李四却感觉很容易。因此,"难"与"易"都不是绝对的,而是相对的。现代创新管理者如何"化难为易"是一个大学问。例如,客观上,让消费者接受新产品或新服务很难。现代创新管理者无法改变"客观",但能够改变消费者的"主观"。例如,笔者看到一款敷在脸上立刻就溶化且被皮肤快速吸收的胶原蛋白面膜,很容易就接受这个新产品并购买了,因为笔者在主观意识中认为"我终于找到了一款梦寐以求的新产品"。这就是说,顺应消费者心理需求的新产品或新服务,就可以将客观上"很难"的新产品接受问题变得主观上"容易"了。"难"与"易"除了可以相互转化,也可以相互依存。正是因为创新产品或服务很艰难,市场上很难买到符合自己需求的新产品或新服务,所以消费者一旦看到特别符合自己需求的新产品或新服务就会很容易接受。

(二)是以圣人处无为之事,行不言之教。万物作焉而不辞,生而不有,为而不恃,功成而弗居

《道德经》多次提出"无为",在第二章中首次提出"无为",强调圣人不妄为、不对万物的自然发展妄加干涉。这句话以圣人的不妄为、不多言和遵循自然规律的处事方式为榜样,启示现代创新管理者不要试图干涉自然的创新规律。现实中不干涉反而收获好结果的例子很多。举个笔者在新闻中看到的例子:一位母亲给她的孩子报名参加演讲比赛,但孩子对演讲没有兴趣,学习情绪和参赛结果都不佳。于是,母亲决定不干涉孩子的兴趣爱好,给了孩子自由选择参赛项目的权利,孩子有了选择权后兴趣大增,学习情绪好、进步快,在比赛中取得了好成绩。

受"圣人处无为之事"启示,现代创新管理者应遵循自然的创新规律,减少干预行为;既给其团队和员工以必要的物质与精神支持,又给其团队和员工更多的创新自由;不要试图去控制创新过程,而要充分激发员工的创造潜力;基于客观规律,循序渐进地开展创新工作。现实中,有些现代创新管理者可能会认为自己有足够的能力和智慧去干预自然的创新规

律，让自己的创新想法得以快速实现并广泛推广。然而，现代创新管理者如果无视"无为"的教诲，真的采取了干预自然创新规律的"妄为"之行，则难免陷入失败之境。要知道，自然的创新规律是非常复杂的。如果现代创新管理者试图去改变这些规律，就可能破坏它们原有的平衡，欲速则不达，造成损失和失败，甚至失去原有的创新能力。

（三）夫唯弗居，是以不去

这句话指出，圣人不居功才能不失去，启示现代创新管理者，即使取得成功，也不要居功自傲。现代的创新成果往往是创新团队成员共同努力的结果，并非现代创新管理者一人之功劳。现代创新管理者要记住，你的成功是建立在他人的信任与支持之上的，你要心怀感恩，不要将功劳都记在自己身上，否则，你会失去人心，在后续的工作中，将得不到员工宝贵的信任和支持。

三 小结

总之，受《道德经》第二章启示，现代创新管理者在现代创新管理中需要有辩证的思维，明白创新对象、市场、员工、客户等都在"运动"中发展与变化；就像美的呈现需要丑的衬托一样，看似矛盾的双方却可以相互依存和相互转化，创新的成功也需要失败的铺垫和困难的磨砺；创新应该顺应自然规律，现代创新管理者不要试图干涉自然的创新规律；如果创新取得了成功，现代创新管理者切记不要居功自傲。

第三章 《道德经》第三章对现代
创新管理的启示

一 《道德经》第三章原文及其翻译

《道德经》第三章的原文是："不尚贤，使民不争；不贵难得之货，使民不为盗；不见可欲，使民心不乱。是以圣人之治：虚其心，实其腹；弱其志，强其骨。常使民无知无欲，使夫智者不敢为也。为无为，则无不治。"① 其中蕴含的古老哲理，用现代文翻译是：如果不选拔贤能的人，民众就不会争先恐后地表现自己的才能；如果不珍视贵重的东西，民众就不会为了贪图财物而犯罪；如果不让人看到其特别想得到的东西，民众就不会失去理智而扰乱社会秩序；所以，圣人的治理方法是让民众虚心、饱腹、弱志、强骨；通常情况下，使民众不要知道太多，他们的欲望就会减少；如此，那些有主见、有才能的人也不敢妄为生事了，就没有不能治理好的了。那么，这些古老的哲理与现代创新管理有什么关系呢？

二 对现代创新管理的启示

（一）不尚贤，使民不争；不贵难得之货，使民不为盗；不见可欲，使民心不乱

这句话给管理者提供了新的管理思维，以我们现代人的眼光去看，我

---

① 张景、张松辉译注《道德经》，第 14 页。

们可以从这句话中提炼更多积极的启示。

第一，"不尚贤，使民不争"启示现代创新管理者：在现代创新管理中，不要只重视组织中高学历的创新人才，而要"一视同仁"。组织中每一个人都可以有强大的创新潜能，都需要平等的成长机会，不可以被忽视。如果员工感受到管理者的"偏袒"，他们会因此产生消极情绪，并降低他们的工作热情和工作积极性。

第二，"不贵难得之货，使民不为盗"启示现代创新管理者：提高员工的素质，增强守法观念，规范员工的言行，提高员工的自我修养，给员工提供继续受教育的机会。同时，对于那些难得的东西，要懂得利用法律手段加强保护，例如，通过申请知识产权保护创新成果。

第三，"不见可欲，使民心不乱"启示现代创新管理者：现代人通过网络等各种信息工具，获知了很多信息，"不见可欲"是难以做到的。环境变化，管理理念与管理手段都需要随之改变。在现代组织中，"使民心不乱"的有效方式是提升"民"的修养与素质，鼓励"民"多学习并有高层次的追求，比如追求知识、文化、真理、信仰、价值等。心灵修养的力量也是强大的，它可以使"民"淡泊而宁静。当"民"既有良好的心灵修养，又有高层次的追求时，整个组织自然就不可能"乱"了。

（二）是以圣人之治：虚其心，实其腹；弱其志，强其骨。常使民无知无欲

这句话强调使人虚心、实腹、弱志、强骨的管理方式。这种管理方式对现代创新管理也有一定的借鉴意义。

第一，"虚心"启示现代创新管理者：在现代创新管理过程中，始终保持"虚心"的态度，谨记"满招损，谦受益"的古训，始终认识到自己在知识和才能方面还存在不足，还需要不断学习、不断补充新知识。只有这样，现代创新管理者才能紧跟社会发展的步伐，创造与时俱进的创新成果。"虚心"是"骄傲"的反义词。现代创新管理者要具备"胜不骄"的良好道德品质。而且，现代创新管理者还需要推动员工们一起虚心学习。

第二，"实腹"启示现代创新管理者：在创新实践中，始终不可忘了

继续给自己的"腹"补充新知识、新经验、新能量，也不要忘了扩充自己的"腹"，使它具有强大的包容力。只有充实与扩充自己的"腹"，现代创新管理者才能做到"腹有诗书气自华"和"宰相肚里能撑船"，以强大的包容力和满腹专业知识、技能、经验给组织创新发展以强劲的推力。

第三，"弱志"启示现代创新管理者：在现代创新管理过程中，要懂得控制自己与员工的欲望，弱化自己与员工的"功利心"，增强自己与员工的责任感。以"功利心"为奋斗动力的人，一旦实现了某种"功利"就会失去持续奋斗的力量；而以"责任感"为奋斗动力的人，能保持永久的奋斗力量。

第四，"强骨"启示现代创新管理者：在辛苦的工作中，要注意劳逸结合，定期锻炼身体，保持自己的身体健康。健康的身体是创造力的源泉，是管理好创新工作的根本保障；若失去健康的身体，则失去了做好所有事情的"本钱"。因此，现代创新管理者在努力工作的同时，切勿忘记"强骨"，也需要时常督促员工参与"强骨"运动。

第五，基于现代环境，从现代人角度来理解"常使民无知无欲"，即要求现代创新管理者要具有稳定的情绪和良好的心态，不妄求，控制好自己的情绪，管好自己的心，不要经不起外界的诱惑，宁静而致远。

（三）使夫智者不敢为也。为无为，则无不治

这句话强调让民众懂得哪些事情不敢去做、哪些事情不能去做，就可以达到让国家长治久安的目的。

现代组织要实现繁荣稳定，也可以借鉴这句话：让员工懂得哪些事情不敢去做、哪些事情不能去做。在此，提几点建议供现代创新管理者参考：其一，教育引导，帮助员工增强法律意识，同时也使所有员工知道公司的规章制度，如果组织中有员工触犯法律或者违反规章制度，应该让其接受法律制裁和制度惩罚，以此给其他员工"敲警钟"；其二，鼓励员工尝试创新想法和有益的解决方案，但也要让员工明确在实践创新想法与解决方案之前应该"三思"，认真做一个可行性分析，只有在确定创新想法与解决方案可行的前提下才能开始正式的行动，增强员工的风险意识；其

三，帮助失败的员工总结教训，鼓励他们走出失败的阴影，引导他们以正确的方式重整旗鼓。

三　小结

总之，受《道德经》第三章启示，现代创新管理者不可只重视组织中高学历的创新人才，而要"一视同仁"；提高员工的素质，增强守法观念，规范员工的言行，提高员工的自我修养，给员工提供继续受教育的机会；鼓励员工多学习、多修养，追求知识、文化、真理、信仰、价值等；做好虚心、实腹、弱志、强骨的榜样，促使员工虚心、实腹、弱志、强骨；不妄求，控制好自己的情绪，管好自己的心，经得起外界的诱惑；让员工懂得哪些事情不敢去做、哪些事情不能去做。

第四章 《道德经》第四章对现代创新管理的启示

一 《道德经》第四章原文及其翻译

《道德经》第四章的原文是："道冲，而用之或不盈。渊兮，似万物之宗；锉其锐，解其纷；和其光，同其尘。湛兮，似或存。吾不知谁之子，象帝之先。"[1] 其中蕴含的古老哲理，用现代文翻译是："道"的行动力很强大，其作用无穷无尽；"道"好深邃啊，就像万物的根源；"道"可以磨去万物的锐利伤人之处，可以帮助万物解开纷乱难解之难题，可以调和万物的刺眼光芒，可以使万物融入凡尘而实现更大价值；"道"若隐若现，但是真实存在；我不知道它来自哪里，只知道它像天帝的先祖一样伟大。那么，这些古老的哲理与现代创新管理有什么关系呢？

二 对现代创新管理的启示

（一）道冲，而用之或不盈。渊兮，似万物之宗

《道德经》第一章就提到"道"，在之后的章节中，"道"随处可见。我们要明确地知道"道"的含义，它不是普通的"道路"，而是宇宙运行的法则、大自然发展的规律、万物演化的自然规律。此处，"冲"的含义是什么？这个问题有些争议。笔者在撰写本书时研究了多个版本的解释，

---

[1] 张景、张松辉译注《道德经》，第20页。

有的版本说"冲"通"盅",指器物虚空,比喻"道"的空虚无形;有的版本说"冲"指本体;有的版本说"冲"指运动的冲力,比喻"道"的运动力强大。本书采纳了最后一种解释。"道"不仅有强大的运动力,其在实际中的应用更具有无穷尽的作用,深邃得就像万物之宗。

受这句话启示,现代创新管理者应该明白,"道"的作用强大而深远,在日常工作中务必遵循"道"。"道冲",强调"道"对创新过程中思维与物质的运动和变化所产生的强大影响。在创新过程中,思维应始终保持活跃,物质也处于运动和变化的状态之中。只有保持思维活跃,才能不断产生新想法和新创意;物质的组成要素与构成框架只有发生运动与变化,才能有新物质的产生。我们要知道,创新过程中的各种运动与变化都需要遵守一定的规律和法则。"道冲",形容"道"对创新过程中各种运动与变化的强大作用力,"道"就是创新过程中各种运动与变化务必遵循的规律和法则。在创新过程中,无论是思维动变,还是物质动变,若不能循"道",则必败矣。

此外,这句话中的"不盈"也启示现代创新管理者要保持一种"不充盈"的状态,坚持学习,让自己更加充实,离"充盈"越来越近,但又永远"不充盈"。这样的状态特别有利于激励人努力探索和持续提升。

(二)锉其锐,解其纷;和其光,同其尘。湛兮,似或存

"湛兮",这个词代表着深远、深邃、和谐和平衡。本句话指出"道"有一种神奇的力量,它可以将万物的锐利伤人之处磨去,将万物的纷争难题解开,调和万物过于刺眼的光芒,让万物真正融入凡尘中。在"道"的作用下,大自然呈现和谐、平衡、可持续发展的状态,万物都可以在自然状态下发挥出最大的潜力,体现其应该有的价值。

同样的道理,"道"也可以在现代创新管理中发挥强大的作用,磨去现代创新管理中存在的锐利伤人之处,解开现代创新管理中存在的纷争难解之题,调和现代创新管理中存在的过于刺眼的光芒,让现代创新管理与实际应用有更紧密的结合,提高创新产品的实用性和社会价值。

"道"的这些作用在《道德经》后面的章节中会有越来越具体的体现,

而本书也随着《道德经》对"道"的深入分析，将会越来越具体地论述"道"在现代创新管理中的具体应用。

（三）吾不知谁之子，象帝之先

这句话指出，"道"是如此神秘，以至于《道德经》的作者老子自谦说："我不知道它是从哪里来的，我不知道它是谁的孩子。"其实，"道"是主宰万物发展、演化的自然规律，这些规律深深地隐藏在万物发展、演化的各种表面现象之后，看不见，也摸不着，却始终发挥着关键性作用。老子经过极长时间的观察、研究，才逐渐总结出这些规律。而老子能够发现并总结出这些常人"看不见"的规律，可见老子具备极其强大的智慧与恒心。

现代创新管理者要向《道德经》的作者老子学习，以强大的意志力和恒心，探索组织的创新发展之路，挖掘、总结出现代组织创新管理的基本规律，不断积累管理经验与教训，持续夯实组织的创新发展之基。

三 小结

总之，受《道德经》第四章启示，现代创新管理者应该明白"道"对万物运动的强大作用力，要充分应用"道"的规律规范创新过程、优化创新流程；要充分利用"道"的神奇力量构建和谐、平衡、可持续发展的现代创新管理体系；要向《道德经》的作者老子学习，强化意志力和恒心，有挖掘力、研究力，还有总结和积累的良好习惯，为现代创新管理的持续发展奠定良好的基础。

第五章 《道德经》第五章对现代创新管理的启示

一 《道德经》第五章原文及其翻译

《道德经》第五章的原文是："天地不仁，以万物为刍狗；圣人不仁，以百姓为刍狗。天地之间，其犹橐籥乎？虚而不屈，动而愈出。多言数穷，不如守中。"① 其中蕴含的古老哲理，用现代文翻译是：天地按自然规律运转，不会对任何人格外关照，也可以说把万物都当成刍狗，万物都必须自生自灭；圣人遵循自然规律，也不会对任何人格外关照，也可以说把百姓都当作刍狗。天地之间，是不是好像风箱一样呢？它虚心但不屈地运转，越是鼓动就越多风多事。事多了就会穷尽，不如守住中道，保持静的状态。那么，这些古老的哲理与现代创新管理有什么关系呢？

二 对现代创新管理的启示

（一）天地不仁，以万物为刍狗；圣人不仁，以百姓为刍狗

这句话强调，天地与圣人都遵循自然规律，不对任何人有偏袒，万物按自然规律自生自灭、优胜劣汰。那么，"优"者是什么样的？"劣"者又是什么样的？根据"适者生存"的自然法则，所谓"优"者，就是能够适应环境的生物；所谓"劣"者，就是不能够适应环境的生物。

---

① 张景、张松辉译注《道德经》，第24页。

受这句话启示，现代创新管理者应该遵循自然规律，努力适应现代创新环境。只有适应现代创新环境，才能得到继续生存与发展的权利。那么，现代创新管理者应该如何适应现代创新环境呢？其一，快速响应市场变化。现代创新环境的变化可以用"瞬息万变"来形容，市场新组织、新产品、新服务、新状况层出不穷，需要现代创新管理者快速响应市场上的各种变化。这些响应包括增删创新项目、调整创新方案、改良创新团队、调整创新组织结构、优化创新流程、改善沟通方式等。其二，市场细分，产品或服务有针对性。每一个新产品或新服务，都应该有明确的细分市场，例如，你必须毫不含糊地知道你现在正在开发的新产品或新服务是针对哪个消费者群体的，你要对这个消费者群体的年龄范围、性格特征、爱好倾向、购物频率等有详细的了解。你的新产品或新服务就针对这个消费者群体所构成的细分市场。其三，开拓新市场，挖掘新的市场空间。创新精神的本质，就是要不断开拓新的领域。挖掘新的市场空间，也是创新精神的应用之一。挖掘新的市场空间并不容易，需要做好充分的市场调研工作，还需要本着客观而实在的心理，尽量多与客户沟通，争取从客户处取得更多"真经"。当然，你还要充分了解你的竞争对手，因为他们也正在开拓新的市场空间。竞争总是难免的，你要根据实际情况灵活利用差异化竞争战略、低成本竞争战略等战胜竞争对手。

（二）天地之间，其犹橐龠乎？虚而不屈，动而愈出

"虚"，指中空，可以引申为"虚心""谦虚""低调"；"不屈"，引申为"不屈服""坚持不懈"；"动"，在本章中与上文中的"风箱"或"鼓风机"衔接，翻译成了"鼓动"，但"动"在大多数时候意为运动、行动。这句话强调天地之间的自然规律，讲究虚心而不屈，动得越多，出得越多。

受这句话启示，现代创新管理者应该保持虚心而不屈的状态——既要保持谦虚的态度，明确自己的不足与缺点，虚心接受他人的意见或建议，集思广益，及时弥补自己的不足，提升自己的实力，让自己持续不断地成长，拥有越来越丰富的创新知识和管理经验，又要不屈不挠，坚持不懈，

只有坚持不懈，才能够取得成功。

除了保持虚心与不屈，现代创新管理者还要多行动。现代创新管理者需要具备主动性，即需要主动获取市场信息、主动分析市场信息、主动寻求创新灵感、主动研究创新想法的可行性、主动将创新想法转化为切实的行动。如果只有创新想法而没有创新行动，那么，创新就只是停留在"概念"阶段。没有被落实的创新想法是无法实现其价值的。当然，"动而愈出"，其"出"的未必都是现代创新管理者所期望之物，可能会有失败、被竞争者模仿等不良产出。为了预防不良产出，建议现代创新管理者在行动之前要深入市场调研、摸清行情与竞争者实情、做好可行性分析研究、制订好行动计划、识别创新风险、分析创新风险、应对创新风险等。

（三）多言数穷，不如守中

"中"，指核心，在此引申为内心的宁静和坚定。"不如守中"强调要守住内心的宁静和坚定。

受这句话启示，现代创新管理者要保持内心的宁静与坚定。其一，认清现状，承认自己的压力。你总是需要面对现实，例如，工作任务很重、市场竞争很激烈等。你必须客观地认清种种类似的现实状况，然后承认自己正面临着怎样的压力。根据心理学研究，认清现状，承认并接受压力，有利于提高你的心理韧性。这样的你更不容易被困难打倒。其二，充分利用可利用的资源。面对压力，你可以深呼吸，然后让自己的内心处于最宁静的状态，思考你有哪些可用资源、你可以怎样利用这些资源应对眼前的困难等问题。由于内心宁静，你的思考是专注而高效的。你也可以边思考边用笔记录下你的想法，在纸上做一个思维导图，将自己的思绪理清，然后循序渐进，坚定地稳步执行。其三，给自己一点时间。劳逸结合，在工作之余给自己留一些时间。在这些时间里，你只是你自己，不是管理者，你卸下了身上的重担，暂时不要去想工作上的事情，可以像一个孩子似的简单快乐，轻松地享受大自然的馈赠。也许就在这样的时间里，你会有一些意外的创新灵感作为奖励。但是，就算没有任何奖励，这样一个休闲而轻松的时间就是你给你自己的奖励，你会在这样的时间里消除工作中的负面情绪，重获平衡而稳定的心理状态，提高后续工作的效率与质量。

三　小结

总之，受《道德经》第五章启示，现代创新管理者应该遵循自然规律，努力适应现代创新环境，只有适者才能生存与发展；要虚心，并坚持不懈而有行动力；要守"中"，以宁静而坚定的内心状态面对多变而多竞争的市场环境。

第六章 《道德经》第六章对现代创新管理的启示

一 《道德经》第六章原文及其翻译

《道德经》第六章的原文是："谷神不死，是谓玄牝。玄牝之门，是谓天地根。绵绵若存，用之不勤。"[①] 其中蕴含的古老哲理，用现代文翻译是：谷神（道）滋养着天地万物，使天地万物永恒地运动和演化，"道"就是玄妙而神秘的"玄牝"。天地之间玄妙而神秘的"玄牝之门"，就是天地之根存在的地方。连绵不绝的感觉啊！它就像永存一样，有着无穷无尽的作用。那么，这些古老的哲理与现代创新管理有什么关系呢？

二 对现代创新管理的启示

（一）谷神不死，是谓玄牝

这句话强调推动万物永恒运动和演化的"玄牝"精神。现代创新管理也很需要这种"玄牝"精神。"玄牝"精神启示现代创新管理者，要强调生生不息、坚韧不拔的创新精神。

强调生生不息的创新精神。首先，我们要明白，创新很需要传承前人的知识和经验。在本书绪论中说过，创新是"站在巨人肩膀之上"的创造性活动。前人的知识和经验就是这个"巨人"。如果没有前人的知识和经

---

① 张景、张松辉译注《道德经》，第30页。

验为基础，创新就是"无源之水""无本之木"。创新在吸纳前人知识和经验（包括借鉴、学习其他国家的前人知识和经验）的同时，创造性地使前人的知识和经验得到了新的发展和变革，这就体现了"知识的再生"，也是"生生不息"创新精神的体现之一。其次，我们也要知道，创新很需要发挥自己的特色和优势。尽管创新需要以前人的知识和经验为基础，但每个创新项目都应该有自己的特色和优势。创新项目都具有独特性、唯一性，世界上找不到两个完全相同的创新项目，就像世界上找不到两个完全相同的人一样。创新项目各具特色也是"生生不息"创新精神的体现之一。最后，创新应该是一个不断"繁衍"的过程。以我们每天都要使用的手机为例，短短数年，我们使用的手机已经换了数代。这样一代又一代的创新"繁衍"，让我们真切地看到创新精神的"生生不息"。

强调坚韧不拔的创新精神。首先，我们要知道，创新很需要勇气。创新项目投资大、困难多、技术难、风险大，一旦失败就会损失惨重，缺乏勇气者是不敢参与创新活动的。其次，我们还得清楚，创新很需要时间和恒心。例如，一位坚韧的科学家在研究一种新药水的过程中屡遭失败，每次失败后，这位科学家就会做一些调整和改变，然后继续试验。一次又一次试验，一次又一次失败，他的朋友忍不住了，问他："你试了这么多遍，到底失败在哪里了？"科学家回答说："我并没有失败，我只是不断地调整方向，直到最终找到成功的道路。"创新的过程，通常需要许多次尝试和失败作为积累，最后的成功总是很不容易取得的。如果缺乏足够的耐心与恒心，就难以获得创新的成功。

（二）玄牝之门，是谓天地根。绵绵若存，用之不勤

"玄牝之门"，玄妙而神秘，如同创新的起点和源泉。创新的过程，是一个复杂的突破和再造的过程。如果将万物视为多元素的组合，那么，创新试图将旧的元素组合打破，再造新的元素组合。在这个过程中，创新者必然需要面临许多边界和限制的阻碍。因此，有人说，创新也是一个不断打破边界和限制的过程。打破旧组合中的边界和限制很难，再造新的组合更难，因此，创新者很希望能向"玄牝之门"求得创新的灵感。这时候，

如果有创新灵感钻进创新者的大脑中，创新者一定要迅速地抓住它，因为这是"玄牝之门"给创新者的启示。

"绵绵若存，用之不勤"表达了老子对"天地根"的独特理解和感受。老子用"若存"来表达"仿佛感受到'天地根'恒久存在的感觉"。具体是什么感觉呢？老子用"绵绵"来形容这种感觉，读者也可以闭起眼睛感受一下这种感觉——那种连绵不绝并发挥作用的感觉。这种感觉，仿佛我们对空气的感受——我们看不见空气，却能够感受到它的"绵绵"且它正在发挥着关键性作用。虽然不能用语言真切地形容"天地根"，但老子还是很肯定地用"用之不勤"来描述"天地根"无穷无尽的作用。

在现代社会，创新对组织的作用，犹如"天地根"一般重要。现代创新管理者要懂得持续发掘创新的潜力，使组织创新能够产生"绵绵"和"用之不勤"的感觉。这样连绵不绝、无穷无尽的创新力，是组织实现自身价值和持续发展的最大驱动力。

三　小结

总之，受《道德经》第六章启示，现代创新管理者要强调生生不息、坚韧不拔的创新精神；要重视创新的起点和源泉；要持续发掘创新的潜力，使组织创新能产生"绵绵""用之不勤"的创新力。

第七章　《道德经》第七章对现代创新管理的启示

一　《道德经》第七章原文及其翻译

《道德经》第七章的原文是："天长地久。天地所以能长且久者，以其不自生，故能长生。是以圣人后其身而身先，外其身而身存。非以其无私邪？故能成其私。"① 其中蕴含的古老哲理，用现代文翻译是：都说"天长地久"，天、地之所以能够长久存在，是因为它们不自私、自然运转着，并不为自己的生存多考虑；因此，圣人谦让不争，却能领先于普通人；不首先考虑自己的安危，却使自己得以生存；正是因为他们有无私的爱心，所以才能成就他们自身。那么，这些古老的哲理与现代创新管理有什么关系呢？

二　对现代创新管理的启示

（一）天长地久。天地所以能长且久者，以其不自生，故能长生

这段话指出，天长地久的原因是天地具有无私之心，遵循自然规律运转而不刻意为自己的生存多考虑。这段话有两个重要的启发点：其一，无私，不要为自己的生存多考虑；其二，遵循自然规律运转。

我们将在"（二）"中着重分析现代创新管理者的无私之益，在此将主

---

① 张景、张松辉译注《道德经》，第32页。

要的笔墨用于分析第二个启发点，即现代创新管理者要遵循创新的自然规律。

很多时候，创新失败的原因并不是创新者缺乏好想法，而是创新者不懂或不重视创新的自然规律。那么，创新的自然规律是什么呢？创新是一个十分复杂的过程。综观创新的复杂过程，创新由创意、探索和验证三个重要环节构成。下面，笔者根据创新的自然规律，解释这三个重要创新环节应该满足的要求。

首先，创意环节。创新的创意环节应该格外注意创意的创新性、可行性和协作性。创意的创新性十分重要，只有提供独特的想法和解决方案，才能让组织在激烈的市场竞争中脱颖而出。不仅有创新的创意，还需要具备可行性与协作性。创意要与现实的客观环境相衔接，可以利用企业现有的资源环境、技术环境、合作环境实现，并符合国家政策与法律规定。现代组织的创意，通常无法由一个人实现，这样就需要有一个协作性强的创新团队。创新团队是实现创意的组织保障之一。另外，配合良好的创新团队也能够激发更多的好创意。

其次，探索环节。在创新的探索环节，切勿忽略市场调研工作。市场调研可以获取市场的客观需求信息和竞争者的相关数据，并据以分析市场需求发展趋势，也可以进行严谨的竞争性分析。市场调研与相关分析工作，是探索环节的重要基础性工作。只有做好这个基础性工作，才能保证新产品或新服务的市场价值。市场调研与分析也是制订计划的重要依据。探索环节需要大量的资源为支撑，现代创新管理者要合理利用各种资源，避免浪费。有一种情况必须说明，探索环节可能会出现试验失败的情况。这种情况并不少见。现代创新管理者要有充分的思想准备，将试验失败的应对措施也列入计划之中。即使真的试验失败，也不要破坏正常的秩序，要能够迅速恢复元气，吸取失败教训，重新试验。

最后，验证环节。创新的验证环节需要具备严谨、认真的态度。要保证验证结果的可靠性、公平性和公正性。创新的验证环节需要有多维、多角度的验证，毕竟多数创新成果会涉及多个领域，因此，只有从多维、多角度进行验证，才能保证创新成果的质量。

（二）是以圣人后其身而身先，外其身而身存。非以其无私邪？故能成其私

这段话强调圣人的无私，也正是因为圣人无私，圣人自身的利益才得到了保护。这段话启示现代创新管理者，向圣人学习，遇到事情不要首先想到自己，要有无私的爱心，优先考虑他人的利益，最后反而能够达成自己的目标。

写完这个启示后，笔者首先想到了一句话："水能载舟，亦能覆舟。"这句话用在这儿不是特别贴切，但也有其意义。现代创新管理者与其员工，犹如船与水的关系。一个自私自利、凡事只考虑自己的现代创新管理者，自然是缺乏"下属缘"的，其员工一定对这样的现代创新管理者存在怨气。这样的怨气日积月累，只要有机会就会爆发。一旦员工的怨气爆发，现代创新管理者的损失就像"覆舟"。相反，当你在现代创新管理中充分考虑员工的利益，甚至将员工的利益置于自己之上，你会发现，其实你自己也能从中获得更多的利益。毕竟，"水能载舟"，柔顺的水会将"舟"顺利地载到期待的目的地。

三　小结

总之，受《道德经》第七章启示，现代创新管理者要按自然规律，做好创新的创意、探索和验证三大环节；要学习圣人的无私，凡事多考虑员工，少考虑自己，拥有一颗大公无私的心，这样你可以获得更多的回报。

第八章 《道德经》第八章对现代
创新管理的启示

一 《道德经》第八章原文及其翻译

《道德经》第八章的原文是："上善若水。水善利万物而不争，处众人之所恶，故几于道。居善地，心善渊，与善仁，言善信，正善治，事善能，动善时。夫唯不争，故无尤。"① 其中蕴含的古老哲理，用现代文翻译是：最大的善行就像水一样，总是滋润万物生长却不争功利；水愿意生活在人们所厌恶的地方，所以最接近于"道"；如水一样善良的人居住在利他的"善地"，内心就像深渊一样平静，待人以善良、仁爱，说话有诚信，治理有方，处事有能，行动善于选择良机；正因为他们不与万物相争，所以无怨。那么，这些古老的哲理与现代创新管理有什么关系呢？

二 对现代创新管理的启示

（一）上善若水。水善利万物而不争

"上善若水"被许多名家重视并作为座右铭，贴于墙上，既美观又可体现主人的品德修养与良好的道德观。可见，"上善若水"的观念已经被现代人深度认可并奉为圭臬。"上善若水"以水默默滋养万物却不争功利的品性比喻一个人的最大善行，启示现代创新管理者要向水学习，减少创

---

① 张景、张松辉译注《道德经》，第36页。

新的功利心。

创新，应该是利国、利民、利社会、利市场、利行业、利企业、利客户、利员工、利合作者的事情。在现代创新管理的过程中，现代创新管理者应该有明确的目标，但不应该有强功利心。在日常现代创新管理工作中，守好自己的本分，一分耕耘一分收获，努力实现创新目标。事实上，没有功利心的现代创新管理者，最终反而能够获得丰厚的回报。因为他们本着利人的理念管理创新项目，最终实现的创新成果更能符合国家、社会、民众、客户等的切实需求，进而能够得到广泛的推广和应用。

（二）处众人之所恶，故几于道

这句话中"处众人之所恶"所指的"人们所厌恶的地方"是地位低的地方。水总是往低处流，而绝大多数人渴望"向上走"。所以，水的运动方向正好与人们所期望的"向上走"相反。可是，正是因为水总是愿意向下流，反而能够接近万物的本源，所以最接近"道"所倡导的"谦下"品质。

这句话启发现代创新管理者，创新灵感不要一味向"上"寻找，还要懂得向"下"寻找最贴近普通民众生活的创新灵感。现实中，不少现代创新管理者容易处于一味向"上"寻找创新灵感的"误区"，甚至有些现代创新管理者在这个"误区"中越陷越深，忽略了来自基层的需求，失去了民众之心的创新又如何能够长久发展呢？要知道，基层的民众是市场中所占比例最大的消费者群体。他们的"小需求"汇聚起来就是可以主导市场需求方向的"大需求"。例如：如果基层的民众每个人都需要一支价廉物美的钢笔，那么，这个价廉物美的钢笔创造者就可以获得强大的民众支持，基本上不必发愁新产品的未来销量了。

向"下"寻找创新灵感，还包括向基层的员工收集创新灵感。现代创新管理者不要忽视了基层员工的创造力。基层的员工经常与真实的市场"打交道"，无论是购物还是养育孩子，他们有自己最真切的生活体验；基层的员工从事具体的实务操作，是创新中某道具体工序的直接操作者，也与创新试验设备等有直接的接触，在创新细节处理方面的经验比管理者更丰富，而且基层的员工常有与管理者不同的视角和工作感受，这些都使基层的员工有能力提出可以给管理者带来惊喜的创新灵感、创新想法和建议。建议现代创新管理者采取一些有利于广开言路、向"下"收集创新灵感的措施，在组织中推广开来，使基层的员工也愿意主动为创新出谋划策。

（三）居善地，心善渊，与善仁，言善信，正善治，事善能，动善时。夫唯不争，故无尤

这段话强调"上善若水"之人应该具备的基本特征：居住于利他之处、心境平静如深渊、善良而仁爱、重视诚信、善治理、有才能、懂把握时机、不争功利、无抱怨。学习了这段话，现代创新管理者就应该明白，在办公室墙上贴着"上善若水"，其具体含义是什么了。

受这段话启示，现代创新管理者不能仅将"上善若水"贴在墙上，更要按"上善若水"的要求做人行事，做一个"上善若水"的管理者。

其一，具备利他、仁爱、包容、诚信、坚韧、灵动的"水精神"。在现代社会，具备为了员工或组织利益而牺牲个人利益的"利他"精神的现代创新管理者很难得，如果你是，你一定可以获得"双赢"或"多赢"的局面，你与你的员工、你所在的组织都是"赢家"，你们一起成长获利。具有"利他"精神的现代创新管理者，通常也是仁慈、有爱心、受员工尊重和信任的好领导。像水一样具有强大包容力的现代创新管理者，通常也具有强大的整合创新力，他们可以整合不同学科、不同部门、不同国家、不同文化、不同思想、不同观点的优势，将这些优势与自己的创新目标联系起来，让所有优势为实现自己的创新目标服务。在日常工作中，具有强大包容力的现代创新管理者，不会斤斤计较，更不会小肚鸡肠、打击报复，他们以宽容和真诚的态度待员工，受到员工的真心爱戴。水还是诚信的、坚韧的、灵动的，水真实地反映这个世界，不亢不卑，无论遇到什么困难或阻碍，水都以坚韧不拔的精神对之，勇往直前、随机应变。诚信是人最基本的品质之一，现代创新管理者如果缺乏诚信，一旦被揭发就寸步难行。在创新的过程中遇到的挑战太多了，只有坚韧不拔的现代创新管理者才能走到胜利的那一天。在创新过程中遇到的突发情况也很多，要求成功的现代创新管理者要如水一般"灵动"，以灵动变通的思维应对各种突

发情况，解决各种难题。

其二，具备透明、清廉、负责的"水品格"。水有一种"透明"之美、"清廉"之美、"不逃避责任"之美。现代创新管理者也需要具备透明、清廉、负责的"水品格"。①现代创新管理者要有透明的"水品格"。通过大会、例会、学习座谈会、公司内部网站、创新团队群聊等方式，及时向员工传达重要信息，形成一种开放、透明的沟通方式，让员工对创新团队及其所在组织的创新方向、创新目标等心中有数，使员工明确组织的规章制度和绩效考核标准，公平考核、公开竞争。②现代创新管理者要有清廉的"水品格"。现代创新管理者要保持廉洁，要远离腐败和任何不正当的利益往来，以身作则，从我做起。③现代创新管理者要有负责的"水品格"。作为一名现代创新管理者，你要对你的所有决策和行为负责，不能逃避任何责任。你负责任的态度也可以增强员工的责任感，他们也会变得更加严谨，减少工作中的失误与浪费，使创新成果的质量得以保证。

其三，具备如水一般强大的高效行动力。所谓高效行动力，是指短时间内就可以采取果断的行动实现目标的能力。水就具备这样的高效行动力。高效行动力是现代创新管理者必备的基本能力之一。不具备高效行动力的现代创新管理者，遇事犹豫不决，很容易就错失良机，无法适应激烈竞争的现代市场环境。

三　小结

总之，受《道德经》第八章启示，现代创新管理者应该以"水"为师，具备无私、利他、包容的精神品格，克服功利心理；不要仅将"上善若水"贴在墙上，更要将"上善若水"付诸行动，做一个真正"上善若水"的管理者。水总是向地势低的地方流动，水的这个特性也启示现代创新管理者不要一味向"上"寻求创新灵感，还要懂得向"下"寻找创新灵感。现代创新管理者要懂得向基层的民众、基层的员工收集创新灵感。这些贴近基层生活的创新灵感，更有利于创造出大受欢迎、广泛应用的高价值创新成果。

第九章 《道德经》第九章对现代
创新管理的启示

一 《道德经》第九章原文及其翻译

《道德经》第九章的原文是："持而盈之，不如其已；揣而锐之，不可常保。金玉满堂，莫之能守。富贵而骄，自遗其咎。功遂身退，天之道。"①其中蕴含的古老哲理，用现代文翻译是：手持容器，倒入液体，如果太满就会溢出来，不如倒入适量液体就停止；抱着被磨得很锋利的东西，不可长久保持；金玉满堂，反而难以守护好；如果因为富贵而骄横，那就是给自己留下祸根；事情完成了就退出吧，这才符合自然规律。那么，这些古老的哲理与现代创新管理有什么关系呢？

二 对现代创新管理的启示

（一）持而盈之，不如其已

"持"，手持着；"已"，停止。这句话指出，如果往手持容器里倒入过多的液体，液体就会溢出，弄脏了手，浪费了珍贵的液体，严重的话还会烫伤手，不如不要倒入这么多液体。从这句话可见，往容器里倒入适量的液体就好，不可倒入太多液体。

受这句话启示，现代创新管理者要注意保持"适量"观，不要贪多，

---

① 张景、张松辉译注《道德经》，第39页。

贪多反而失去最好的效果。在当前这信息爆炸的时代，你可能每天都会有一些新想法，你觉得这些想法都很好，你想让它们都得到实现。但是，你没有那么多资金同时投资这么多想法，你的资源和能力也有限。你必须做一个严谨的取舍，懂得放下一些东西是一名成熟的现代创新管理者应该具备的素质。现代创新管理者要注重创新的质量而不是创新的数量。做一个创新项目，就要对这一个创新项目负起全责。全过程把握创新质量。注重每一个创新细节的质量，确保创新成果质量可靠。

（二）揣而锐之，不可常保

"揣"，怀抱着；"锐"，锐利、锋利；"常保"，长久保持。这句话指出，如果怀抱着锋利之物，则不可以长久保持，因为你可能会受伤。这就是说，不要长时间怀抱着过于锋利之物，锋利之物只可短时间抱一下，不可长时间抱在怀里。

受这句话启示，现代创新管理者不可锋芒毕露。现代创新管理者需要在一定程度上展现你的才华和锋芒，让你的领导和员工能够肯定你的才干和价值。但是，不可以过多、过分展现自己。如果你过多、过分展现自己，就会让人感觉到不舒服和压力，失去亲和力。作为一名现代创新管理者，你应该平衡你的锋芒和亲和力。你应该多去关心你的同事、客户和股东，多与大家亲切交流，建立良好的联系。你可能有很多自己的想法和观点，但切记不要不分场合随意表达你的个性想法和观点。每个组织都有自己的文化特征，你不要表达与组织文化不符合的"异类"想法与观点。总之，你需要是一名亲切随和的管理者，但你可以有你的新观点和新想法，而且这些新观点和新想法与你所在的组织文化是相符合的。

（三）金玉满堂，莫之能守

"金玉"，指代贵重之物；"满堂"，充满了屋子；"守"，守护。金玉等贵重之物充满了屋子，反而让人没有安全感，因为没有能力守护这些财富。那么，对于现代组织而言，什么才是最重要的？是那些有形资产，还是那些无形资产？有形资产容易被模仿、被偷盗，不能构成持久的竞争力，而无形资产不容易被模仿、被偷盗，这才是构成现代组织持久竞争力的基石。

受这句话启示，现代创新管理者要注重积累不容易被模仿、被偷盗的无形资产。所谓无形资产，是组织在生产经营过程中所形成的、无形的资产，如创造力、专利、品牌、版权、商标、技术秘密、声誉等。比起有形资产，无形资产更不容易被偷盗和模仿，比"金玉满堂"更容易给人以安全感。而且，无形资产的价值是有形的"金玉"无法比拟的。例如，一个公司的专利权可能价值数百万美元；一个知名的品牌可以让企业在市场中占据更加有利的地位，其价值无法估量。

（四）富贵而骄，自遗其咎

"骄"，骄傲、骄横；"遗"，留下；"咎"，祸根。本句话强调不可因为富贵而骄横，否则是给自己留下祸根。在现代组织中，管理者若取得成功，切不可因此骄横，一旦骄横就会失去真心拥护者。

受这句话启示，现代创新管理者要保持平和的心态，切不可因为成功而骄傲自大。如果创新取得了成功，你就会有成就感和自豪感，这是正常的。但是，你要很快冷静下来，让自己的心态重归平和。因为你还有很多后续的事情要做，例如，你要申请技术专利和知识产权，保护好你的创新成果。只有保持平和的心态，你才能更好地处理后续的各种工作，并产生新的创意。保持平和的心态并不容易，在此提出几个建议：其一，深呼吸，让自己从激动的情绪中走出来；其二，记住"满招损，谦受益"的古训，提醒自己要谦虚；其三，自我管理与自我调节，避免被成功冲昏了头。

（五）功遂身退，天之道

"功"，功业；"退"，退出；"天之道"，天的法则、自然规律。这句话指出，根据自然规律，取得成功就应该退出，不要贪图更多回报，这样你既能够保持原先的功劳，也能够有一个新的开始。在现代社会，人们到了一定年龄就退休了，也是这个道理。"退"不是退缩，而是开始一种新的生活方式。

受这句话启示，现代创新管理者要懂得功成身退的自然规律，不贪图过多回报，反而能够成就自己的价值。一个重要的项目成功了，现代创新管理者也到了一定年龄，这时候，建议考虑"功成身退"。"功成身退"是自然规律，如果你一直不愿意"身退"，那么是有可能"前功尽弃"的。创新是一种风险很大的活动，创新失败所浪费的不仅仅是时间和精力。

三　小结

总之，受《道德经》第九章启示，现代创新管理者要注意保持适量观，不要贪多，贪多反而失去最好的效果；不可锋芒毕露，要平衡好自身锋芒与亲和力；要注重积累不容易被模仿、被偷盗的无形资产；要保持平和的心态，切不可因为成功而骄傲自大；要懂得功成身退的道理，不贪图过多回报，反而能够成就自己的价值。

第十章 《道德经》第十章对现代
创新管理的启示

一 《道德经》第十章原文及其翻译

《道德经》第十章的原文是："载营魄抱一，能无离乎？专气致柔，能婴儿乎？涤除玄览，能无疵乎？爱民治国，能无知乎？天门开阖，能为雌乎？明白四达，能无为乎？生之畜之，生而不有，为而不恃，长而不宰，是谓玄德。"① 其中蕴含的古老哲理，用现代文翻译是：将魂与魄合一，可以使魂与魄永远不分离吗？集聚精气达到最柔软的境界，能不能像婴儿一样柔软呢？深入心境并清除杂念，能不能使心境没有瑕疵呢？以爱民的心治理国家，能不能做到不使用心机呢？说话做事，能不能保持低调呢？明白事理、通达四方，能不能不妄为呢？生养万物，促进万物的生长，但并不想占有万物，有作为而不恃才傲物，作为万物之长却不想支配万物，这就被称为"玄德"。那么，这些古老的哲理与现代创新管理有什么关系呢？

二 对现代创新管理的启示

（一）载营魄抱一，能无离乎

"载"，此处为助词；"营魄"，魂魄，也可以理解为灵魂与体魄、精神

---

① 张景、张松辉译注《道德经》，第43页。

与肉体。魂魄合一，是君子的最高境界。这句话强调一个问句：能不能不让精神与肉体相分离呢？

这句话启示现代创新管理者要追求"魂魄合一"的境界，不要让精神与肉体相分离。"魂魄合一"的境界，就是精神和肉体合二为一的境界。在快节奏的现代社会，现代创新管理者有较大压力，也会受到外界的各种诱惑。有些现代创新管理者逐渐迷失了自己，浮躁不安，精神和肉体逐渐分离，严重影响了他们的身心健康、工作效率和创新质量。将精神和肉体合二为一迫在眉睫。如何实现"魂魄合一"的境界呢？笔者提几个建议供现代创新管理者参考。其一，控制自己的内心，保持专注和平静的心境。专注和平静是相辅相成的心理状态。如果你专注，那么你可以更平静；如果你平静，那么你可以更专注。作为现代创新管理者，专注和平静是必备的心理素质。如果不具备这样的心理素质，你就很难找到创新灵感并攻克创新难关。为了拥有专注和平静的心境，你应该明确你的目标。每一天都是全新的，你应该在每一天的清晨就很清楚地知道自己在当天的目标。有了目标，你的工作就有针对性和目的性，能有效提高专注度和工作效率。有了目标，你还可以避免不必要的事情干扰你的心绪，例如，你可以筛选一下你所面对的事情，对目标不重要的事情可以暂缓或取消。此外，笔者之后提到的"劳逸结合"和"保持积极的心态"都有利于你拥有专注和平静的心境。其二，劳逸结合，平衡工作和生活。制定合理的作息安排，且不要轻易因为突发情况而打乱你的时间安排。要懂得应用动态的、弹性的心态合理调整你的时间安排。面对突发情况，你可以灵活使用替换、补充、加班等方式局部调整你的时间安排，切勿把整天的时间安排都打乱。你还要将制定每天的时间安排作为一种习惯，长期坚持一定会有良好效果。例如，笔者从大学三年级开始每天晚上睡前花 5 分钟左右的时间制定第二天的时间安排，长期坚持，每天都过得很充实和愉快。其三，保持积极的心态。保持乐观、自信、主动思考的生活态度，以积极的人生观和心态面对各种困难和挑战。保持积极心态的方式很多，不同的人可以根据自身情况选择不同的方式。笔者推荐几种常见的、适合现代创新管理者的方式，例如，与周围的人建立良好的人际关系，通过锻炼身体放松身心，通过听音乐、冥想等方式减轻压力。

（二）天门开阖，能为雌乎

"天门"，笔者查阅了多个版本的解释，有的将"天门"解释为"人的感官"，有的将"天门"解释为"天地之门"，有的将"天地之门"解释为"自然之理"。"雌"，查阅多个版本后确定其含义为"低调""宁静"。这句话强调一个问句：能不能保持低调呢？

这句话启示现代创新管理者要保持低调，不要太张扬。现代创新管理者处于一个独特的位置，这个位置上的你既是组织创新的领头人，需要适度展现自己，又必须注意组织和自己的形象，需要保持低调，言行举止不可太张扬。凡事都应有个度。低调也该有个度，也就是说，现代创新管理者不可过分低调。如果现代创新管理者低调到"无声无息"，那也是违背常理的。现代创新管理者只有平衡好低调与自我展现的节奏，把握适当的时机展现自己的才华和创新成果，才能获得好评。同时，还要注意，不要刻意去炫耀自己，你的表现不要让你的同事感到难堪，你要尊重他人的工作成果，勇敢承认自己工作中的不足，你也不要选择过分高调的创新风格，要充分考虑创新的适应性。

（三）生之畜之，生而不有，为而不恃，长而不宰，是谓玄德

这句话在说明什么是"玄德"的同时，也启示现代创新管理者要注重品德修养，努力达到"玄德"境界。"玄德"，玄妙之德，是一种能够包容万物的高尚品德，"玄德"境界，是一种卓越的道德境界。

随着《道德经》在现代社会的推广，越来越多的人追求、崇尚"玄德"境界。作为一名需要强大包容力的现代创新管理者，更需要追求"玄德"境界。"玄德"有助于提升现代创新管理者的格局、智慧和仁慈心。在格局方面，进入"玄德"境界的现代创新管理者目光远大、高瞻远瞩，胸襟宽广、豁达大度。在智慧方面，进入"玄德"境界的现代创新管理者德才兼备，能以强大的包容力吸纳、掌握各种知识，融会贯通，不断超越自己，有能力更好地解决创新过程中的各种难题。在仁慈心方面，进入

"玄德"境界的现代创新管理者在管理上更加人性化、柔性化、待人有礼、诚恳宽厚，有真挚仁厚的爱心，能够充分发掘下属的创造潜力。

三　小结

总之，受《道德经》第十章启示，现代创新管理者要追求"魂魄合一"的境界，让精神和肉体合二为一；保持低调，不要太张扬；注重品德修养，努力达到"玄德"境界。要知道，现代创新管理者不仅是现代组织创新的领导者，还是现代组织道德的重要守护者。良好的道德修养是现代创新管理者必须坚守的底线。

第十一章 《道德经》第十一章对现代
创新管理的启示

一 《道德经》第十一章原文及其翻译

《道德经》第十一章的原文是："三十辐共一毂，当其无，有车之用；埏埴以为器，当其无，有器之用；凿户牖以为室，当其无，有室之用。故有之以为利，无之以为用。"① 其中蕴含的古老哲理，用现代文翻译是：三十根辐条一起，插入一毂的孔洞中，构成了一个车轮，正是因为有了车厢中的空间，才有了我们可使用的车的作用；将陶土糅合以制作器皿，正是因为这些器皿中有中空的空间，才有了我们可使用的器皿的作用；凿开门洞与窗洞以建造房屋，正是因为有了房屋中的空间，才有了我们可使用的房屋的作用；因此，"有"和"无"是相互依存的，"有"给人带来作用和便利，"无"也给人带来了使用价值。那么，这些古老的哲理与现代创新管理有什么关系呢？

二 对现代创新管理的启示

"三十辐共一毂，当其无，有车之用；埏埴以为器，当其无，有器之用；凿户牖以为室，当其无，有室之用"分别以车轮、陶土器皿、房屋的门窗为例，说明一个常见却总是被我们忽略的事实。而老子之所以能够从

① 张景、张松辉译注《道德经》，第46页。

这么常见的现象中看出其中的重要哲理，是因为他独具慧眼、善于思考、心思细腻而缜密、思维富有逻辑性和辩证性、敢于打破固定思维模式，且有着明"道"而宁静的心境。

我们总是认为"有"很重要，"无"则毫无作用。但事实不然。

从车轮、陶土器皿、房屋的门窗案例中，我们可以清晰地看到：正是因为车毂上的孔洞、陶土器皿内部、门窗的洞口中的"空缺"或者"无"，才造就了车轮、陶土器皿、房屋的可使用性。"有"与"无"看似矛盾、对立，其实是相互依存的。正是因为有"无"的存在，才有了"有"的功能和作用；正是因为存在"有"的需求，才让"无"的价值得以发挥。

该章对现代创新管理也有深刻启示。

（一）现代创新管理者要培养辩证思维

在现代创新管理过程中，辩证思维十分重要。例如，在创新面对压力时，不要害怕，要应用辩证思维将压力转化为动力，学会在压力中寻找机会，找到压力下的突破口，取得突破性发展；处于被动状态时，不要焦虑，可以基于辩证思维采用转型升级、寻求外援、拓展市场等方式扭转被动状态，化被动为主动；在创新失败时，不要气馁，辩证思维告诉你"失败是成功的母亲"，从失败中吸取教训之后的你变得更加睿智和踏实，于是你成功了。

那么，现代创新管理者如何培养辩证思维呢？笔者提几点建议供参考：其一，不可轻易下结论，要多角度、多方面思考问题，承认事物发展中必然存在矛盾和冲突；其二，不但要看到事物的表面现象，而且要向《道德经》的作者老子学习深入、细致地思考问题，探索事物发展的本源规律；其三，拓展思路，不要将思路局限在本领域，很多问题可能涉及多个专业领域，要学会向图书馆、网络等求助，收集足够的资料，通过学习资料进一步拓展你的思路；其四，敢于打破固有思维模式，依然是要向老子学习勇敢打破固有思维模式的精神，你可以应用你的批判性思维和创造性思维，敢于向传统的观念提出挑战。

（二）现代创新管理者要明确创新中"有"与"无"的关系

在现代创新管理中，"有"与"无"的互相依存关系也是很常见、很重要的。例如，创新机会的挖掘就很受"有"与"无"互相依存关系的影响。在创新中，我们现有的观念、理论、信息、资源、技术、设备、产品等都属于"有"，现代创新管理者如果只向这些"有"要创新思路，则很难产生有价值的创意。那么，现代创新管理者就必须向"无"挖掘创新思路。"无"，其实并不是不存在，只是它们在被挖掘出来之前还未被人们认知，属于"无"的状态。这些还未被认知的"无"藏有不少有价值的创意和创新机会。只有独具慧眼的现代创新管理者才能从这些"无"中挖掘出有价值的创意和创新机会。这些创意和创新机会被挖掘出来后，可以变成"有"。在现代创新管理过程中，"有"和"无"不但相互依存，而且同时发挥作用。现代创新管理者既不能完全依赖"有"，也不能完全依赖"无"。如果现代创新管理者完全依赖"有"来获取创新机会，则会因为"有"中缺乏创意而失去很多创新机会；如果现代创新管理者完全依赖"无"来获取创新机会，则会因为"无"属于尚未挖掘的空间而缺乏证据证明创新的有效性。因此，现代创新管理者应该既重视"有"，又重视"无"，在"有"与"无"的应用中求得一种平衡。

（三）从"三十辐共一毂，当其无，有车之用"中可见"团结就是力量"

在现代创新管理中，我们都知道有一种极常见的"团结"——创新团队的合作。创新团队中的成员可能来自不同部门、不同专业，但是他们的目标是一致的。在日常工作中，他们只有团结起来，以共同的目标为导向，分工协作、和谐配合，才能最终实现创新的目标。

团结的力量体现在多个方面。仍然以创新团队为例，团结在团队合作中的作用明显体现在以下方面。其一，增强凝聚力。团队成员在为共同目标分工协作、团结奋战的过程中，互帮互助、取长补短，逐渐形成深厚的友谊，使整个创新团队富有凝聚力。其二，促进团队成员共同成长。来自不同专业、有不同特长的创新团队成员经常需要互相交流创新思想，他们在民主开放的环境下互相分享自己的经验和想法，在互相学习中共同成长。其三，团结有利于提升创新成果的质量。团结使整个创新团队充满了活力，同时也有力地提升了创新成果的质量。

三　小结

总之，受《道德经》第十一章启示，现代创新管理者要培养辩证思维，要明确创新中"有"与"无"的关系，还要从具体案例中明白"团结就是力量"的道理。此外，现代创新管理者在日常工作中要向《道德经》的作者老子学习，提高细致观察、深入思考的能力。

第十二章 《道德经》第十二章对现代创新管理的启示

一 《道德经》第十二章原文及其翻译

《道德经》第十二章的原文是："五色令人目盲，五音令人耳聋，五味令人口爽，驰骋畋猎令人心发狂，难得之货令人行妨。是以圣人为腹不为目，故去彼取此。"① 其中蕴含的古老哲理，用现代文翻译是：五彩缤纷让人眼花缭乱，各种音乐声互相交叠使人震耳欲聋，过多的美食让人味觉负担太重，驰骋畋猎让人心过于放纵，稀有的贵重物品常让人有不好的行为；所以，圣人不追逐放荡的生活，而追求"饱腹"，这样就可以去除奢靡放荡而安定自足。那么，这些古老的哲理与现代创新管理有什么关系呢？

二 对现代创新管理的启示

（一）五色令人目盲，五音令人耳聋，五味令人口爽，驰骋畋猎令人心发狂，难得之货令人行妨

"五色"，指青、黄、赤、白、黑，是构成五彩缤纷美景的重要基础；"五音"，指宫、商、角、徵、羽，这些互相对应的音阶是美妙音乐的重要基础；"五味"，指酸、甜、苦、辣、咸，是构成各种美食的重要基础；"驰骋畋猎"，即骑马狩猎等游戏活动；"难得之货"，即稀有的贵重之物。

---

① 张景、张松辉译注《道德经》，第48页。

"五色""五音""五味""驰骋畋猎""难得之货"都指代一种现实的诱惑方式。老子指出，世人受诱惑已深，不知返璞归真，甚至失去自我，终日迷失于声色犬马之中，过着缺乏价值的人生。在这段话的字里行间，可见老子对世人受"五色""五音""五味""驰骋畋猎""难得之货"诱惑持清醒和担忧的态度。老子试图通过撰文警醒世人，可见其忧国忧民的情怀。

这段话对现代创新管理者有什么启示呢？"五色""五音""五味""驰骋畋猎""难得之货"在现代社会也普遍存在着。仍然有很多人喜爱它们，经不住它们的诱惑。现代社会沉迷于其中的人，如逃学、逃课者，有之；怠工误工者，有之；失去工作机会者，有之；终日空虚者，有之；等等。现代创新管理者作为组织创新的带头人，一旦被这些"玩物"迷惑，工作效率、工作质量都会随之受到影响，对整个组织的创新发展也很不利。现代创新管理者应该有自律能力，主动避开可能"上瘾"的"玩物"，将主要精力用于创新工作中。当然，现代创新管理者也不能没有休闲生活，只有"劳逸结合"，才更能激发创新活力。作为现代人，我们也要懂得从另外一个角度看待"五色""五音""五味""驰骋畋猎""难得之货"。世间万物都有利与弊两面。我们不可以武断地说某一个事物一定是不好的。我们判断任何事物"好"或者"坏"，选择是否接受某一事物，都要基于客观环境的需求。以特定的环境为背景，我们分析某事物的"利"与"弊"，如果"利"大于"弊"，则可以接受此事物；如果"弊"大于"利"，则不可接受某事物。例如，公司要组织员工周末活动，公司希望每个员工都能够放松一下，开心乐一乐。在这样的环境下，"五色""五音""五味""驰骋畋猎""难得之货"的"利"是大于"弊"的，应该接受。又如，现代创新管理者业余需要减压放松，外出郊游赏花、听听音乐、与家人朋友聚个餐、做一些"驰骋畋猎"的游戏、欣赏"难得之货"等，在这样的背景下，"利"是大于"弊"的，可以接受。

另外，《道德经》主张"适度"，即使是在当前环境下"利"大于"弊"的活动，也不可过度。如果过度，则违背了自然规律，通常会受到惩罚。

（二）是以圣人为腹不为目，故去彼取此

上句话指出不良现状，而这句话则指出解决之策。身外的诱惑如此之多，世人要向圣人学习，做到"为腹不为目"。"为腹"，强调内在的充实，指饱腹，含有"吃饱就够了，不多求其他"的意思。"为目"，强调外在的满足；"不为目"，即不要太重视外在的满足。"是以圣人为腹不为目"体现了圣人返璞归真的心态和行为。"故去彼取此"指出，圣人返璞归真后会得到一个很好的结果，去除了外界的诱惑，获得了内心的平静、充实和满足，得到了安定而美好的生活。

受这段话启示，现代创新管理者宜向圣人学习"为腹不为目"，不断充实自己的内在，自觉抵制外界的诱惑。如果你是现代创新管理者，你可能正面临着多种诱惑，例如，金钱诱惑、功劳诱惑、权力诱惑等。你应该坚守自己的道德标准和为人原则，坚定抵制外界的各种诱惑。抵制外界诱惑有两个重要的途径：其一，提高自律力和责任感，自觉远离外界诱惑；其二，勤学习、多阅读、修自身、养良性，让自己在不断学习和锻炼中持续提升内在修为，腹有诗书气自华，你的气质和自制力都会在日复一日的自我充实中得到有效提升。

三　小结

总之，受《道德经》第十二章启示，现代创新管理者应该自律，管理好自己的时间和精力，将主要精力投入现代创新管理工作，主动避开可能"上瘾"的"玩物"。但是，现代创新管理者也要注意劳逸结合，将"五色""五音""五味""驰骋畋猎""难得之货"作为业余的一个小爱好并无不可。作为现代人，我们可以从另外一个角度看待"五色""五音""五味""驰骋畋猎""难得之货"，分析它们在不同环境下的"利"和"弊"。在某些环境下，其"利"大于"弊"，可以接受；在某些环境下，其"弊"大于"利"，必须摒弃。但是，在任何环境中，都不可以过度喜爱"五色""五音""五味""驰骋畋猎""难得之货"等，一旦过度，就违背了自然规律。

第十三章　《道德经》第十三章对现代创新管理的启示

一　《道德经》第十三章原文及其翻译

《道德经》第十三章的原文是："宠辱若惊，贵大患若身。何谓'宠辱若惊'？宠为上，辱为下，得之若惊，失之若惊，是谓宠辱若惊。何谓'贵大患若身'？吾所以有大患者，为吾有身，及吾无身，吾有何患？故贵以身为天下，若可寄天下；爱以身为天下，若可托天下。"① 其中蕴含的古老哲理，用现代文翻译是：面对受宠或者受辱，如同面对惊恐一样，要保持理性和冷静；人要像重视自己的身体一样重视大病。为什么说"宠辱若惊"呢？得宠时感到惊喜，失宠（受辱）时感到惊恐，面对宠辱最好保持冷静，这就叫"宠辱若惊"。那又为什么说"像重视自己的身体一样重视大病"呢？我之所以会有大病，是因为我有身体。如果我没有身体，我的大病何来呢？因此，为了治理好天下，就要珍爱自己的身体，就好像可以把天下委托给自己的身体一样。为了治理好天下，就要爱惜自己的身体，就好像可以把天下托付给自己的身体一样。那么，这些古老的哲理与现代创新管理有什么关系呢？

---

① 张景、张松辉译注《道德经》，第52页。

二　对现代创新管理的启示

（一）何谓"宠辱若惊"？宠为上，辱为下，得之若惊，失之若惊，是谓宠辱若惊

大多数人认为，受宠是让人骄傲的事情。但是，《道德经》提出了不同的观点：面对受宠与受辱，都要像面对惊恐一样。这个新颖的观点在该章一开始就提出来，引人入胜。读者会被引入一个思考：为什么宠辱若惊。接着，作者给出了答案。因为"宠为上"，而受宠者通常以卑下的地位与心态接受"宠"，当得宠时或许有惊喜，但也缺乏安全感，而且，既然双方地位不同，失宠也很容易，一旦失宠，其感觉如同受辱。一个有尊严的人，要以平常心对待宠辱，面对宠辱如同面对惊恐一样冷静。

这段话启示现代创新管理者，受宠并不值得骄傲，要以平常之心对待人生的宠辱，以宠辱若惊的状态面对创新。其一，无论是受宠还是受辱，都是人生中正常体验。受宠常常只是暂时的。如果你因为受宠而自负、骄傲，那么最终很可能失去朋友的信任，失去合作伙伴的支持，失去员工的尊敬。一旦失宠，你可能会有"从天上跌落凡尘"之感，痛苦随之而来，而朋友、合作伙伴、员工的信任、支持和尊敬不复还。其二，看看受宠的原因。多数现代创新管理者受宠只是因为某个新品的成功诞生。新品诞生值得欣慰，但不值得长期以此为荣。市场需求快速变更，新品会很快变成旧品。创新需要思维方式的转变和变革，而不是简单地创造某种新产品或新服务。如果只是创造某种新产品或新服务，就并不具有可持续发展性。其三，当创新失败时，现代创新管理者可能受辱或失宠。例如，他们可能会因为创新失败，被领导批评、同事嘲笑、下属质疑、客户拒绝、社会舆论影响等，会感觉到来自多方面的压力。面对这些，要有思想准备，以平常心对待这些压力就好。创新失败也是暂时的。创新工作本身就是一个需要不断试错和改进的过程。只要你自己不气馁、不灰心，反思失败并总结失败的教训，快速振作起来并重新开始，这一次创新失败就是下一次创新

成功的铺垫和基础。

（二）何谓"贵大患若身"？吾所以有大患者，为吾有身，及吾无身，吾有何患

刚看到"贵大患若身"这个观点时，你可能也会觉得很讶异。为什么要像重视自己的身体一样重视大病呢？于是，我们接着往下读《道德经》，终于明白这个观点的含义：身体生了大病，大病以身体为依托。这时候，身体与大病是紧密联系的。我们重视生了大病的身体，其实就是重视大病。把大病治好了，身体也就好了。这里的"大患"，除了可以理解为"大病"，也可以理解为人生命中的大风险、大挑战。无论如何理解，"大患"都与人的身体和生命有密切的联系。

这段话启示现代创新管理者，要像重视自己的身体一样，重视"大患"。在现代创新管理工作中，"大患"是指创新过程中的大风险、大挑战。其一，预防为主，防患于未然。以防范技术风险为例，创新过程中需要使用到各种技术，这些技术也存在风险。例如，你可能会侵犯别人的技术专利权；你可能在使用某技术时出现很大困难，导致最终无力开展下一步工作；等等。为了防范技术风险，你在应用某项技术之前，要深入学习该技术并掌握该技术的操作细则，需要格外关注该技术是否已经申报了专利。其二，及时发现问题。类似于及时发现人发烧了。疫情防控期间，我们每天用体温计测量自己的体温，以便能及时发现自己的体温不正常。同理，在创新过程中，你也要用各种仪器设备、控制图等监测质量数据，时刻关注质量数据的变化，以便及时发现问题。其三，及时采取必要的措施。一旦发现问题，就需要及时分析问题产生的原因，采用"对症"之药进行"治疗"，使之及时恢复。同时，你也要明白"是药三分毒"。在现代创新管理过程中采用任何措施、方法都是需要成本的。你要使各种措施、方法的收益大于其成本，只有"收益大于成本"的措施、方法才值得使用。在现实生活中，不少人面对"小感冒"并不吃药，减少药物对身体的危害。同理，在现代创新管理过程中，类似于"小感冒"这样的小问题，不要动"大刀"，甚至有时可以酌情暂缓采取措施，可以先观察一下，再

考虑是否"用药"。

（三）故贵以身为天下，若可寄天下；爱以身为天下，若可托天下

读到这句话，笔者想到了"身体是革命的本钱""留得青山在，不怕没柴烧"等警句。这句话强调珍重、爱惜自己的身体。身体是生命中最重要的资产，有身体才有事业；身体健康和安全是治理天下的关键性保障和支撑。

同理，身体健康和安全也是创新管理的关键性保障和支撑。在工作中，最重要的危险是自己的身体。这是这段话给现代创新管理者的重要启示。身体是现代创新管理者的"加工"器。每天从外界"输入"的各种信息，都需要经过身体"加工"。没有一个健康的身体，如何能完成如此繁重的工作？

三　小结

总之，受《道德经》第十三章启示，现代创新管理者要明白受宠和受辱都是人生中的一个正常体验，无论受宠还是受辱，都要以平常心待之，不喜不卑，保持冷静；要像重视自己的身体一样重视"大患"，及时发现问题、解决问题；要珍重和爱惜自己的身体健康和安全，这样才能保障现代创新管理工作顺利展开。

第十四章 《道德经》第十四章对现代
创新管理的启示

一 《道德经》第十四章原文及其翻译

《道德经》第十四章的原文是："视而不见名曰夷，听之不闻名曰希，搏之不得名曰微。此三者不可致诘，故混而为一。其上不皦，其下不昧，绳绳不可名，复归于无物。是谓无状之状，无物之象，是谓惚恍。迎之不见其首，随之不见其后。执古之道，以御今之有，能知古始。是谓道纪。"① 其中蕴含的古老哲理，用现代文翻译如下。看不见它的存在，称为"夷"；听不见它的声音，称为"希"；摸不到它的实体，称为"微"。这三者都不可追究，所以应将它们合为一体，不可分割。它的上方，不接触任何东西；它的下方，不隐藏任何东西；像绳子一样绵延不绝，且无法命名；又回归无形无象的状态。这就是没有形状的形状，没有实物的形象，被称为"惚恍"。迎其面却看不见它的头，跟其后却看不见它的背。掌握自古就存在的"道"，来指导现在的现实。这样可以让我们了解到宇宙的初始状态、万物的根源和演变规律，这就是"道"的法则。那么，这些古老的哲理与现代创新管理有什么关系呢？

---

① 张景、张松辉译注《道德经》，第56页。

二 对现代创新管理的启示

（一）视而不见名曰夷，听之不闻名曰希，抟之不得名曰微。此三者不可致诘，故混而为一。其上不皦，其下不昧，绳绳不可名，复归于无物。是谓无状之状，无物之象，是谓惚恍。迎之不见其首，随之不见其后

这段话描述"道"的形状。分别用"夷""希""微"来形容"道"看不见、听不到、摸不着的特征。"道"的上方、下方、形状、形象都是那么模糊，被称为"无状之状，无物之象"。这给人的感觉是，没有实物形状，却铺天盖地、无边无际地存在着，就像混沌一样，难以用语言来概括和形容。这是一种无限神秘的状态，你看不见它，却能感觉到它的强大影响力。

"视而不见"启示现代创新管理者：多"视"、多看、多学习，以敏锐的观察力和判断力及时发现并果断捕捉新知识、新技术、新市场等；同时，现代创新管理者也要懂得以"不见"的方式保持事物的不确定性，不要轻易下结论，避免那些先入为主的主观判断或偏见对创新造成不良影响。

"听之不闻"启示现代创新管理者：多"听"、多闻、多思考，既广听博闻，注重收集相关信息，又懂得以"不闻"的方式保持这些信息的模糊性，以批判性思维多角度思考和分析你所听闻的各种信息，不墨守成规，也不轻易给"评语"，充分挖掘信息对创新决策的价值，把握创新机会。

这段话也强调了恍惚感。现代创新管理者不仅要掌握"道"的规律性，还要充分利用"道"的恍惚性。创新灵感的初始状态也是看不见、听不到、摸不着的。当我们无法看见、听到、摸着某种东西时，不能说它不存在。创新，有时是需要超越感官限制的。超越了感官限制，你也许可以"看见"更多的东西、"听到"更多的声音、"摸着"更多的事物。这样，你可以"看见"新的事物、新的市场、新的机会；你可以"听到"新的建议、新的想法、新的需求；你可以"摸着"新的技术、新的方法、新的创

新模式。你的创新思路更宽广了，你不再局限于某个固定的思维框架、具体的实物形态、顽固的偏见、难以改变的成见；原本具体的世界、有固定形状的事物变成了"无状之状，无物之象"，于是，你可以在你想象的空间里给你的创新对象赋予新的形状和功能；"惚恍"状态激发了你的潜在创造力，你的创新灵感更多了，你仿佛走进了一个新的世界，你在这个新世界里好奇地东张西望，然后你采摘了不少"好东西"，满载而归。

（二）执古之道，以御今之有，能知古始。是谓道纪

"道"自古就存在着。现在的人如果能够掌握"道"，就可以利用"道"的法则来指导现代社会的各种现实情况。这样，我们不仅可以了解到宇宙的初始状态，还可以认识到万物的根源和演变规律，更可以利用万物的演变规律来推进万物的繁荣发展。

受这句话启示，现代创新管理者应该能够"执古之道"，并利用"道"的法则来指导现代创新管理的各种实务，以促其成功。本书根据《道德经》的内容，逐步讲解现代创新管理者如何"执古之道"，如何利用"道"的法则来指导现代创新管理的各种实务，供现代创新管理者参考。

三　小结

总之，受《道德经》第十四章启示，现代创新管理者要能够掌握"道"，并利用"道"的法则来指导现代创新管理的各种实务。"道""视而不见""听之不闻""搏之不得"，给人以"惚恍"感。"道"的这些特征都能够给现代创新管理者以重要启示。"道"与创新同在，如果"道"不存，"创新"也就难以成功。

第十五章 《道德经》第十五章对现代创新管理的启示

一 《道德经》第十五章原文及其翻译

《道德经》第十五章的原文是："古之善为士者，微妙玄通，深不可识。夫唯不可识，故强为之容：豫兮，若冬涉川；犹兮，若畏四邻；俨兮，其若客；涣兮，若冰之将释；敦兮，其若朴；旷兮，其若谷；混兮，其若浊。孰能浊以止？静之徐清；孰能安以久？动之徐生。保此道者不欲盈。夫唯不盈，故能蔽不新成。"① 其中蕴含的古老哲理，用现代文翻译如下。古代那些善"道"而得"道"的人，有着非常玄妙、深远、神秘而通达的思想和行为，其深度不是一般人能理解的。不只是难以理解，还难以用语言来准确表达，所以需要用一些想象或夸大的形容来表达：他们就像冬天过河一样，小心谨慎；他们就像预防四邻之国进攻一样，警觉戒备；他们就像客人一样，恭和郑重；他们就像冰块消融一样，行动洒脱；他们就像未经加工的原料一样，淳朴厚道；他们就像深邃的山谷一样，旷远豁达；他们就像浑浊的水一样，浑厚难测、包容力强。谁能让浊乱的心境变得平静，再慢慢变得清澈？谁能让不安的心境变得安定而平静，再慢慢变得生机勃勃？这样修"道"、持"道"的人从不自满。正是因为他们从不自满，所以他们能够不断去除旧物，获得新的成就。那么这些古老的哲理

---

① 张景、张松辉译注《道德经》，第59页。

与现代创新管理有什么关系呢？

二 对现代创新管理的启示

（一）古之善为士者，微妙玄通，深不可识。夫唯不可识，故强为之容：豫焉，若冬涉川；犹兮，若畏四邻；俨兮，其若客；涣兮，若冰之将释；敦兮，其若朴；旷兮，其若谷；混兮，其若浊

"道"，高深莫测，具有"玄妙深奥，不可理解"的特性，也是一种高度综合、平衡、灵活、有创造力、能够适应各种复杂环境的管理思想。"道"是"不易"被理解的，正是这种"不易"性，使"道"更加珍贵和神秘。而现代创新管理也具备这种"不易"的特性。正是因为深知创新的"不易"，所以才更应该在创新中保持小心谨慎、警觉戒备、恭和郑重、行动洒脱、淳朴厚道、旷远豁达、浑厚而有包容力的状态。

在现代创新管理中，要保持"豫焉"和"犹兮"的状态：在现代创新管理中，要谨慎小心，要具有警觉性和戒备性。现代市场是复杂多变的，很多因素都会影响到创新能否成功，比如竞争对手的措施、客户的需求变化、行业的发展趋势、新政策的发布、新技术的诞生等。现代创新管理者只有保持敏感、警觉和戒备，才能及时避开危险。否则，如果不敏感、不警惕，就难以取得成功。

在现代创新管理中，要保持"俨兮"的状态：在现代创新管理中，要具有郑重、认真的态度。郑重的态度，要求现代创新管理者以严肃的态度对待创新；认真的态度，要求现代创新管理者高度重视、一丝不苟。大多数创新活动，都涉及大量的数据分析工作，不容许有一丝一毫的误差，只有保持郑重、认真的态度，才能确保创新成果的可靠性。

在现代创新管理中，要保持"涣兮"的状态：在现代创新管理中，在行动上不要过于拘谨，要有开放的理念，给员工足够的可发挥空间，多借鉴其他组织和个人的创新经验，敢于尝试新的创新方法。这样才能有所突破和超越。

在现代创新管理中，要保持"敦兮"的状态：在现代创新管理中，要保持淳朴厚道。现代创新管理要摒弃那些华而不实的东西，毕竟，现代创新管理的结果应该是真正有价值的、实实在在的创新成果，而不是虚假的"繁荣"。诚然，创新是需要独特视角的，但如果现代创新管理者不具备淳朴厚道的品性，不顾及社会责任和伦理道德，就会失去社会信誉，甚至给组织带来法律风险。

在现代创新管理中，要保持"旷兮"的状态：在现代创新管理中，思维空间要宽广，不要狭隘。如果思维空间狭窄，就会影响现代创新管理者的视野，导致创新的空间和机会不大。可以说，思维空间的广度是创新能否成功的重要因素。建议现代创新管理者要多应用头脑风暴法等科学方法拓展思维空间，平时在工作中注重多角度思考问题，不要被思维定式所约束。

在现代创新管理中，要保持"混兮"的状态：在现代创新管理中，要浑厚而有包容力。创新的"枝繁叶茂"，是需要有"浑厚文化土壤"滋养的。中华优秀的传统文化和历史优势，都是时刻滋养我国创新活动走向辉煌的"浑厚文化土壤"。我国的现代创新管理者要充分利用我国的"土壤优势"，使我国的创新活动"枝繁叶茂"。同时，现代创新管理也需要有强大的包容力，即能够容纳不同文化、不同观点、不同思维模式、不同组织、不同部门、不同学科等，经过集思广益、辩证思考，整合并利用多方优势的能力。一个具有强大包容力的现代创新管理体系，是可以有效克服文化障碍、观点障碍、思维障碍、组织障碍、部门障碍、学科障碍等多元障碍的现代创新管理体系，化障碍为优势，带领组织走向卓越。

（二）孰能浊以止？静之徐清；孰能安以久？动之徐生。保此道者不欲盈。夫唯不盈，故能蔽不新成

"孰能浊以止？静之徐清；孰能安以久？动之徐生"指出了古人的创新之道，即要净化、静化原本浊乱、不安静的内心状态，使内心慢慢变得清澈和生机勃勃。《道德经》很重视内心的修炼、平衡和稳定，而内心的平衡和稳定是修炼的结果。现代创新管理者也要重视对内心的修炼，只有

保持心境的平衡和稳定，才能留下创新的空间，充分利用创新空间，实现新的成长。

在现代创新管理中，除了要保持上述的各种状态，还要保持"不欲盈"的状态。"不欲盈"，是一种不自我满足的状态。一个持续求新的人，十分需要"不欲盈"的状态。"不欲盈"的状态，是在现代创新管理中，无论取得多大的成功，都要控制好自己的情绪和心态，守住冷静和清醒，不时提醒自己不可自满，始终保持对未知的好奇心和"好了还要更好"的信念。只有这样，创新之人才能拥有始终生机勃勃、充满求知欲望和探索欲望的心态，并在其行动上表现为持续不断地学习、进步和探索。

三　小结

总之，受《道德经》第十五章启示，创新不易，在现代创新管理中要保持"豫焉""犹兮""俨兮""涣兮""敦兮""旷兮""混兮""不欲盈"的状态。向"古之善为士者"学习，现代创新管理者要能做到"浊以止，静之徐清""安以久，动之徐生"，即让原本浊乱的心境变得平静，再慢慢变得清澈，让内心变得安定而平静，再慢慢变得生机勃勃、充满创造力。

第十六章 《道德经》第十六章对现代
创新管理的启示

一 《道德经》第十六章原文及其翻译

《道德经》第十六章的原文是："致虚极，守静笃。万物并作，吾以观复。夫物芸芸，各复归其根。归根曰静，是谓复命，复命曰常，知常曰明。不知常，妄作，凶。知常容，容乃公，公乃王，王乃天，天乃道，道乃久，没身不殆。"① 其中蕴含的古老哲理，用现代文翻译如下。让内心得到空灵的状态，保持内心的宁静；在万物蓬勃生长的世界里，我认真观察万物往复的规律。万物都在不断演化和进化着，各自溯源可以寻找到它们的本根。万物回到它们的本根，是那样宁静，这样宁静的状态其实是一种复归于生命本源的状态。复归于生命本源才是自然之"道"，明白了自然之"道"才能被称为"明智"。如果不明白自然之"道"而妄为，则会引发一些凶险可怕的事情。遵守自然规律的人是包容的，包容的人是坦然公正的，坦然公正的人才能够懂得治国的道理，懂得治国道理的人才能符合自然之"道"，符合自然之"道"的人才能长久成功，可以说，符合自然之"道"的人一般不会遭到危险。那么这些古老的哲理与现代创新管理有什么关系呢？

---

① 张景、张松辉译注《道德经》，第64页。

二 对现代创新管理的启示

(一) 致虚极,守静笃

"虚极"的状态,是内心空灵的状态。"守静笃",承接在"致虚极"之后,就是一种既空灵又宁静的状态,这样的状态特别有利于观察大自然,思考万物发展的规律。在"守静笃"的状态下,人不但内心清静,而且比较专注、不浮躁。"致虚极,守静笃"强调心灵的修养。通过"致虚极,守静笃"的心灵修养,人可以听见内心的声音,不受外界的干扰和影响,并且与自然更加接近,了解自然现象的本质和规律,从而做出明智的判断和选择。

这句话启示现代创新管理者要通过"致虚极,守静笃"的修炼来达到内心的宁静和平和,并提升专注力,避免浮躁。"致虚极,守静笃"是现代创新管理者的心理基础。现代创新管理者,如果不具备"致虚极,守静笃"的心理基础,则较难控制自己的情绪,时常浮躁,缺乏专注力。这样的现代创新管理者,难以以清晰的思路去专注思考问题,无力应对复杂的创新问题,且容易冲动或被情绪左右,难免做出不明智的决策。

在繁华都市里的现代创新管理者如何才能做到"致虚极,守静笃"呢?在繁华的都市中,多数现代创新管理者承受着较大的工作压力,很难做到"致虚极,守静笃",甚至有不少现代创新管理者感到焦虑和急躁。这时候很需要深呼吸,放稳情绪,保持冷静,通过一些活动减轻压力。这些活动,如闭目养神、爬山、跑步、朗诵、唱歌、阅读、养花、赏花等,并不会占用太多时间,只会占用一天中很小比例的时间,但能发挥重要的减压作用。有些现代创新管理者有自己的爱好,如美术、音乐、旅游、钓鱼等,这些有益于身心的兴趣爱好要保持,不要因为工作忙就放弃了。有很多创新灵感,会在减压过程中出现。所以,不要不舍得花时间减压。压力过大,反而会影响创新工作效率。

（二）万物并作，吾以观复

这句话指出，世间万物蓬勃生长，如同春夏秋冬四季往复一样，万物都在往复演变着。而万物的往复演变都有一个看不见的规律。这个规律是什么呢？需要我们静下心来认真观察和思考。"观"是这句话中最关键的字眼，即作者强调要多观察和思考。

这句话启示现代创新管理者要勤于观察和思考。只有勤于观察和思考事物的演化规律，方能发现各种表面现象背后的本质，进而得知事物的发展规律和演变过程。如此，才能将创新工作与自然规律紧密结合起来，提升创新的成功率。

现代创新管理者如何在管理实践中进行观察、思考和探索呢？笔者有如下建议。其一，主动学习。如果说观察的结果是向人体"输入"信息"原材料"，那么，思考和探索就是人体利用这些从外界输入的信息"原材料"进行"加工"。要想将信息"原材料""加工"成更有用的东西，就需要良好的"加工"设备。输入同样的信息"原材料"，不同的人会"加工"出不同的东西。那些知识不足的人，无法"加工"出真正有价值的东西。所以，只有通过主动学习并优化人体的"加工"设备，才能将输入的信息"原材料"加工成真正有价值的东西。其二，定期调研。现代创新管理者只有"走出去"，到真实的市场中去调研，才能了解真实的市场。除了"走出去"，现代创新管理者还可以通过很多种方式了解真实的市场，例如，对大数据的分析、定期召开会议听取一线员工的市场见闻和相关想法等。其三，多与客户交流。客户是上帝，现代创新管理者要注重听取客户的心声。与不同客户的有效交流，是现代创新管理的基础性工作之一。

（三）夫物芸芸，各复归其根。归根曰静，是谓复命，复命曰常，知常曰明。不知常，妄作，凶

这段话指出，万物的演化都有其根，有智之人要知其表，更要知其根。只有通过观察和探索，做到了"知其根"，才能不妄自行动而造成凶险可怕的后果。

在这句话中，"复命曰常"是一种重要的创新思维。创新源于自然、源于对生命本源的感悟和尊重。所有的创新活动都要保持对自然的敬畏。"复命曰常，知常曰明"倡导现代创新管理者要学习自然规律、遵守自然规律、尊重自然生命。接着，作者以"不知常，妄作，凶"向世人发出一个不容忽视的警示，这个警示对于现代创新管理者同样重要。这个警示的内容是：如果现代创新管理者不能尊重自然生命、遵守自然规律，就难免会出现乱子或灾凶。现代创新管理者应该高度重视《道德经》的警示，始终保持警觉和清醒，尊重自然生命、遵守自然规律，实事求是、客观判断，而不要盲目夸大事实、盲目乐观、冲动冒进。

（四）知常容，容乃公，公乃王，王乃天，天乃道，道乃久，没身不殆

在这句话中，"知常容"是一种有常识、守规律、敬自然、包容的状态；"容乃公"是一种豁达大度、大公无私、全心全意为大众服务的状态；"公乃王"是一种在追求个人目标的同时，不忘公心、爱国善治的状态。"知常容，容乃公，公乃王"的状态，也是现代创新管理者的一种智慧，这种智慧将使现代创新管理者扩展创新思路，获得民众之爱，走入国家之心，走向成功之路。

要达到"知常容，容乃公，公乃王"的状态，现代创新管理者需要放下偏见和固执，培养包容的心态，能够包容不同意见和不同观点，能够看到"异议者""异己者"的优点，能够接受不同文化的精华，广开言路、集思广益，善于融会贯通，推动团队合作且不被组织部门隔阂、专业范围所限，密切观察并动态把握市场上的客观需求，顺应自然和社会发展规律，将自身利益与公众利益、国家利益紧密结合起来，基于"利国、利公、利己"的基本原则寻找创新思路，不自私自利，思虑周全，追求国家、民众和自己的"共赢"目标。

接着，老子以"王乃天，天乃道，道乃久，没身不殆"明确指出一条"长久成功之道"和"不会遭受灾祸之道"。结合上文，我们知道，此"道"就是遵守自然规律、包容、坦然公正、爱国善治。

三 小结

总之，受《道德经》第十六章启示，现代创新管理者要注重内心的修养，做到既平静，又专注，还不浮躁；以宁静、专注的心态，认真观察、思考、探索事物背后潜藏的运行规律；只有掌握了事物的运行规律，才不会妄自行动而造成凶险可怕的后果。

第十七章 《道德经》第十七章对现代
创新管理的启示

一 《道德经》第十七章原文及其翻译

《道德经》第十七章的原文是："太上，不知有之；其次，亲而誉之；其次，畏之；其次，侮之。信不足焉，有不信焉。悠兮，其贵言。功成事遂，百姓皆谓'我自然'。"① 其中蕴含的古老哲理，用现代文翻译如下。最崇高的境界，是无法用语言来形容的；其次之境界，大家喜欢、亲近并且赞美他；再其次的境界，大家害怕他；最低的境界，大家轻视他。诚信不足的人，大家自然不相信他。高境界的统治者看起来是悠闲的，因为民众重视他的话语，主动追随和服从他。功成事遂之时，百姓都说："我们本来就是这样的。"那么，这些古老的哲理与现代创新管理有什么关系呢？

二 对现代创新管理的启示

（一）太上，不知有之；其次，亲而誉之；其次，畏之；其次，侮之。信不足焉，有不信焉

最崇高的境界，无法用语言来形容，这是一种无我、忘我的境界；第二高境界，是受人爱戴的境界，这是一种亲和而有说服力的境界；第三高境界，是被人敬畏或害怕的境界，这是一种发号施令、专制或独裁的境

---

① 张景、张松辉译注《道德经》，第68页。

界；最后一种境界，是被人轻视的境界，这是一种不可信任、无法让人尊敬的境界。处于最崇高境界的管理者，完全不追逐名利，追求内心的自在和满足，可实现"无为而治"的最高管理境界；处于第二高境界的管理者，是值得尊敬、亲近和信赖的管理者，他们是员工学习的榜样，他们有能力由内而外激发员工的动力，推动员工主动学习、自我提升；处于第三高境界的管理者，有威严且好发号施令，他们让员工感到畏惧，但员工会对他们保持尊重的态度；处于最后一种境界的管理者，缺乏诚信和说服力，员工不愿听令于他们，甚至不能尊敬他们。

上述四种境界的管理者：最高境界的管理者，追求难度大，一般管理者若掌控不好，无力实现"无为而治"的最高管理境界；第二高境界的管理者，有利于创设民主、开放的创新型文化氛围，可以最大限度激发员工的创新热情；第三高境界的管理者，虽可得员工的尊重，但不利于创设创新型文化氛围，容易使员工变得呆板、缺乏自主创造性；最后一种境界的管理者，受人唾弃，实不可取。因此，笔者建议现代创新管理者努力去追求第二高境界，成为一名受人尊敬、爱戴的管理者，具有亲和力、领导力和说服力。

其一，现代创新管理者要提高亲和力。亲和力，是指管理者在与人交往时自然流露出来的亲切感、人格魅力和社会吸引力。亲和力可以使你更加受到员工、客户的欢迎和信赖，你们可以建立起良好的关系，在互相信任和支持中逐步完成工作任务。现代创新管理者要建立亲和力，需要注重保持干净整洁的外表形象、温和的肢体语言、友好的微笑、可控制的脾气、认真的倾听习惯、清晰的表达能力、关爱的语气、尊重的态度等。其中，干净整洁的外表形象、温和的肢体语言属于外貌亲和力，友好的微笑、可控制的脾气属于情绪亲和力，认真的倾听习惯、清晰的表达能力、关爱的语气属于言行亲和力，尊重的态度属于心理亲和力。一个真正有亲和力的管理者，应该同时具备外貌亲和力、情绪亲和力、言行亲和力和心理亲和力。只有具备亲和力，你才能被大多数员工真心接受和认可，实现你和员工的共同成长。

其二，现代创新管理者要提高领导力。领导力，是一名管理者领导团队完成工作的能力。这种能力是领导者不可缺少的核心能力，它像一种无形的力量，驱使着你的员工自觉按你的意愿履行工作职责。一名管理者，如果缺乏领导力，那么，即使居于现代创新管理者工作岗位上，也不能称其为一名合格的领导者。

现代创新管理者如何提高领导力呢？第一，现代创新管理者需要具备多元化的领导技能，包括慧眼识新、组织跨部门合作、协调不同文化、沟通、创新思维、优化创新流程、评估创新方案、推动团队合作等技能；第二，现代创新管理者需要具备胆大心细、毅力、严谨、诚信、勇气、创新精神、合作精神等基本的领导素质；第三，现代创新管理者需要具备自我管理的能力，包括正确认知自己、有能力管理好自己的时间和精力、有能力规范自己的行为、有能力控制自己的情绪、有能力通过自我激励快速恢复积极的工作态度。

具备领导力天赋的人是极少的，但是，领导力是可以通过学习、训练而获得的。你无须担心你没有领导力天赋，你只要认真学习、勤于训练，就可以获得领导力。很多管理学专业的人，在学校里系统学习了管理学相关理论课程，毕业后再将理论与实践紧密结合起来，经过多年实践的训练和打磨，终具卓越的领导力。

其三，现代创新管理者要提高说服力。说服力，是管理者通过语言表达、案例证明、数据分析等方式，使他人相信其行为、观点等的正确性，进而影响他人行为和观点的能力。缺乏说服力的管理者，难以获得同事、客户的信任，大大削弱了他们的被支持力度，对现代创新管理工作造成阻碍。

大多数现代创新管理者希望采用语言来说服员工、客户相信自己的观点和产品。你需要以简洁明了的语言、强大的逻辑思维、清晰而有力的表达方式来论证你的观点并说明你的产品优点。不过，仅靠语言，说服的效果不够。这时候，你需要辅以其他方式提升说服的效果。例如，制作图文并茂的PPT、利用实际的例证、展示客观的数据及分析、带领现场参观等。

（二）悠兮，其贵言

"悠"，悠闲；"贵言"，是指言语很受人重视，言如九鼎。这句话强调高境界统治者的"悠"和"贵言"。正是因为高境界统治者之"贵言"，所以其才有了其之"悠"。只有诚信、可靠、有安全感的人才能做到"贵言"。

这句话启示现代创新管理者，要做一名诚信、可靠、有安全感的管理者。其一，每个人都需要对自己的言行负责，现代创新管理者不仅代表个人，还代表了组织的形象，更需要做到言出必行、坚守承诺，具有良好的诚信素养；其二，"做人如水，做事如山"，你需要以山一般可靠的品质支撑、引领组织的创新发展；其三，你需要认识到自己的管理者角色和责任，做一名有责任、有担当的现代创新管理者。只有这样，你才能给人以安全感。

（三）功成事遂，百姓皆谓"我自然"

这句话强调百姓之言"我自然"。百姓为什么会说"我自然"，因为百姓认为自己没有被强迫去做任何事情，他们自然而然地按照自己的意愿去做事情，而且成功了。这说明，高境界的统治者能够由内而外激发百姓的行动热情，使百姓发自内心地为统治者办事，主动按照统治者的想法把事情办好，所以，高境界的统治者很悠闲，可以实现"无为而治"的管理境界。

受这句话启示，现代创新管理者不要强迫员工，而要懂得由内而外感化员工，使他们愿意主动为管理者分忧。不能强迫员工，现代创新管理者需要付出更多时间和精力，通过榜样作用、真心交流、为员工着想、帮助员工解决难题、绩效引导、奖励制度等各种方式，由内而外逐步感化员工，使他们感受到你的压力和努力，并真心愿意为你分忧。

三　小结

总之，受《道德经》第十七章启示，现代创新管理者应明确管理者的四重境界，建议现代创新管理者努力追求第二重境界，做一名亲和、有说服力、受员工爱戴和尊敬的管理者；管理者要实现"贵言"，就要讲诚信、可靠、有安全感；员工都有自己的观点和想法，不要强迫员工，强迫为之的质效不佳；要懂得由内而外感化员工，使员工发自内心愿意为管理者分忧，这样，在功成事遂之时，员工皆谓"我自然"。

第十八章 《道德经》第十八章对现代创新管理的启示

一 《道德经》第十八章原文及其翻译

《道德经》第十八章的原文是："大道废，有仁义；慧智出，有大伪。六亲不和，有孝慈；国家昏乱，有忠臣。"① 其中蕴含的古老哲理，用现代文翻译是："大道"被破坏后，有仁义的人保护"大道"格外重要，但真正有仁义的人稀缺；"大道"被破坏后，人们开始过度追求智慧，欺诈随之而来，就会出现伪智慧；"大道"被破坏后，亲人出现不和睦的现象，有孝慈之心的人越来越少；"大道"被破坏后，国家出现混乱的现象，有忠臣维护国家格外重要，但真正的忠臣也稀缺。那么这些古老的哲理与现代创新管理有什么关系呢？

二 对现代创新管理的启示

（一）大道废，有仁义

"大道"，是指自然规律、社会的根本原则和规律、宇宙的本质规律。这句话是该章的引语，引出"大道废"后的仁义稀缺问题、伪智慧问题、家庭不和问题、国家混乱问题，可见"大道"之重要！

创新的"大道"，指创新的思维原则、创新的行为准则、创新的方法

---

① 张景、张松辉译注《道德经》，第71页。

与规律。创新的"大道"对维护各类组织和个人的创新秩序、提高创新管理效率有重要意义。如果创新的"大道"消失，那么各类组织和个人的创新秩序、创新管理效率都堪忧。为了能够维持各类组织和个人的创新秩序、保持创新管理的效率，就必须大力提倡仁义，培养每个创新工作者的仁义道德，避免出现混乱的创新局面。

（二）慧智出，有大伪

对智慧的追求要以"大道"为基础。如果失去"大道"基础，就很容易盲目追求智慧。一旦如此，伪智慧就会出现。什么是真智慧，什么又是伪智慧呢？真智慧，是以自然规律和社会规律为基础的，可以引导社会发展和人类进步的智慧。伪智慧是指不切实际的想法和计划，这些想法和计划可能会导致社会资源被浪费、环境被损害、社会秩序被破坏等。

这句话启示现代创新管理者，要适度追求智慧，不要过度创新。过度创新就属于伪智慧。所谓过度创新，是指不切实际、不符合市场需求、不顾消费者需求等违背自然规律的创新活动。过度创新是创新与消费者需求失衡的产物，尽管能够给消费者带来一些新的选择，但是不能满足消费者的需求，造成产品积压、资源浪费，甚至产生损害环境、破坏现有的市场格局和商业模式、扰乱社会秩序等负面影响。

因此，创新需理性，智慧需适度。我们倡导创新，但不可过度创新，需要保持适度的创新发展，让创新真正服务于社会。

（三）六亲不和，有孝慈

"六亲"，是指亲人、朋友等关系。"大道废"也会引起家庭失和。当家庭失和时，孝和慈的作用格外凸显，但孝慈之人稀缺。组织创新管理中的"六亲不和"是指组织上下、部门之间关系不协调或有矛盾。当组织创新管理中出现"六亲不和"时，应格外强调组织中的协调。上级应该有亲和力，下级应该有尊上心。如此，才能让组织逐渐摆脱"六亲不和"困境，赢得创新发展的转机。

（四）国家昏乱，有忠臣

这句话指出，如果"大道废"，国家也会变得混乱。当国家混乱时，忠臣是最重要的国家维护者，但忠臣也会因为"大道废"而减少。在该章中，家庭失和、国家混乱等现象，都表示失去稳定和发展的状态。也就是说，"大道废"将导致不稳定和不发展。

同理，现代创新管理也需要"大道"来保持稳定和发展的状态。万一偏离"大道"，则必然出现组织混乱等状态。现代创新管理也很需要一批"忠臣"。这些"忠臣"在组织各项创新活动中举足轻重。在组织的创业初期或者困难时期，组织各项创新活动的"忠臣"是组织创新发展的忠实守护者。现代创新管理者一定要善于识别"忠臣"，并好好保护"忠臣"。

三 小结

总之，在现代社会，创新已经成为推动社会进步的重要因素。但是，创新也面临着很多挑战，比如不道德、伪智慧等问题。我们要如何应对这些问题，让创新更好地服务于社会？受《道德经》第十八章启示，现代创新管理者应该高度重视"大道"和"仁义"，重视智慧而不盲目追求智慧，避免由盲目追求智慧导致的一些不切实际的"伪智慧"，引起破坏环境、浪费社会资源等过度创新问题。同时，现代创新管理者要具备高度的亲和力、注重保护忠臣，只有这样，才能摆脱"六亲不和"和组织混乱的困境。

第十九章 《道德经》第十九章对现代创新管理的启示

一 《道德经》第十九章原文及其翻译

《道德经》第十九章的原文是："绝圣弃智，民利百倍；绝仁弃义，民复孝慈；绝巧弃利，盗贼无有。此三者以为文不足，故令有所属：见素抱朴，少私寡欲，绝学无忧。"① 其中蕴含的古老哲理，用现代文翻译如下。不要过度追求聪明智巧，摒弃了"伪智慧"，民众会因此受益百倍；不要虚伪的仁义，抛弃了虚伪的仁义，民众反而能够发自真心地孝慈；不要过度看重技巧和利益，这样就没有盗贼了。上述的"伪智慧""伪仁义""过度的巧利"三者都是巧饰，不足以作为治理病态社会的法则，因此要指出来，让人们的思想有所认识；返回原始纯朴的状态，使私欲减少，抛弃那些华而不实、缺乏学习价值的学问，就没有忧愁了。那么，这些古老的哲理与现代创新管理有什么关系呢？

二 对现代创新管理的启示

（一）绝圣弃智，民利百倍

"智"，指知识和智慧。如果缺乏知识和智慧，人类社会的发展就会失去强大的推动力。那么，为什么要"弃智"呢？那是因为，过度倚重

---

① 张景、张松辉译注《道德经》，第73页。

"智"导致了不遵循自然规律的"伪智慧",欺诈者有之、诡辩者有之、过度创新者有之,这样的"智"已经成为人类发展的阻碍,是需要放弃的。如果放弃了这样的"圣""智",就可以使民众受益百倍。也就是说,"弃智",并不是完全拒绝"智",而是要正确认识和利用"智"。

这句话启示现代创新管理者,要正确认识和利用知识和智慧。其一,知识和智慧是创新的基础。现代创新管理者需要有管理学、法学、市场学、社会学、心理学、财务学、客户管理、计算机网络、信息管理、新技术应用、新设备应用等多学科、多领域的知识积累及其集成的智慧。如果没有这些知识和智慧为基础,创新成果则无法诞生。其二,知识和智慧是创新的保障。创新成果产生后,还需要应用知识和智慧去保护它们,避免创新成果被竞争对手模仿和超越。其三,要警惕误导性的知识和伪智慧。在信息时代,现代创新管理者每天都会接收各种各样的信息。现代创新管理者要保持警惕,思考每个言论是否符合逻辑、是否有实证依据,不要被华而不实的言论所迷惑;要具备批判性思维,能够识别错误的观点,懂得去伪存真。不要被误导性的知识、不实信息、伪智慧所误导,造成决策失误和创新失败。

(二)绝仁弃义,民复孝慈

这句话中要放弃的"仁义"是指假仁假义。真正的仁义道德,是发自内心的真仁正义,包括真心关爱他人、真心为朋友着想、讲义气、尊重他人、诚实守信等道德准则和行为规范。真正的仁义道德,是组织中上下各级互相亲近、互相信任、互相支持的重要纽带。然而,假仁假义却只是停留在表面上的所谓"仁义",缺乏真心基础,给人虚拟的感觉。如果组织管理者以假仁假义对待下属,那么一旦被识破,就会失去下属的亲近、信任和支持,甚至引发下属的敌意。因此,健康的组织管理都摒弃了虚假的"仁义"。

这句话启示现代创新管理者,要具有真正的仁义道德。仁义道德不能只是在口头上说说,它需要我们每一位现代创新管理者实实在在地身体力行。一个具有真正仁义道德的现代创新管理者,是组织凝聚力的源泉。员工会因为你的存在而感到更加温暖和安全。这样的温暖和安全，会使员工真心地为你着想、帮你分忧，他们的工作效率提高了，也会紧密地团结在你的周围，形成强大的凝聚力和战斗力。当然，真正的仁义道德也可以帮助你获得投资者和客户的信任和支持，你可以吸引到更多的投资者和客户，使你的创新后劲十足。

（三）绝巧弃利，盗贼无有

"巧"，指技巧；"利"，指利益。适当地追求技巧和利益，有利于创新发展与组织盈利。但是，如果过度追求技巧和利益，则会出现盗贼和腐败分子。

"绝巧弃利"，并不是指要完全拒绝技巧和利益，而是指要在法律和社会道德允许的范围内追求技巧和利益。

这句话启示现代创新管理者，要在法律和社会道德允许的范围内追求技巧和利益。作为一名现代创新管理者，你希望提升创新技巧，希望获得丰厚的利润，应该说，你有这样的希望无可厚非。但是，你同时也需要保持道德和伦理的底线，以确保你的行为符合社会标准和道德准则。你需要遵守国家的法律法规，不从事任何非法活动；遵循正确的商业道德和行为规范；没有任何不道德或不合适的行为，包括不侵犯他人的知识产权、不贿赂、不滥用有限的资源、不破坏社会环境和自然环境、不扰乱市场秩序等。只有这样，才能实现商业组织与社会的共赢。

（四）见素抱朴，少私寡欲，绝学无忧

"见素抱朴"，强调返璞归真。"少私寡欲"，强调减少私欲。"绝学"，并不是说要放弃学习，而是要将有限的时间进行合理的分配，选择学习的内容，放弃那些华而不实、无价值的学习内容，提高学习的效率和价值。

这句话启示现代创新管理者，要保持质朴、减少私欲、合理分配学习时间、提高学习效率和价值。只有保持质朴和减少私欲，你才能真正地去学习和思考，将有限的时间更多地用于学习和自我提升。对学习内容的选择也很重要，如果不能有针对性地抓住学习的重点，你就会浪费很多宝贵的时间在一些对你帮助甚微的学习内容上。因此，你应该有一个明确的学习目标，并在这个学习目标拉动下选择有价值的学习内容进行深入的学习和思考。所谓有价值的学习内容，就是对实现学习目标有帮助的学习内容。而那些对实现学习目标没有帮助的学习内容，就属于应该放弃的无价值的学习内容。这样选择学习内容，你可以有效提高学习效率，使你的学习时间实现价值最大化。

三 小结

总之，受《道德经》第十九章启示，现代创新管理者要正确认识和利用知识和智慧，要具有真正的仁义道德，要在法律和社会道德允许的范围内追求技巧和利益，要保持质朴、减少私欲、合理选择学习内容，不要将有限的学习时间浪费在无价值的学习内容上。

第二十章 《道德经》第二十章对现代创新管理的启示

一 《道德经》第二十章原文及其翻译

《道德经》第二十章的原文是："唯之与阿，相去几何？善之与恶，相去若何？人之所畏，不可不畏。荒兮，其未央哉！众人熙熙，如享太牢，如春登台。我独泊兮，其未兆，如婴儿之未孩。累累兮，若无所归。众人皆有余，而我独若遗。我愚人之心也哉，沌沌兮！俗人昭昭，我独昏昏；俗人察察，我独闷闷。澹兮，其若海；飂兮，若无止。众人皆有以，而我独顽似鄙。我独异于人，而贵食母。"① 其中蕴含的古老哲理，用现代文翻译如下。唯唯诺诺与呵斥之间，相差多远呢？美好的东西与丑恶的东西之间，距离多少呢？人们所害怕的，不可以不害怕啊。前方的道路荒凉广阔，像没有尽头啊！大家都很热闹，就像在享受太牢的美食，就像在春天登上高台观景。我却独自一人漂泊着，没有被发现的兆头，就像还不会笑的孩子；彷徨徘徊的样子，就像找不到归宿的浪子。大家都很富足，只有我一个人像被遗弃了一样。我真是愚笨的人啊！俗人显得很清醒，我却迷惑着；俗人显得聪明有智慧，我却心情抑郁不畅。宁静啊，就像大海一般；恍惚啊，像在无止境地漂泊。大家都有自己的"看家本领"，只有我顽固笨拙。我与众不同，贵在得到了"道"。那么，这些古老的哲理与现代创新管理有什么关系呢？

---

① 张景、张松辉译注《道德经》，第 77 页。

二 对现代创新管理的启示

（一）唯之与阿，相去几何？善之与恶，相去若何？人之所畏，不可不畏。荒兮，其未央哉！众人熙熙，如享太牢，如春登台。我独泊兮，其未兆，如婴儿之未孩。累累兮，若无所归。众人皆有余，而我独若遗。我愚人之心也哉，沌沌兮！俗人昭昭，我独昏昏；俗人察察，我独闷闷。澹兮，其若海；飚兮，若无止。众人皆有以，而我独顽似鄙

这段话中使用了多个表达孤独与迷茫的词。例如，"荒"，形容一个人内心的荒凉和孤独；"荒兮，其未央哉"，表达一种没有尽头的孤独感；"我独泊兮"，也表达作者内心的孤独和寂寞；"未兆"，即还没有表现出来、未被发现，就像还没有被挖掘的宝玉，内心对未来有迷茫感；"沌沌兮"，形容一个人内心混沌和懵懂的样子；"累累兮"，形容一个人彷徨徘徊的样子。这是作者的一段内心独白。

这段话启示现代创新管理者：道路是曲折的，前途是光明的；只要是金子，就一定会发光；不要轻易放弃。在竞争性创新的时代，在现代创新管理者前进的道路上，阻碍和困难是难免的，道路曲折也是难免的，千万不要轻易放弃。《道德经》的作者老子就是很好的学习榜样，他在仿佛没有止境的孤独和迷茫中，仍然坚定地研究"道"、相信"道"、撰写"道"，绝不放弃，这才终于完成这部流传千古的巨著。举个常见的例子，在现代创新管理中，员工不信任现代创新管理者、拒绝接受创新想法是常见的。缺乏员工的支持，创新进展困难而缓慢。面对这样的情况，现代创新管理者不要放弃，要多与员工沟通，及时了解员工不信任创新想法的原因，并针对员工不信任的原因摆事实（包括数据、试验、案例等）、讲道理，说服员工，也根据员工的建议做一些必要的调整，最后取得员工的信任和支持。只要是金子，迟早会发出耀眼的光芒。现代创新管理者只要坚持不懈努力，坚守"道"的原则和规律，假以时日，一定能够取得成功。

（二）我独异于人，而贵食母

这句话表达了作者的自信："我就是那么与众不同啊，因为我贵在得

到了'道'。"可见，虽然作者当时感到孤独和迷茫，但还是坚信"道"的力量，并因为自己得到了"道"而自豪。事实证明，《道德经》陈述的"道"与众不同，富有深刻的哲理、智慧和启示意义。

这句话启示现代创新管理者，在学习《道德经》之"道"的过程中，虽然最初会有深奥难解之谜，但不可放弃，认真研读《道德经》之"道"中所蕴藏的哲理、智慧和启示意义，将受益匪浅。

作为现代人，学习《道德经》中的古文，会存在一定难度。笔者在最初学习《道德经》时也觉得其中的文字深奥难解。这就需要静下心来认真研读，也可以参考一下别人的翻译，但更需要自己去深刻理解《道德经》每章的内涵。笔者通读《道德经》八十一章后，发现《道德经》中的每一章都对现代创新管理有深刻的启示意义。因此，很希望现代创新管理者也和笔者一样高度重视《道德经》，认真研读《道德经》每一章，深入思考它们对管理和创新实践之启示。《道德经》之"道"不仅能帮助现代管理者更好理解和遵循管理规律，而且能培养独特而符合自然规律的创新思维，有利于科学的创新决策，提升管理者的道德品质和言行修养，强化管理者的亲和力和团队领导力，促进管理者掌握创新方法和技巧，推动管理者走出一条成功的创新发展之路。"路漫漫其修远兮，吾将上下而求索"，现代创新管理之路漫漫，在"道"的指引下终会成功。

三　小结

总之，受《道德经》第二十章启示，现代创新管理者要知难而上，不要轻易放弃，须知：道路是曲折的，前途是光明的；只要是金子，就一定会发光。《道德经》之"道"，初学确实有难度，但切不可放弃，认真研读、思考，并在其指引下实践再实践，你会发现从《道德经》之"道"中获得了巨大的收益和进步。

第二十一章 《道德经》第二十一章对现代
创新管理的启示

一 《道德经》第二十一章原文及其翻译

《道德经》第二十一章的原文是："孔德之容，唯道是从。道之为物，惟恍惟惚。惚兮恍兮，其中有象；恍兮惚兮，其中有物。窈兮冥兮，其中有精；其精甚真，其中有信。自古及今，其名不去，以阅众甫。吾何以知众甫之状哉？以此。"①其中蕴含的古老哲理，用现代文翻译如下。"大德"的容量，只遵循于"道"。"道"这个东西，没有清楚的固定实体。"道"恍惚不清，但在恍惚不清中却有形状；"道"恍惚不清，但在恍惚不清中有实物存在；"道"深邃神秘，但在深邃神秘中存在非常真切的精髓；这精髓有着充足的信任，从远古到现今，它的名字从来没有消失过，并用来验证万物。我是依据什么来知道万物的状态呢？是依据"道"啊。那么，这些古老的哲理与现代创新管理有什么关系呢？

二 对现代创新管理的启示

（一）孔德之容，唯道是从。道之为物，惟恍惟惚。惚兮恍兮，其中有象；恍兮惚兮，其中有物。窈兮冥兮，其中有精；其精甚真，其中有信。自古及今，其名不去，以阅众甫

"孔"在这句话中，是"大"的意思。"孔德"，即"大德"。"孔德

---

① 张景、张松辉译注《道德经》，第84页。

79

之容，唯道是从"指出，只有"道"可以引导"大德"的成长。这句话
又一次说明了"道"的强大力量。"道"是如此强大，那么，"道"是什
么样的呢？前文已经指出，"道"是"玄之又玄，众妙之门"，该章继续描
述"道"的样子："道"没有固定的形体，给人恍惚不清的感觉，但是，
"道"又不是完全的"恍兮惚兮"，在"恍兮惚兮"中有形状、有实物、
有精髓；"道"的精髓很真切、很可信，从不消失，而且可以验证万物。
通过这样的描述，我们对"道"的形状和精髓都有了认识。如果一定要用
一个字来形容这个认识，那就是"玄"。

这段话启示现代创新管理者，要深刻认识"道"的重要性，并以
"道"引导品德的成长。这就是说，现代创新管理者需要自问一个问题：
"我要如何才能保证创新与道德的平衡呢？"

在现代社会，我们常见创新损害环境、创新损害他人利益等不良现
象。甚至，有人在创新过程中触犯了法律而被关进大牢。虽然这些现象不
少见，但是现代创新管理者一定要明白：创新与品德不是矛盾的，创新与
品德是互相促进的；只有创新与品德同在，才能真正打造出高价值的新产
品或新服务；只有创新与品德共同成长，才能算得上成功的创新。

那么，现代创新管理者要如何才能实现创新与品德共同成长呢？答案
是：遵循"道"。首先，现代创新管理者要基于"道"的引导构建正确的
价值观。"道"是符合社会发展方向、能够推动创新成果得以实现的价值
观和基本准则。在"道"的引导下，现代创新管理者有了正确的价值观和
行为准则，其言行得以规范和自我管理。其次，"道"提倡宽容、谦让、
诚实、担当、善良等优秀品德，这些品德都有助于现代创新管理者顺利开
展创新工作，从而实现创新与品德"双成长"和"双丰收"。

（二）吾何以知众甫之状哉？以此

这句话是该章的总结，强调"道"可以探知万物的状态与发展规律，
启示现代创新管理者要进一步认识"道"的重要性，掌握"道"。

在此提几点建议，为现代创新管理者进一步掌握"道"提供些许参
考。其一，戒贪，构建品德基础。掌握"道"，需要构建一个良好的品德

基础。《道德经》第一章就指出："故常无欲，以观其妙；常有欲，以观其徼。"只有没有贪欲的现代创新管理者，才能观察到"道"的微妙之处，进而掌握"道"的精髓。如果你有贪欲，那么你只能看到名称等事物表面的变化，无法掌握"道"的精髓。其二，做一个学习型的现代创新管理者，构建知识基础。所谓学习型的现代创新管理者，是指持续不断学习和吸收新知识、新技能并学以致用的现代创新管理者。学习型的现代创新管理者保持良好的学习习惯，其知识体系能够与时俱进，因此，对快速变化的环境有较强的适应性。在大多数情况下，学习型的现代创新管理者会将学习精神也导入创新团队或组织中，在创新团队或组织中营造良好的学习氛围，构建学习型创新团队或学习型组织。其三，做一个亲和型的现代创新管理者，构建人际基础。得"道"的现代创新管理者不争而亲和，有良好的人际关系。其四，遵循规律。规律是宇宙的秩序。"道"的本质是规律。现代创新管理者循"道"的实质是掌握创新和创新对象的发展规律并遵循规律办事。

三 小结

总之，受《道德经》第二十一章启示，"道"可以引导"大德"的成长，现代创新管理者要深刻认识到"道"的重要性，并以"道"引导品德的成长。同时，该章也对"道"的外在形状和内在精髓进行描述，让现代创新管理者进一步认识到"道"的"玄"。现代创新管理者要掌握这么"玄"的"道"不容易，但又必须掌握它，否则就不能取得成功。因此，本章还为现代创新管理者如何掌握"道"提出几点建议以供参考。

第二十二章 《道德经》第二十二章对现代创新管理的启示

一 《道德经》第二十二章原文及其翻译

《道德经》第二十二章的原文是："曲则全，枉则直；洼则盈，敝则新；少则得，多则惑。是以圣人抱一为天下式：不自见，故明；不自是，故彰；不自伐，故有功；不自矜，故长。夫唯不争，故天下莫能与之争。古之所谓'曲则全'者，岂虚言哉？诚全而归之。"① 其中蕴含的古老哲理，用现代文翻译如下。委屈而得以保全，弯曲而得以伸直；地处低洼而得以充盈，陈旧而得以更新；数量少而得以增添，数量过多而让人迷惑。因此，圣人将这一原则作为天下事理的范式坚守着。不自我展现，反而得以显明；不自以为是，反而受到表彰；不自我夸耀，反而有功；不自骄，反而得以长久。正是因为不争功利，所以天下没人能够与其抗争。古人说的"曲则全"，难道是虚言吗？这句话确实是完全正确的啊。那么，这些古老的哲理与现代创新管理有什么关系呢？

二 对现代创新管理的启示

（一）曲则全，枉则直；洼则盈，敝则新；少则得，多则惑

这句话应用辩证思维分析"曲"与"全"的关系、"枉"与"直"的

---

① 张景、张松辉译注《道德经》，第88页。

关系、"洼"与"盈"的关系、"敝"与"新"的关系、"少"与"得"的关系、"多"与"惑"的关系。读之，可体会到其中蕴含的深刻哲理。将这些哲理应用于现代创新管理，则有重要意义。

"曲则全"启示现代创新管理者：现代创新管理时常需要"曲线救国"。思维不可过于呆板。直线思维者很难找到创新灵感。创新思维不仅需要开阔的思维空间，还需要"绕弯路"，如水流一般，不管遇到多大的困难，都能够绕过去并继续前进。创新思维"绕弯路"时，要懂得灵活变通、随机应变。传统的固有模式常常是"创新之路"上的巨大绊脚石。创新思维面对这些绊脚石，都应该以"绕过"这些绊脚石并进一步拓展"创新之路"为目标，能够灵动地"曲"成任意形状。

"枉则直"启示现代创新管理者：弯曲之后的伸直，可以保持更强大的弹性。在现代创新管理过程中的"道路"不会很平直，都会遇到较多艰难险阻，切不可"遇弯则退"。要以富有弹性的抗挫力直面各种挫折，相信"道路是曲折的，前途是光明的"。以华为公司的任正非为例，华为公司发展之初，困难、压力巨大，但是，有强大的压力就有强大的弹力，任正非勇敢面对压力，化压力为"伸直"的弹力，最后华为公司终于拥有了光明的前途。

"洼则盈"启示现代创新管理者：低洼之处地势低，反而能够最早得到充盈。不要一味想着高端创新，要实事求是。将基层作为目标市场，创新成果的受众多，反而更容易推广创新成果。

"敝则新"启示现代创新管理者：市场日新月异，创新成果具有时效性，不合时宜的产品或服务应列入"陈旧品"。现代组织要注重不断推陈出新，持续更新换代。以我们高校的专业课教学为例，虽然学校年年都开设同名课程，但随着知识的更新，同名课程的教学内容也在不断更新、与时俱进。

"少则得"启示现代创新管理者："少"则稀有，稀有则贵重。创新，不要盲目追求数量，而要追求质量和内涵。组织的创新资源有限，与其使创新成果多而滥，不如使创新成果少而精。

"多则惑"启示现代创新管理者：面对太多的选择，大多数人会感觉眼花缭乱，甚至迷失了自己的方向，难以选择和决策。中国有句古训是"有志之人立长志，无志之人常立志"，就是这个道理。创新要"聚焦"，"聚焦"才能做到专业，专业才能具备竞争优势，具备竞争优势才能赢得市场和发展。

（二）是以圣人抱一为天下式：不自见，故明；不自是，故彰；不自伐，故有功；不自矜，故长

这段话描述圣人坚守的一个原则：若要显明，则不自我展现；若要受到表彰，则不自以为是；若要有功，则不自我夸耀；若要长久，则不自骄。

这段话启示现代创新管理者，不要过分自我展现，不要自以为是，不要自我夸耀和自骄。现代创新管理者的工作岗位很重要。你既是一名管理者，也是一名创新者，还是一名执行者。偶尔的成功和胜利，不值得过分自我展现、自以为是、自我夸耀和自骄。市场竞争激烈，新知识、新技术、新产品、新服务如同雨后春笋般不断涌现，要想获得长久和持续的成功和胜利，你就必须再学习、再探索、再创新，你还需要经常反思和自我监控，不时对自己的工作业绩做一个自我评估，基于实事求是和与时俱进的原则客观地评价自己，分析自己的优势与劣势。在你从现代创新管理者岗位上退休之前，你都在路上，不能停下来。在激烈竞争的商场中，现代创新管理犹如逆水行舟，不进则退。如果你因为自以为是和骄傲停止了前进的步伐，那么，你很快就会被竞争对手超越而成为市场的落后者。

（三）夫唯不争，故天下莫能与之争。古之所谓"曲则全"者，岂虚言哉？诚全而归之

天下人都没有能力与你相争，只是因为你"不争"。初读《道德经》的读者或许会对这个观点感到困惑。事实上，这个观点与"曲则全"一样，都具有深刻的哲理，它们强调一种"以退为进"的人生智慧。

这段话启示现代创新管理者，要懂得"以退为进"。其一，"以退为进"是一种战略智慧。学过"经营单位组合分析法"的读者，知道组织的

经营单位可以分为"幼童""明星""金牛""瘦狗"四类。组织在经营管理中会明智地放弃不再具备发展前景的"瘦狗"型经营单位，将资金从"瘦狗"型经营单位中抽出，然后将资金投入有更好发展前景的其他经营单位中去。这样的操作就体现了"以退为进"的战略智慧："退"不是真正的放弃，而是为了更大的前进。其二，现代创新管理有时需要"以退为进"的选择。在现代创新管理工作中，你可能会面临某个艰难的抉择，是选择继续坚持，还是选择退后一步？我国有古训："退一步海阔天空"。有时候退后一步，你就可以获得广阔的发展空间。例如：苹果公司曾经放缓了对个人电脑的研发步伐，转而专注于开发智能手机，获得了更大的成功和广阔的发展空间。其三，妥协也是一种智慧。在创新过程中，需要妥协和包容。例如，为了新的市场需求，可能需要调整产品的价格和规格。适当的妥协，有助于更好地解决问题，并使组织的创新之路走得更加稳健。

三　小结

总之，受《道德经》第二十二章启示，现代创新管理时常需要"曲线救国"；弯曲之后的伸直，可以保持更强大的弹性；低洼之处地势低，反而能够最早得到充盈；不要盲目追求创新的数量，而要追求创新的质量和内涵；创新要"聚焦"；现代创新管理者不要过分自我展现，不要自以为是，不要自我夸耀和自骄，要懂得"以退为进"。

第二十三章 《道德经》第二十三章对现代创新管理的启示

一 《道德经》第二十三章原文及其翻译

《道德经》第二十三章的原文是："希言自然。故飘风不终朝，骤雨不终日。孰为此者？天地。天地尚不能久，而况于人乎？故从事于道者同于道，德者同于德，失者同于失。同于道者，道亦乐得之；同于德者，德亦乐得之；同于失者，失亦乐得之。信不足焉，有不信焉。"① 其中蕴含的古老哲理，用现代文翻译如下。不多说什么，我们以自然现象为例。自然中，狂风通常不会整天都在刮，暴雨通常也不会整日都在下。这些自然现象是谁造的呢？天地。天地尚且不能长久，又何况是人呢？因此，按"道"办事的人就像"道"一样，按"德"办事的人就像"德"一样，失"道"与失"德"的人就像"失去"一样。按"道"办事的人，"道"也一定喜欢他；按"德"办事的人，"德"也一定喜欢他；失"道"和失"德"的人，"失去"也一定喜欢他。一个人诚信不足，别人就不会相信他。那么，这些古老的哲理与现代创新管理有什么关系呢？

---

① 张景、张松辉译注《道德经》，第92页。

二　对现代创新管理的启示

（一）希言自然。故飘风不终朝，骤雨不终日。孰为此者？天地。天地尚不能久，而况于人乎

这段话从自然界的现象看"长久"。我们都知道，狂风和暴雨通常不能维持很久。这样的自然现象启示现代创新管理者，要始终跟随外界环境的变化"以变应变"，不能停滞不前、保持不变。

创新需要坚持不懈的努力和勇气，也需要灵活的行动力。你不但要灵敏地感受到外界的变化，更需要及时调整创新策略和措施，必要时可能还需要理性放弃。无论是多么耀眼的创新成果都不能永久受欢迎，创新是一个需要不断适应外界环境的过程，不可能一劳永逸。现代市场环境时刻变化着，为了适应市场变化，创新不能"以不变应万变"，而应该"以变应变"。例如，新兴技术如人工智能、机器学习技术等诞生并得到发展，陈旧的技术及相应的产品或服务逐渐被淘汰，市场呼吁以新技术开发新产品或新服务，企业就必须顺应市场需求开展新的研发工作。新技术有助于提高创新产品的质效，降低创新产品的成本。如果你仍然守着旧技术、旧设备不放，就导致你的新品成本高、质效低，无法适应新市场环境。

为了"以变应变"，只改变行为方式是不够的，还需要改变创新思维。传统的思维方式往往倾向于保持稳定和平衡，而现代商业环境充满了不确定性和变化，你需要打破这种平衡，尝试不同的思路和策略，以适应不断变化的市场需求。例如，你总是在密切观察着市场变化，但是总是没有找到适合你的创新机会，你觉得市场上缺乏可以利用的新需求，这时候有一种新的创新思维或许可以帮助你，你可以尝试创造新的市场需求。

（二）故从事于道者同于道，德者同于德，失者同于失。同于道者，道亦乐得之；同于德者，德亦乐得之；同于失者，失亦乐得之

这段话指出，得"道"者，"道"也乐于亲近他，实现了"得道者多助"；得"德"者，"德"也乐于亲近他，实现了"有德者多益"；而失

"道"者和失"德"者，"道"与"德"都不愿意亲近他，将形成"失道者寡助"和"失德者寡益"的局面。

这段话再次强调"道"与"德"的重要性。《道德经》中多处强调"道"与"德"的重要性，读者可在其他章中看到相关论述，这里将用更多笔墨来论述这段话的另一个重要启示点：在现代创新管理工作中，要以"失"为鉴。这里的"失"，是指在现代创新管理工作中存在的不足和缺陷。其一，反思和总结自己的不足和缺陷，并引以为鉴。在现代创新管理工作中，需要经常反思和总结自己的不足和缺陷。例如，技术不成熟、员工不理解创新的意义、浪费严重、创新流程需要优化、试验操作不严谨、数据分析有疏漏等。所有这些不足和缺陷，都需要高度重视，并引以为鉴。在今后的工作中，不容许自己再犯类似的错误，让自己始终走在持续改善和进步的道路上。其二，知己知彼，知道竞争对手的不足和缺陷，并引以为鉴。能称为竞争对手的，通常是同行且实力相当。优秀的管理者通常有大格局，会真心向竞争对手学习其优势，但同时也会将竞争对手的不足和缺陷作为借鉴，分析并吸取竞争对手失败的教训，避免自己也犯同样的错误。其三，拓宽视野，从整个社会、市场环境出发，宏观观察，发现问题和不足，引以为鉴。在社会和市场中，每个组织都有优势和劣势，视野开阔的现代创新管理者也会吸取其他领域的成功经验和失败教训。其四，向用户征求意见，以用户的要求为鉴，让自己更符合用户的要求，以持续不断的努力来提高用户满意度。

（三）信不足焉，有不信焉

这句话强调"信"。如果一个人缺乏诚信，他人就难以相信他。一个不被人信任的人，将寸步难行。这句话启示现代创新管理者：现代创新管理需要"信"。"信"，有自信，还有他信。"他信"，指让他人相信自己。现代创新管理者要让他人相信自己，自己就必须注重诚信。此外，信任是相互的，现代创新管理者要让他人相信自己，自己也要相信他人。因此，这里的"自信"应该包括自己相信自己、自己讲究诚信、自己相信他人。

关于现代创新管理者需要讲究诚信的论证可以在其他章看到。笔者在此将主要笔墨用于论证：现代创新管理者需要相信自己、相信他人，包括相信自己、相信员工、相信团队、相信客户。相信具有强大的力量。创新需要勇气，更需要相信。创新是一个需要改变现有模式的过程，甚至是一个"从无到有"的过程。缺乏自信和他信的现代创新管理者无力取得创新突破。其一，现代创新管理者要相信自己的创新想法能够变成现实。确定明确的目标，通过严谨的可行性分析、制订可靠的计划、寻求必要的支持、坚持不懈地努力，创新想法是可以实现的。其二，现代创新管理者要相信员工。现代创新管理者要相信员工的能力和潜力。每一个员工都有自己的能力和潜力，你需要帮助员工认识到自己的能力和潜力，予以必要的培训，给员工足够的鼓励和机会，激发员工的潜力和创新积极性。你要相信，你给了员工发挥能力和潜力的机会，他们一定不会辜负你的期望。其三，现代创新管理者要相信团队。现代创新通常是团队协作的结果。引导团队内部互信和互协，形成创新型团队文化，培养团队成员的创新思维，集聚团队的智慧，提升团队的凝聚力，你要相信你的创新团队能够以强大的战斗力实现创新目标。其四，现代创新管理者要相信客户。现代创新管理者要向客户收集需求和反馈。只有相信客户，才能得到客户的信任和支持。

三　小结

总之，受《道德经》第二十三章启示，现代创新管理者应该明确：无论是多么耀眼的创新成果都不能永久受欢迎，创新不可能一劳永逸，应始终跟随外界环境的变化"以变应变"，不能停滞不前、保持不变；在现代创新管理工作中，应以"失"为鉴；要相信自己、相信员工、相信团队、相信客户，创新需要勇气，更需要相信。

第二十四章 《道德经》第二十四章对现代创新管理的启示

一 《道德经》第二十四章原文及其翻译

《道德经》第二十四章的原文是："企者不立，跨者不行；自见者不明，自是者不彰，自伐者无功，自矜者不长。其在道也，曰余食赘行，物或恶之，故有道者不处。"① 其中蕴含的古老哲理，用现代文翻译如下。支起脚跟，本想站得更高些，却站立不稳；跨起大步，本想走得更快，却不能远行；自我展现的人不能得以显明，自以为是的人不能受到表彰，自我夸耀的人不能得功，自骄的人不能长久。在道法中，说：多余的食物会形成赘肉加重身体的负担，这些多余的赘肉让人厌恶，因此，有"道"的人不做这样的事。那么，这些古老的哲理与现代创新管理有什么关系呢？

二 对现代创新管理的启示

（一）企者不立，跨者不行

"企者不立"中的"企"是"支"的意思，即踮起脚跟。一个踮起脚跟的人，是根基不稳的人，根基不稳如何能够站得稳？这启示现代创新管理者：创新的持续发展需要稳固的根基，如果缺乏稳固的根基，创新是"站不稳"的。现代创新管理者要注重投入资金和精力打造技术、人才、

------

① 张景、张松辉译注《道德经》，第94页。

文化等"创新之基"。其中，技术是"创新之基"的基石，人才是"创新之基"的支撑，文化是"创新之基"的平台。它们都是缺一不可的。例如，如果缺乏必要的技术基础，创新工作就寸步难行。新技术研发、引进都需要资金，但这些投入都是必要的基础性投资。又如，如果缺乏必要的人才基础，创新技术就无人操作，昂贵的创新设备成了摆设，创新工作无法开展。现代创新管理者要注重培育和引进创新人才。还如，如果缺乏必要的文化基础，组织就缺乏创新氛围和凝聚力，各种资源的投入事倍功半，创新工作效率低下，浪费严重，缺乏竞争力的组织在激烈竞争中会很快败下阵来。

"跨者不行"，一个以"跨步"的方式往前走的人，本想走得更快一些，结果却无法远行。这启示现代创新管理者：欲速则不达。创新工作需要付出大量时间和精力，更是一个需要毅力和耐力的过程。成功的创新，通常都需要长时间的研究和测试。过快地推进创新工作，可能会导致浪费、降效、返工和错误，甚至可能直接导致失败的结果。只有保持合理的节奏、科学的进度，循序渐进，才能使合格的创新成果诞生于世。一个急躁、缺乏耐心的现代创新管理者是不成熟的管理者，还需要再历练，否则，不可担任重要创新项目的管理者。

（二）自见者不明，自是者不彰，自伐者无功，自矜者不长。其在道也，曰余食赘行，物或恶之，故有道者不处

《道德经》第二十二章中言："不自见，故明；不自是，故彰；不自伐，故有功；不自矜，故长。"而该章的"自见者不明，自是者不彰，自伐者无功，自矜者不长"是这句话的缩写。这两句话的含义是一样的。

"其在道也，曰余食赘行"指出，在道法中，用"多余的食物会形成赘肉加重身体的负担"来比喻过多的自我展现、自以为是、自我夸耀和自骄，因为它们是创新的巨大"绊脚石"。自我展现、自以为是、自我夸耀和自骄的人，往往只看到自己的优点，难以看到自己的缺点。看不到自己的缺点，就不会想到去改进，就会止步不前。看不到自己的缺点，也使他们封闭了自己，难以接受外界的反馈和不同观点，也就阻碍了他们的改进

之路。以一个科学家为例，这位科学家很有成就，但是他渐渐有了"自见""自是""自伐""自矜"的心理特征和行为表现，于是他只关注自己的研究领域，不再接受其他科学家的不同观点，如此，他也就止步不前了。

三　小结

总之，受《道德经》第二十四章启示，现代创新管理者要注重打造技术、人才、文化等"创新之基"。创新的持续发展需要稳固的根基，如果缺乏稳固的根基，创新是"站不稳"的。古训"欲速则不达"在该章中也有体现。"跨者不行"告诉现代创新管理者：不可急躁，过快地推进创新工作，可能会导致浪费、降效、返工和错误，甚至可能直接导致失败。"自见""自是""自伐""自矜"的心理特征和行为表现，是创新活动中不容忽视的障碍。现代创新管理者应该时常提醒自己：不自见、不自是、不自伐、不自矜。

第二十五章 《道德经》第二十五章对现代创新管理的启示

一 《道德经》第二十五章原文及其翻译

《道德经》第二十五章的原文是："有物混成，先天地生。寂兮寥兮，独立不改，周行而不殆，可以为天下母。吾不知其名，字之曰'道'，强为之名曰'大'。大曰逝，逝曰远，远曰反。故道大，天大，地大，王亦大。域中有四大，而王居其一焉。人法地，地法天，天法道，道法自然。"① 其中蕴含的古老哲理，用现代文翻译如下。有一物混沌不清，早于天地生。它是寂静的，听不到它的声音；它是虚无的，看不到它的形状；它是独立的，不依赖任何外力而永恒存在；循环运行着，从不停休；可以作为孕育天地万物的母亲。我不知道它的名字，姑且称其为"道"，再比较牵强地给它命名为"大"。"大"是无边无际地流动，流动着远去，远去后又返回的意思。所以，"道"称为"大"，天称为"大"，地称为"大"，王也称为"大"。整个宇宙中有"四大"，而王是这"四大"之一。人向地取法，地向天取法，天向"道"取法，而"道"向自然取法。那么，这些古老的哲理与现代创新管理有什么关系呢？

---

① 张景、张松辉译注《道德经》，第99页。

二　对现代创新管理的启示

（一）有物混成，先天地生。寂兮寥兮，独立不改，周行而不殆，可以为天下母。吾不知其名，字之曰"道"，强为之名曰"大"。大曰逝，逝曰远，远曰反

这段话指出，"道"在天地未开之时就已经存在，甚至比天地更古老。虽然我们听不见"道"的声音，也看不见"道"的形状，但是"道"可以作为万物之母，孕育出万物，并使万物生长、演化。"道"很独立，也很恒常，无所不包，坚定地、无边无际地流动，循环反复，即使一直在运动，也会在运动中远去，却总会回归源头。

"道"的这种恒常性是很值得现代人学习的。这段话启示现代创新管理者，要做一名能够在恒常中求新的管理者。"恒常"，是指直面变化，却不受变化的影响，不改变原有的方向，不放弃既定的计划，只是根据变化适时调整应对之策。"求新"不仅体现于产品或服务上，更需要体现在现代创新管理者的思维和能力上。现代创新管理者的求新能力，很大程度上受其思维模式的影响。思维模式不同，看待问题、分析问题和解决问题的角度就不同。持守旧思维模式的人，通常只能持有和常人一样视角，看到和常人一样的实物，很难看到这个实物的新特点，难以产生有价值的创新灵感。持创新思维的现代创新管理者，却能够从一个与众不同的视角看待各种实物，进而以新颖的方式发现问题、分析问题和解决问题，造就一个又一个创新成果。因此，现代创新管理者既要保持恒常的品质，又要通过学习、培训、锻炼等方式构建自己的创新性思维模式。

（二）故道大，天大，地大，王亦大。域中有四大，而王居其一焉

这句话指出了宇宙中的"四大"。王也是"四大"之一。"大"可以在一个很大范围内不停运动并能在运动中回归本心。这启示现代创新管理者：做一名灵动而不忘初心的管理者。

王为"大"，就应该能在一个很大的空间中运动不息。现代创新管理

者也是创新的实践者，尤其应该保持灵动而开阔的思维模式。变化是永恒的，适应变化的需求也是永恒的。运动的思维、运动的行为是人适应这个世界的重要方式。换言之，不运动的人会被世界淘汰，因为无法适应永恒的变化。

现代创新管理者要在运动中打破原有的限制和束缚，突破原来的自己、超越原来的自己，实现持续的成长，追求更卓越、更优秀的自己。从表面上看，你离开了始点，在运动中渐行渐远，但实际上，你必须始终保持自我、保持初心。也就是说，现代创新管理者要坚持原则，不要在变化中失去自我，要做一名有远见又不忘初心的管理者。

（三）人法地，地法天，天法道，道法自然

"法"，是取法、效法的意思。人取法于地，地取法于天，天取法于"道"，而"道"取法于自然。按照这个逻辑，人既要取法于地，又要取法于天，还要取法于"道"，更要取法于自然。所谓取法，即仿效、学习的意思。人要向地学习、向天学习、向"道"学习，还要向自然学习。

也就是说，这句话启示现代创新管理者，要向地学习、向天学习、向"道"学习、向自然学习。现代创新管理者要向地学习，学习土地的坚韧不拔、厚重而有耐力、不畏困难、踏实而坚定；现代创新管理者要向天学习，拥有如同天空一般开阔的思维空间和开放的心态，如同一只雄鹰在广阔的思维空间里自由翱翔，吸纳智慧，寻找创新的灵感；现代创新管理者要向"道"学习，掌握创新的规律，实现高效创新，不断领悟人生的真谛，即使失败也能保持"再生"的活力，即使成功也不会自我夸耀和自骄；现代创新管理者要向自然学习，追求万物共生的和谐、生生不息的平衡、平凡宁静中的美妙和创新灵感。

取法于自然的"道"是创新的基本原则。无论是内部创新还是外部创新，无论是技术创新、文化创新、管理创新、流程创新、产品创新、服务创新，还是日常生活的小创新，都是以"道"为原则的。例如，我们在使用电脑的时候，可能会发现一些新功能、新软件，这些新功能、新软件都是遵循"道"的原则实现创新的；又如，现代创新管理应用了新的技术、新的工艺、新的模式，这些新技术、新工艺、新模式都是遵循"道"的原则实现创新的；再如，华为公司不断推出新产品、新服务，这些新产品、新服务也是遵循"道"的原则实现创新的。

三　小结

总之，受《道德经》第二十五章启示，现代创新管理者要学习"道"的恒常性，做一名能够在恒常中求新的管理者；要学习"道"的"远曰反"特性，做一名有远见而不忘初心的管理者。宇宙中有"四大"——"道大，天大，地大，王亦大"。"人法地，地法天，天法道，道法自然"，现代创新管理者要向地学习、向天学习、向"道"学习、向自然学习；取法于自然的"道"是创新的基本原则，各种创新都要遵循"道"的原则。

第二十六章 《道德经》第二十六章对现代创新管理的启示

一 《道德经》第二十六章原文及其翻译

《道德经》第二十六章的原文是："重为轻根，静为躁君。是以圣人终日行不离辎重，虽有荣观，燕处超然。奈何万乘之主，而以身轻天下？轻则失本，躁则失君。"① 其中蕴含的古老哲理，用现代文翻译如下。重物在下、轻物在上，重物是轻物的基础，静定状态是躁动状态的主导者。所以，品德高尚的圣人重视自己的基础和根本，乘坐着车马外出，虽然有美好的景观诱惑着他们，但是他们也可以如同燕子般居高而超然。一个万乘之国的君主怎么能以轻率躁动的方式治理天下呢？要知道，轻率就丧失了基础，急躁就失去了主导权。那么这些古老的哲理与现代创新管理有什么关系呢？

二 对现代创新管理的启示

（一）重为轻根，静为躁君

《道德经》很重视厚重坚实的基础，并强调多冷静、勿躁动。对于现代组织而言，只有真正重视自己的根基和基础，才能在动荡的市场环境中保持清醒和稳定。组织现代创新管理者应该重视基础、保持平静，然后才

---

① 张景、张松辉译注《道德经》，第105页。

能发挥其应有的作用。对于组织创新来说，基础是非常重要的，它是所有创新过程的重要支撑。基础也是组织创新实力、创新发展力、创新持续力的根源。在创新过程中，现代创新管理者也需要保持平静。创新需要时间，现代创新管理者需要保持耐心，不要轻易放弃或改变方向。只有这样，才能找到更好的解决方案，实现有价值的创新。然而，现实中很多组织在创新过程中容易陷入"轻"的误区。他们过度依赖资本和市场，过度追求时尚和潮流，结果往往导致业务的失败。其实，创新需要的是扎根和沉淀，而不是轻率和不稳定。只有真正扎根和沉淀，才能在市场竞争中立于不败之地。

企业创新如此，个人创新亦如此。一个人如果太轻视自己的根基，就会失去平衡和稳定，难以取得创新成果。一个人如果整天躁动不安，就会失去理智和主见，难以做出正确的创新决策。我们需要学会保持宁静、淡定与从容，以保持头脑清醒和获得创新灵感。在工作中，我们可以多花时间思考和计划，而不是急于求成。在生活中，我们可以多花时间享受自然和文化熏陶，以放松身心，得到更多创新灵感。

（二）是以圣人终日行不离辎重，虽有荣观，燕处超然

在这句话中，"圣人"，是有高尚品德的真圣人；"辎重"，指车马；"荣观"，指美好的景色，也指荣华富贵等诱惑；"超然"，即超然物外，不受外界诱惑。这句话的意思是说，一个真正的圣人会始终保持"重本"的观念，不会被外界的美景和荣华富贵所诱惑，即使是在快乐的环境中，他也能够保持清醒的头脑和超然的心态，不会受到诱惑而失去根本。

在现代创新过程中，可能会遇到各种各样的挑战和诱惑，现代创新管理者的心态将会对创新决策和创新成果质效产生重要的影响。现代创新管理者应向"圣人"学习，始终保持"重本"的观念，以静定的心态修炼自己的品德和意志，有修养、有道德、有志向、有坚定的信念、有深厚的管理经验和强大的心理素质，不随波逐流，不人云亦云，始终保持自己的独特性和价值。只有这样，才能在市场竞争中保持优势、持续成长。

在此，还要强调一点。在现代创新管理中，"圣人"式的"静默"是

必要的，但不要过于"静默"，否则会影响组织氛围和员工的活力。根据《道德经》提倡的自然规律，万物都要适度才好，同样，适度的"静默"才好。

（三）奈何万乘之主，而以身轻天下？轻则失本，躁则失君

在这句话中，"轻"是轻率、轻视的意思；"躁"是急躁、躁动的意思。这句话有告诫之意。《道德经》认为：一国之君如果过于轻视自己的根基，就会失去立足之基；如果过于急躁，就会失去控制权和主导权，导致失败。

这个告诫也适用于现代创新管理：现代创新管理者应该注重基础研究、厚植创新根基、不焦虑急躁、避免情绪化决策、避免因贪图虚名而草率行事，这样才能取得成功。创新并不是"无根基"地、虚无缥缈地一味追求新奇和独特，创新更需要建立在实事求是基础上进行理性思考。以华为公司的成功为例，在企业发展的过程中，企业一直秉持着"实践是检验真理的唯一标准"理念，脚踏实地、实事求是，持续不断地进行基础扎实的创新实践，将这些实践成果加以沉淀并切实推广。

不可忽视的是，在现实生活中，有部分现代创新管理者过于追求创新，甚至不惜破坏原有的结构基础、秩序基础等重要基础。他们试图打破原有的一切，好高骛远、急于求成，往往会陷入困境和失败。这是因为他们没有意识到，创新管理不可"轻"、不可"躁"。

三　小结

总之，受《道德经》第二十六章启示，现代创新管理不可"轻"、不可"躁"。轻率就会失去创新的根基，躁动就会使创新失去控制权和主导权。一名轻率的现代创新管理者，会因失去主心骨而变得狂妄自大，缺乏理性和客观的思考，轻易躁动、草率行事，最终必然失败。现代创新管理者应该向"圣人"学习，稳重而静定。

第二十七章 《道德经》第二十七章对现代创新管理的启示

一 《道德经》第二十七章原文及其翻译

《道德经》第二十七章的原文是："善行，无辙迹；善言，无瑕谪；善数，不用筹策；善闭，无关楗而不可开；善结，无绳约而不可解。是以圣人常善救人，故无弃人；常善救物，故无弃物。是谓袭明。故善人者，不善人之师；不善人者，善人之资。不贵其师，不爱其资，虽智大迷，是谓要妙。"① 其中蕴含的古老哲理，用现代文翻译如下。擅长行走的，行走如飞，不会留下行走之迹；擅长说话的，说话很流利，不会出现语病；擅长计算数量的，可以在心中计算数量，不需要使用筹策辅助；擅长关门的，关门有技巧，不用门闩也能让别人打不开门；擅长打绳结的，绳结打得巧妙，不用绳索就可以让别人解不开。所以，擅长挽救人的圣人，不会让人受到遗弃；擅长节省物质的圣人，也不会让物质被丢弃。这就叫作明智。因此，擅长做事的人就是不擅长做事的人之老师；不擅长做事的人就是擅长做事的人之借鉴。如果不重视自己的老师，不爱惜他人的借鉴，就算有点小聪明也会变得很迷惘，这是很重要的妙诀啊。那么这些古老的哲理与现代创新管理有什么关系呢？

---

① 张景、张松辉译注《道德经》，第108页。

二　对现代创新管理的启示

"是以圣人常善救人，故无弃人；常善救物，故无弃物。是谓袭明。故善人者，不善人之师；不善人者，善人之资。不贵其师，不爱其资，虽智大迷，是谓要妙"对现代创新管理很有借鉴意义。现代创新管理要高度重视人才，要擅长"救人"，而"无弃人"；要擅长节省，学会"救物"，而"无弃物"。这样的现代创新管理者是明智的，可以作为"不擅长之人"的老师。一个真正高明的现代创新管理者，也必是一个善于学习、借鉴与反思的人，必具备"尊师重教"的基本品德。"不贵其师"或者"不爱其资"，又何谈其"智"？

第一，现代创新管理者要学会"救人"。人才是企业创新的重要资源。如果能够合理利用，他们的创新想法、创新灵感和创新能力就是推动企业创新与持续发展不可缺少的力量。在现代社会，人才已经成为企业竞争的关键因素，只有不断培养、吸引、聘用优秀的人才，才能在激烈竞争中脱颖而出。

认识到人才的重要性还不够，现代创新管理者还需要掌握"救人"的关键与技巧。在此为现代创新管理者提出一些"救人"的策略供参考。首先，吸引优秀的创新人才。吸引优秀的创新人才的基本原则是打造更加吸引优秀创新人才的企业环境。①提供有吸引力的薪资和福利。许多创新人才在择业时对未来的薪资和福利待遇水平已经有预定的目标值，如果低于他们的目标值，自然就降低企业对他们的吸引力。②提供良好的工作条件，包括舒适的办公空间、合理的工作设备配置、良好的人际关系环境等。③构建开放的沟通与反馈机制。根据公平理论，人才择业通常倾向于多方位比较，他们一般会从横向和纵向角度比较拟就职企业的各种硬件与软件，也包括制度、机制的比较。制度、机制对于员工来说，就是企业的保健因素，如果无法满足员工的期望，他们就会不满而离开。构建开放的沟通与反馈机制对于吸引优秀创新人才是不可忽视的举措，只有具备开放的沟通与反馈机制，才能让创新人才对企业具有更强的归属感和安全感，从而也使整个企业对他们更有吸引力。其次，培养优秀的创新人才。培育与强化创新思维。可以说，没有科学的创新思维，就不可能有真正的创新。创新思维直接影响每一位员工发现问题、思考问题、解决问题的能力，也直接影响企业的创新综合能力与可持续发展能力。现代创新管理者需要努力构建一个创新型企业文化氛围与企业环境，企业可以结合企情建立一些促进创新的制度和奖励基金，提升员工主动创新的积极性。例如，笔者曾调研的一家企业建立的"创新提案"制度就很好，这家企业提倡每一个员工都可以提创新提案（全员创新、人人创新），大多数员工的创新提案都与其具体的工作岗位有关。一个人长期在某个岗位上工作，日久就可以发现这个岗位的优势与不足，可以有针对性地提出一些创新提案来改善这些工作岗位。每个月，企业都会对所有员工提交的提案进行评审，公平评出一等奖、二等奖、三等奖并给予物质奖励。企业中所有岗位的员工都有可能被评为一等奖而获得丰厚的物质奖励。这样的制度大大提升了员工的自主创新积极性，使他们主动产生提升创新能力、培养创新思维的需求和愿望。这时候的员工具有主动参与创新思维培训的强烈意愿。接着，企业要如员工所愿，开设创新思维培训班，组织员工来学习。为了保证学习效果，有必要对学习效果进行考核，考核通过的员工可以获得相应的学分。这些学分最好与员工的年度考核、职称评定结合起来。此外，建议现代创新管理者通过问题设计等方式引导员工进行创新思考，培养员工的创新思维。当然，现代创新管理者要支持员工参与各种创新实践，在人、财、物、信息、时间等方面尽可能提供帮助，使员工能够实现他们的创新想法。当一个创新想法终于实现时，员工的成就感和自信对他们进行下一次创新有很大的帮助。现代创新管理者在这个过程中，起到了推动的作用，使员工越来越喜欢创新，形成良性循环。最后，留住优秀的创新人才。组织要想留住优秀的创新人才，务必要具备两个方面的条件。一方面，组织需要有吸引人才的规章制度和工作环境，这些规章制度包括福利制度、激励制度、绩效管理制度、培训学习制度等；另一方面，组织需要提供让人才"有用武之地"的工作岗位，让人才在工作中能够发挥自己的才能，从而可以获得成就感。

第二，现代创新管理者要学会"救物"。现代创新管理者需要学会"救人"且不断打破旧的桎梏，创造出更好的产品、服务和环境，但是这还不够，"救物"也是现代创新管理者应该具备的技能。现代创新管理者的"救物"，是指节省宝贵的创新资源。例如，用更经济环保的新材料替代传统的材料；又如，利用数字化管理技术、人工智能、精益方法等技术、方法，消除浪费；还如，制定有关规章制度，有效规范员工行为，节约水、电等资源。

第三，现代创新管理者要"贵其师"，尊师重教。优秀的教师是创新力的重要来源之一。教师通过传授知识和思想，帮助学生成为未来的创新者。现代创新管理者的创新力来自老师的启蒙。"饮水思源"，这是现代创新管理者应具备的基本素养之一。因此，现代创新管理者在关注自己的事业、自己的研究项目和创新成果的同时，还要尊重自己的老师。除了尊重自己的老师，现代创新管理者还要尊重那些为组织创新做出贡献的专家和学者。这些专家和学者提出的建议和反馈，可能帮助现代创新管理者突破创新"瓶颈"。在一个重视教育的组织中，员工会更加珍惜自己的教育资源和学习机会，从而形成一个积极向上、注重创新的组织文化。

三 小结

总之，受《道德经》第二十七章启示，现代创新管理者要学会"救人"，既能吸引优秀的创新人才，也能留住优秀的创新人才，同时还要继续培养优秀的创新人才，做到组织中"无弃人"。现代创新管理者也要学会"救物"，做到组织中"无弃物"。同时，现代创新管理者还要尊师重教，"不贵其师，不爱其资，虽智大迷"，如果不能做到尊师重教而自以为是，那又何谈其"智"？

第二十八章 《道德经》第二十八章对现代创新管理的启示

一 《道德经》第二十八章原文及其翻译

《道德经》第二十八章的原文是："知其雄，守其雌，为天下溪。为天下溪，常德不离，复归于婴儿。知其白，守其黑，为天下式。为天下式，常德不忒，复归于无极。知其荣，守其辱，为天下谷。为天下谷，常德乃足，复归于朴。朴散则为器，圣人用之则为官长。故大制不割。"① 其中蕴含的古老哲理，用现代文翻译如下。明知雄强的强势，却愿意安守在雌柔之位，不逞强、不凌弱，甘心处于地势低的地方，做天下的沟涧，而无怨言。甘心做天下的沟涧，永远保持崇高的品德，复归最纯真的状态，如同婴儿一般。明知明亮的好处和优势，却愿意安守在暗昧的地方，为天下树立规范，成为天下的法则。作为天下的法则，要保持常德的准确无误，复归最终的真理状态。明知荣耀的好处，却愿意安守卑辱的地位，甘心做天下的峡谷，永远保持足够的品德，回归最淳朴的原始状态。用这些朴素本初的东西制作成器物，有"道"的人使用这些器物，就可以成为百官的领袖。因此，"大制"是与"道"不可分割的。那么，这些古老的哲理与现代创新管理有什么关系呢？

---

① 张景、张松辉译注《道德经》，第116页。

二 对现代创新管理的启示

（一）知其雄，守其雌，为天下溪。为天下溪，常德不离，复归于婴儿。知其白，守其黑，为天下式。为天下式，常德不忒，复归于无极

"雄"，雄强；"雌"，雌柔。在现代市场中，"雄"指称霸、垄断、兼并等带有一定侵略性的商业活动；"雌"指稳定、温和、共赢、合作等柔性化的商业活动。"知其雄，守其雌"启示现代创新管理者，即使知道"雄"的好处和优势，也不要轻易进行侵略性的商业活动，合作共赢的商业模式是更佳的选择。

"白"，明亮之处；"黑"，黑暗之处。"道"甘居地势低的沟涧，这些地方由于地势低，相对也比较暗昧。理解上下文后，我们明白，这里的"黑"可以引申为不张扬，即低调而谦和的为人作风。"知其白，守其黑"启示现代创新管理者，即使知道高处明亮有风光，也要懂得安守不张扬，保持低调而谦和的为人作风。

在激烈竞争的商场中，仍然要讲究道德。创新与道德从来都不可以分割。面对高额利润，你会不会选择违背道德？道德，是人类赖以良性生存和维持社会秩序的重要基础之一。如果你选择了违背道德，就会失去生存的基础和为人的尊严，你的产品或服务也会失去存在的价值，你的客户不再信任你、支持你，你的组织失去了立足的基础，更谈不上可持续发展。你要知道，世界上很多组织在追求高额利润的同时，也能够保持自己的道德标准。那么，你为什么不行呢？你完全可以平衡利润和道德之间的关系，选择以不违背道德的方式追求高额利润。也许，选择了道德，你会减少一点利润，但你获得了更重要的东西——做人的尊严和价值。因此，你需要明确商业道德底线，并且坚守原则和道德底线，不做任何违法乱纪、损害他人利益之事。

（二）知其荣，守其辱，为天下谷。为天下谷，常德乃足，复归于朴

"荣"，荣耀；"辱"，屈辱，这里指卑辱的地位。"道"明知荣耀的好

处，也甘心守着卑辱的地位，愿意居于地势低的峡谷处，有着足够的品德，复归最原始的淳朴状态。这句话充分体现了"道"虚怀若谷、心胸宽广。

这段话启示现代创新管理者：虚怀若谷、心胸开阔。你要有宽广的胸怀。这样，你才能够接受不同的思想，听取不同的意见，尊重不同的观点，不断拓展自己的视野和格局；才能够跟上时代的步伐，学习新知识、新技术，掌握新信息，利用新信息，不断拓宽自己的知识面；才能够容人所长，取长补短，进一步自我完善；才能够以豁达的心态看待各种矛盾、冲突，容人所不能容，忍人所不能忍，成为一名成熟的现代创新管理者；才能够不耻下问，向年轻人请教新知识，与年轻人互相促进、一起成长，也有利于培养创新人才；才能够客观分析问题，不片面、不偏狭，使创新决策更加科学化；才能够坦然接受自己的失败，并从失败中总结经验和教训，不断提升自己的现代创新管理能力。

（三）朴散则为器，圣人用之则为官长。故大制不割

这句话指出，用"道"回归的朴素本初的东西制作成各种器物（实际上就是指万事万物），得"道"的人使用了这些器物之后可以成为百官之长，政治也是与"道"不可分割的。

同理，现代创新管理也是与"道"不可分割的。得"道"的现代创新管理者使用了上述"器物"之后，也可以成为"现代市场之长"。

其实，这里的"器物"是泛指，包括一些看不见的理念和精神。"道"蕴含着现代创新管理所必须遵循的重要思维原则和价值观，例如，平衡思维原则、开放性思维原则、批判性思维原则、权变思维原则、辩证思维原则、柔性思维原则、水柔观、德才兼备观、团队合作观、关爱员工观、维稳观、低调观、文化促新观、满足客户需求观、道法自然观等。这些思维原则和价值观就是得"道"的现代创新管理者应该使用的"器物"，这些"器物"始终在现代创新管理过程中提供着方向和灵感，起着关乎创新成败的关键性作用。

三 小结

总之，受《道德经》第二十八章启示，现代创新管理者即使知道"雄强"的优势，也不要轻易进行侵略性的商业活动，合作共赢的商业模式是更佳的选择；即使知道高处明亮有风光，也要懂得安守不张扬，保持低调而谦和的为人作风；在激烈竞争的商场中，仍然要讲究道德，创新与道德从来都不可以分割；现代创新管理者要做一个虚怀若谷、心胸宽广的人；在现代创新管理工作中，找到用"道"回归的朴素本初的东西制作的"器物"，用之。

第二十九章 《道德经》第二十九章对现代 创新管理的启示

一 《道德经》第二十九章原文及其翻译

《道德经》第二十九章的原文是："将欲取天下而为之，吾见其不得已。天下神器，不可为也。为者败之，执者失之。故物或行或随，或歔或吹，或强或羸，或挫或隳。是以圣人去甚、去奢、去泰。"① 其中蕴含的古老哲理，用现代文翻译如下。想要用强力夺取天下，我看他这样做是行不通的。天下是一个"神器"，很多事物是不可以被掌握和控制的，例如，民心就不可以被强力所统治。不要太执着于强力。如果你不顾天下民众的意愿而强为之，注定是失败的，执着于使用强力夺天下的人，注定会失去天下。所以，世上的事物都有着自己的运行规律，或顺应自然或跟随潮流，或窥探机会、伺机而动或吹嘘捧场，或强大或衰弱，或安稳承载或有颠覆危险。所以，得"道"的圣人会摒弃过分的追求，摒弃过分的奢华，摒弃过分的贪婪。那么，这些古老的哲理与现代创新管理有什么关系呢？

二 对现代创新管理的启示

（一）将欲取天下而为之，吾见其不得已。天下神器，不可为也。

这里的"为"，是指"使用强力而为之"，带有强迫之意。这里的

---

① 张景、张松辉译注《道德经》，第121页。

"不得",是"不能得到""不可行"的意思。这段话将天下比喻为"神器",因为天下是神秘的,天下万物中很多事物是不能被掌握和控制的。试图用强力去掌握和控制天下的想法是行不通的。以民心为例,民心就是无法用强力去掌握和控制的。如果你具有用强力去掌握和控制天下的"执念",那么,这种"执念"是很可怕的,它不但会让你失败,而且会让你失去民心等重要的东西。

这段话启示现代创新管理者,不要试图用强力去掌握和控制不可控的事物。创新需要尊重和信任内部动力和外部机会,而不能试图用强力去掌握和控制不可控的事物。在现代创新管理过程中,你要明确你正面对哪些不可控的事物。举个例子,假如你正在开发一个新的产品项目,那么,此时你所面对的客户需求及其发展趋势、市场变化、外界竞争、技术环境、社会环境等都是你无法控制的。你只能去适应它们,而不要试图去掌握和控制它们,即"不可为也"。如果你执意要掌握和控制这些不可控因素,那么等待你的就是"为者败之,执者失之"。

在现代创新管理过程中,如果你想掌握和控制一些事物,那么这些事物必须是可控事物,比如,你自己的知识和技术水平、员工的知识和技术水平、学习新知识和新技术的积极性、应用新知识和新技术提升创新力等。例如,你和你的创新团队可以通过努力,学会掌握和控制人工智能技术,并将人工智能技术应用于自己的新品研发中。

(二)为者败之,执者失之

这句话指出,得"道"的圣人不会妄为,正是因为他们不妄为,所以才不会失败和失去。受这句话启示,现代创新管理者切不可妄为。

如果你是一名现代创新管理者,你要自信,但也要明白,你不是无所不能的。如果你轻易妄为,那么轻则失去员工、客户、上级领导、合作伙伴等的信任和支持,重则涉及违法乱纪,需要接受法律制裁。在决策前,你需要保持严谨小心的态度。第一,你需要拓展思路。你要具备创新思维,不拘泥于人们常用的思维模式,并能够从与众不同的角度挖掘平常事物中隐含的"新、奇、特"。同时,你还需要向同行、市场、客户等"取经"，吸纳不同来源的建议和创新灵感，以进一步拓展你的创新思路。除了做好市场调研，你还可以通过其他渠道辅助拓展创新思路，例如，参加行业聚会、行业学术交流会、产学研合作会、行业新品展览会、创新者交流活动等方式也可以辅助拓展你的创新思路。第二，你务必深思熟虑。你要充分考虑国家需求、政策、法律、资源状况、技术能力、市场需求、竞争对手情况、可行性等各种因素，然后才能谨慎决策。第三，注意天时、地利、人和。成功的创新决策，往往是"天时、地利、人和、物新"有机结合后的产物。如果只能满足"物新"这个条件，则往往难以成功。

（三）故物或行或随，或歔或吹，或强或羸，或挫或隳。是以圣人去甚、去奢、去泰

在这段话中，"物"的字面理解是物品、事物，但从上下文看，此处的"物"指世间万物；"或行或随，或歔或吹，或强或羸，或挫或隳"，分析了世间万物的"百态"；"去甚、去奢、去泰"，强调要摒弃过分追求、过分奢华、过分贪婪。"去甚、去奢、去泰"也是本段话的重点。

这段话启示现代创新管理者：世上万物都有自己的运行规律，现代创新管理者不可过分追求创新和变化，不可过分追求高利润，不可过分追求强控制。

其一，现代创新管理者不可过分追求创新和变化。稳定是发展的重要基础。过多变化，会让员工人心惶惶，工作效率低下，工作质量也会受到较大负面影响。那么，过度追求创新好不好？举个笔者生活中的例子，笔者是一名爱美的女教授，也会有固定使用的护肤品，使用一个护肤品习惯了、有效果了，就会成为这个护肤品的忠实客户。然而，当笔者想再次购买同种品牌的同名护肤品时，常会收到"这个护肤品升级了"等类似的回复。如果笔者坚持购买这个"升级品"，那么常会发现这个护肤品的效果没有之前那么好了。于是，笔者放弃了这个护肤品，不再是它的忠实客户了。这样的例子，都是我们生活中常见的。我们每个人都是客户，都有权利表达自己对企业创新的感受。有些创新确实给我们的生活带来了更多便利，例如，从线下购物创新发展为线上购物，为我们节省了大量的时间。

有些创新却类似于画蛇添足，并没有实质的意义，甚至发生效果变差等后退现象。因此，创新虽好，但不可过度。过度的创新会浪费大量的资源，其产出的新品缺乏市场需求，无法大范围推广，甚至会影响旧品的销售，使老客户感到困惑甚至离开。

其二，现代创新管理者不可过分追求高利润。组织的成功，需要以合理的利润为支撑，但不可过分追求高利润。除了利润目标，组织还需要其他目标，例如持续发展目标、遵纪守法目标、客户信任目标、市场形象目标、创新活力目标等。过分追求高利润，通常需要以损害组织的其他目标为代价。例如，过分追求高利润，就会缺乏客户信任，损害组织形象，无力持续发展，甚至触犯法律。因此，组织要在追求利润目标与其他目标之间做一个理性的权衡，平衡好利润目标与其他目标之间的关系，只追求合理的利润。

其三，现代创新管理者不可过分追求强控制。在创新过程中，适度的管控是必要的，"没有规矩，不成方圆"。凝聚力再强的创新团队，其团队成员也必然存在差异，每个人都会有自己的个人观点、个人利益和个人愿望，如何使所有的员工都能齐心协力追求共同的创新目标？在创新过程中需要应用多种创新技术和创新方法，掌握这些创新技术和创新方法有较大难度，如何使员工都能够掌握和顺利应用这些必要的创新技术和创新方法？你经过长时间市场调研之后确立了某个产品创新项目，可在你们的新品研发期间，市场仍旧在不停运动，每天都可能有新的市场变化，你们要如何通过适当的调整来适应这些变化呢？如上这些问题，都是现代创新管理中常见的问题。要解决这些问题，适度的管控是必不可少的。然而，笔者在此需要再次强调"适度"这个词，如果失去"适度"的把握，就可能使现代创新管理陷入过分控制状态中。一旦过分控制，创新团队及其成员就会失去创新活力和创造力，其结果将导致创新失败。

三 小结

总之，受《道德经》第二十九章启示，现代创新管理者不要试图掌握和控制不可控的事物；不要过分追求创新和变化，不要过分追求高利润，不要过分追求强控制。笔者在本章中，再次强调"适度"这个词，如果失去"适度"的把握，无论你多么努力，现代创新管理都将是失败的。

第三十章 《道德经》第三十章对现代创新管理的启示

一 《道德经》第三十章原文及其翻译

《道德经》第三十章的原文是："以道佐人主者，不以兵强天下。其事好还：师之所处，荆棘生焉；大军之后，必有凶年。善有果而已，不敢以取强。果而勿矜，果而勿伐，果而勿骄，果而不得已，果而勿强。物壮则老，是谓不道，不道早已。"① 其中蕴含的古老哲理，用现代文翻译如下。强调用"道"辅佐君主的人，不会采用"兵强天下"、盲目动武的方式治理国家，回馈这种方式的也是好的结果。军队所到之处，荆棘丛生；大战之后，一定会出现荒年。善于用兵的人，只知道适可而止，并不采用强取的方式。取得了成果，不可自夸；取得了成果，不要讨伐他人；取得了成果，不可骄傲；取得了成果，不可盲目自大；取得了成果，不可强横。事物到了壮年之后就开始老化，这是因为"过壮"也是不"道"的。不遵守自然规律，就会夭折灭亡。那么这些古老的哲理与现代创新管理有什么关系呢？

二 对现代创新管理的启示

（一）以道佐人主者，不以兵强天下。其事好还

这句话仍然在强调"道"的重要性，"以道佐人主"，即以自然规律和

---

① 张景、张松辉译注《道德经》，第 125 页。

基本原则辅佐君主，使君主注重自然规律，关注人与自然的和谐关系，从而实现社会的稳定和繁荣发展。

在这句话中，"以道佐人主"启示现代创新管理者，要"以道佐管理"，即应该用符合自然规律的原则、价值观、使命感、愿景和方法论来指导创新，避免走弯路，提高创新的成功率。现代创新管理者只有做到"以道佐管理"，才能实现"其事好还"。这里的"还"，指反馈。"好还"，即好的反馈、好的结果。

那么，现代创新管理者要如何"以道佐管理"呢？"以道佐管理"的范围较广，篇幅有限，在此只能举例说明。例如，现代创新管理者遵循思维的自然规律，通过设置有吸引力的创新任务、创新挑战等方式，给员工以足够的创新自由度，启发员工拓展思维空间，提高员工的创新意识和创新能力；又如，根据自然规律，管理者的管理对象是系统，现代创新管理者具备了系统思维，以全局的、发展的、辩证的系统眼光看待创新活动，将不同的创新活动联系起来，强化组织的创新合力；再如，现代创新管理者遵循自然规律，按照科学的创新流程，循序渐进地推进创新活动，而不盲目追求快速。

（二）师之所处，荆棘生焉；大军之后，必有凶年

这句话强调军队作战后的"荆棘生焉"与"必有凶年"。大战之后，自然生态系统受到破坏，没有看到什么进步与发展，却只看到满地的"荆棘"和深受其害的民众。

这句话启示现代创新管理者要谨慎从事。其一，谨慎对待新技术的应用。作为一名现代创新管理者，你要在不断发展的技术中寻找机会，同时也要谨慎对待新技术的应用。新技术对于组织而言，既有好处，也有风险。例如，人工智能、云计算、机器人、虚拟现实、数字化转型等新技术都可以帮助组织提升创新研发能力，但也都存在应用风险。因此，现代创新管理者在引入新技术之前，需要认真思考一些与新技术有关的问题，例如，哪些新技术适用于我的创新项目？我的创新项目引入这些新技术是否可行？引入这些新技术会不会对组织价值观、组织文化等有负面影响？类

似这样的问题都很重要，只有经过慎思而后引入新技术，才能让新技术真正为组织的创新发展服务。其二，谨慎创新投入。创新需要投入大量的人力资源、财力资源、时间资源等，而每份资源的投入都存在机会成本。也就是说，如果你将有限的资源投入了 A 创新项目，那么，你就没有能力投资 B 创新项目了。这样，你就失去了投资 B 创新项目的机会，出现机会成本。因此，每一份创新投入都应该慎之又慎，做好充分的评估和可行性分析。其三，谨慎竞争。现代创新管理者需要具备自我保护意识，关注竞争对手的行为，采取必要的措施预防竞争对手抄袭你的创新想法、创新成果等。

（三）善有果而已，不敢以取强

"果"，是结果、成果之意。这句话解答的是这样一个问题：根据自然规律，应该如何对待你们所取得的成果。《道德经》给出的答案是"而已"和"不敢以取强"，即适可而止、不敢强取。

这句话对现代创新管理者的启示是：适可而止，摒弃"非要不可"的强取态度。"适可而止"，不是"止步不前""不思进取"，也不是不让现代创新管理者尝试新想法，而是强调适度。现代创新管理者要懂得自我控制过大的欲望，懂得把握创新的程度。例如：现代创新管理者不要过分追求创新成果的高端应用。如果过度追求创新成果的高端应用，而不考虑其可行性和技术成熟度，就很可能出现不必要的损失和浪费，甚至使整个组织面临衰败。

（四）果而勿矜，果而勿伐，果而勿骄，果而不得已，果而勿强

这句话中的"矜""伐""骄""不得已""强"，都是指获得成果后的种种不可取的态度。这些不可取的态度是自夸自大、讨伐他人、居功自傲、自以为是、蛮横无理等。

在现代创新管理中，如果取得成果，就要摒弃这些不可取的态度，不要自夸自大、不要讨伐他人、不要居功自傲、不要自以为是、不要蛮横无理。无论是否取得成果，现代创新管理者都需要保持谦虚、谨慎和理性。要知道，根据自然规律，"物壮则老，是谓不道，不道早已"。

（五）物壮则老，是谓不道，不道早已

这句话承接上句话，强调：如果取得成果后采取了自夸自大、讨伐他人、居功自傲、自以为是、蛮横无理等态度及相关的行为，就犹如人生到了壮年之后开始走衰老之路。根据自然规律，"月满则亏"。事物不可"过满""过壮"。"过满""过壮"是违背自然规律的，而违背自然规律的就会早早灭亡。

三　小结

受《道德经》第三十章启示，根据自然规律，柔和的手段胜过刚猛的武力。取得成果后的自夸自大、讨伐他人、居功自傲、自以为是、蛮横无理等都是违背自然规律的表现。一个真正有远见的现代创新管理者，是不会违背自然规律的。如果违背了自然规律，那么结果必事与愿违。

第三十一章 《道德经》第三十一章对现代创新管理的启示

一 《道德经》第三十一章原文及其翻译

《道德经》第三十一章的原文是："夫唯兵者，不祥之器，物或恶之，故有道者不处。君子居则贵左，用兵则贵右。兵者，不祥之器，非君子之器，不得已而用之，恬淡为上。胜而不美，而美之者，是乐杀人。夫乐杀人者，则不可以得志于天下矣。吉事尚左，凶事尚右。偏将军居左，上将军居右，言以丧礼处之。杀人之众，以哀悲莅之，战胜，以丧礼处之。"①其中蕴含的古老哲理，用现代文翻译如下。兵器是不祥之物，是一种被大多数人厌恶的器物，所以有"道"的人不使用兵器。用兵时与平时不同，平时君子以居于左侧为贵，而用兵时则以右侧为贵。这就是说，像兵器这种不祥之物，并非君子所用之器物，如果在万不得已时使用了兵器，淡然处之就好，就算胜利了也不是值得骄傲的事，如果因为持兵器取胜而自鸣得意，那就是喜欢杀人的表现啊。那些喜欢杀人的人，是不可能得志于天下的。居左侧者通常是吉庆的事情，居右侧者通常是凶丧的事情。偏将军居于左侧，上将军居于右侧，这就是说，用兵器武斗之事以丧礼仪式处理。在战争中，战死之士众多，要待之以悲哀之情，即使战胜了，也需要用丧礼待战死之士。那么这些古老的哲理与现代创新管理有什么关系呢？

---

① 张景、张松辉译注《道德经》，第127页。

二 对现代创新管理的启示

（一）夫唯兵者，不祥之器，物或恶之，故有道者不处

这句话指出，兵器不祥，世人厌恶它；强调"有道者不处"，即有"道"的人不应该使用兵器。这启示现代创新管理者，创新发展需要一个和平稳定的环境，应该尽力避免恶性竞争。

所谓恶性竞争，是指违背自然规律，妄图通过过度创新、盲目降价、非自然促销等方式打击竞争者。事实上，恶性竞争打击的不仅是竞争者，还有组织自身，最后的结果通常是两败俱伤。例如，A 公司试图以过度创新的方式击败 B 公司，于是，A 公司不断推出新的产品，但忽略了产品的质量和用户满意度，结果引起了消费纠纷，A 公司陷入了一场损失惨重的官司中。又如，C 公司试图通过盲目降低新产品价格来击败 D 公司，于是，C 公司将新产品的价格降得很低，使 D 公司的同类新品无人问津。这样做的结果是，C 公司虽然在一定程度上打击了 D 公司，但同时自己也不能通过新产品盈利，这些新产品卖得越多，给 C 公司带来的亏损就越严重，这样盲目降价的恶性竞争行为，也破坏了市场的正常秩序，损害了市场价值体系，给组织的后续发展带来较多负面影响。

恶性竞争，最多只能给组织带来短期的利益，从长期来看，恶性竞争具有强大的杀伤力。这样的杀伤力，与战场中手持兵器搏斗一样，常常造成两败俱伤。恶性竞争是不健康的竞争方式，会严重影响组织的生存质量。组织即使通过恶性竞争取得短暂胜利，也是没有持续发展能力的。

（二）君子居则贵左，用兵则贵右。兵者，不祥之器，非君子之器，不得已而用之，恬淡为上。胜而不美，而美之者，是乐杀人。夫乐杀人者，则不可以得志于天下矣

这段话进一步指出，兵器是不祥之器物，非君子之器。但是，这段话中有个转折，即"不得已而用之"。之所以有这个转折，是因为作者考虑到了客观环境的多变性。有些时候，君子也可能迫不得已而需要使用兵

器。如果使用了兵器，那么即使取得胜利也不值得炫耀，只能淡然、低调处之；如果有人喜欢炫耀他们使用兵器的战绩，那么他们就属于喜欢杀人的"非君子"，根据自然规律，"非君子"终是无法得志的。

这段话启示现代创新管理者，应该坚守"以和为上"的观点和立场；同时，也要注意客观环境的多变性，有些时候也可能会无可奈何地使用兵器抵抗外敌。如果在万不得已之时参与了商斗，就应该以低调防御为主，切不可主动发动恶性竞争。关于恶性竞争的危害，笔者已陈述于上文。

（三）吉事尚左，凶事尚右。偏将军居左，上将军居右，言以丧礼处之。杀人之众，以哀悲莅之，战胜，以丧礼处之

这段话强调武斗"杀人之众，以哀悲莅之"。商场如战场，商战也会有"战死之士"。现代创新管理的根本目标是发展，是使市场更繁荣，而不是死亡。现代市场竞争很残酷，但组织不要将主要精力用于"杀人"，而应该将主要精力用于使自己更强大、更有发展力，这样才能带动整个市场的繁荣和稳定，实现真正的创新价值。

三　小结

总之，受《道德经》第三十一章启发，组织要坚守"以和为上"原则，只有和平才能带来创新发展和繁荣稳定。同时，组织也要密切观察客观环境的变化，做到有备无患。只有在万不得已的时候，组织才能使用"兵器"防身，切不可主动发动恶性竞争。恶性竞争的结果，通常是两败俱伤，并使市场秩序和市场价值体系受到损害，即使是胜利的组织也缺乏持续发展的能力。虽然商场如战场，商场的竞争也很残酷，但有"道"的现代创新管理者会遵循自然规律，不会主动挑起恶性竞争，而是将主要精力用于使自己更强大、更有发展力上。

第三十二章 《道德经》第三十二章对现代创新管理的启示

一 《道德经》第三十二章原文及其翻译

《道德经》第三十二章的原文是："道常无名，朴虽小，天下莫能臣也。侯王若能守之，万物将自宾，天地相合，以降甘露，民莫之令而自均。始制有名，名亦既有，夫亦将知止。知止可以不殆。譬道之在天下，犹川谷之于江海。"① 其中蕴含的古老哲理，用现代文翻译如下。"道"总是不求名而守"朴"。虽然"道"小，但是普天之下没有人能够让它臣服。如果侯王能够守持着"道"，那么万物都将会自动处于"宾"位，而让侯王处于"主"位。天地间阴阳之气相合时，会有甘露降于民间，甘露自然均匀分布，不需要民众的任何指使。为了治理好天下，制度和名分是需要的，有了名分，就要适可而止，只有懂得适可而止才不会陷入危险。就像"道"存在于天下，万物都宾服于"道"，犹如川谷宾服于江海一样。那么，这些古老的哲理与现代创新管理有什么关系呢？

二 对现代创新管理的启示

（一）道常无名，朴虽小，天下莫能臣也。侯王若能守之，万物将自宾

"道"隐而不见，不求名利，却有强大的力量，世间无人可使"道"

---

① 张景、张松辉译注《道德经》，第 129 页。

臣服。"道常无名，朴虽小，天下莫能臣也"既强调了"道"的强大力量，也强调了守"朴"的重要性。

何谓守"朴"？在《道德经》中，"朴"之意为原始、纯净、简单，守"朴"，就是要守住原始状态、纯净状态和简单状态。在现代创新管理中，守"朴"可以理解为守住创新的纯净性、质朴性。现代创新管理者要懂得守住创新的纯净性和质朴性。

如果创新变得媚俗、功利、华而不实，那么，创新也就失去了纯净性和质朴性。这样的创新已经失去了创新的本质，变成了一些人谋取私利的工具。作为一名现代创新管理者，你有责任守住创新的纯净性和质朴性。首先，这是你的职业道德。其次，这种破坏性创新，不但对社会有害，而且对你所在组织、你的创新团队、你自己也有很大害处。失去了纯净性和质朴性的创新，会损害组织形象，成为公众指责的对象，会涉及法律纠纷，会浪费创新资源，会影响创新团队的凝聚力，也会使有正义感的优秀创新人才离开你的创新团队。

如何守住创新的纯净性呢？其一，守住创新的初心。不要让自己的心受到污染，要能够经得起外界的诱惑。不被某种政治的、经济的利益所驱动，保持创新团队的独立性，坚守自己的原则和正确的价值观。其二，不侵权与防侵权。不剽窃，不抄袭，不要侵犯他人的知识产权，同时，你也要保护好自己的创新机密和知识产权，建立一套保护创新机密和知识产权的监管制度，防止被他人侵权。其三，守住透明度。在保护好创新机密和知识产权之余，也要注重守住创新的透明度。让创新团队成员了解创新各阶段的目标和意义，明确创新的进展和未来价值，有助于守住创新的纯净性。

如何守住创新的质朴性呢？其一，明确什么是创新的质朴性。简单说，所谓创新的质朴性，是指创新不应该华而不实，而应该追求实用性和可操作性。其二，以客户需求为创新之依据。创新不是"拍拍脑袋瓜"的产物，不要为了创新而创新，而必须以真实的客户需求为基础。只有有了客户需求基础，创新的产品才有实用价值。其三，不要华而不实。创新的目的是解决事实中的问题，而不是追求某种时尚或者"赶时髦"。不要过度追求华丽的创新辞藻、虚伪的创新包装、复杂的产品特性，这样华而不实的创新不但存在严重的浪费，而且缺乏实用价值。

"侯王"可理解为统治者或君王。在现代创新管理中，"侯王"则可指现代创新管理者或其所在的组织。"侯王若能守之，万物将自宾"指出，如果侯王掌握和应用了"道"，那么万物将自动宾服于他。从这句话中，读者可以再次见识到"道"的伟大之处。在万物"眼"里，"道"是隐形的，但《道德经》的学习与研究者，会深刻体会到万物的运行与演化都受到"道"的指引。在现代创新管理中，"道"也体现了创新的本质和规律。如果创新脱离了"道"，就失去了创新的价值；如果现代创新管理脱离了"道"，就不可能取得成功。

（二）天地相合，以降甘露，民莫之令而自均

在《道德经》中，"天地"指整个宇宙和自然界，我们也可以理解为大自然。"天地相合，以降甘露"描述了一个自然现象。民间需要甘露，但是，只要天地相合，甘露就会自然地均匀分配，根本不需要民众的任何指使。这句话启示现代创新管理者，只要保持和谐和平衡，组织就会"风调雨顺"，不需要过多指示。

（三）始制有名，名亦既有，夫亦将知止。知止可以不殆。譬道之在天下，犹川谷之于江海

"制"，制度；"名"，名分。治理天下是需要一个组织的，在古代，这个组织就是朝廷。在朝廷中，每一名官吏都有一个名分。《道德经》指出，既然有了名分，就应该知道适可而止，不要有太大的欲望。欲望常与危险同行。如果你不懂控制欲望，就很可能陷入危险的境地。受这段话启示，现代创新管理者应该懂得及时停止和收敛，以免陷入危险的境地。

三　小结

总之，受《道德经》第三十二章启示，现代创新管理者要努力守住创

新的纯净性和质朴性；要保持和谐和平衡；要懂得及时停止和收敛，以免陷入危险的境地。虽然"道"摸不着、看不见，但是"道"的力量是强大的。如果创新脱离了"道"，就失去了创新的价值；如果现代创新管理脱离了"道"，就不可能取得成功。

第三十三章 《道德经》第三十三章对现代创新管理的启示

一 《道德经》第三十三章原文及其翻译

《道德经》第三十三章的原文是："知人者智，自知者明。胜人者有力，自胜者强。知足者富，强行者有志。不失其所者久，死而不亡者寿。"[1] 其中蕴含的古老哲理，用现代文翻译如下。能了解、认识别人叫作智慧，能认识、了解自己才算明智。能战胜别人是有力的，能克制自己的弱点才算强大。知道满足的人才是富足之人；有目标地努力，才能成为有志之人；有信心和耐心地坚持，才能成为持久之人；身虽死而"道"犹存，不会放弃的人，才是真正长寿的人。那么这些古老的哲理与现代创新管理有什么关系呢？

二 对现代创新管理的启示

该章的主题是知人、用人，胜人、制人。现代创新管理者如何成为一个智慧之人、明智之人、强力之人、强大之人、富足之人、有志之人、不衰之人、长寿之人？这些都可以在该章中得到启发。

（一）知人者智，自知者明

这句话讲的是一个自我认知的问题。我们知道，一个公司也好，一个

---

[1] 张景、张松辉译注《道德经》，第132页。

创新团队也好，如果想要做出好的创新成果，有个好的创新发展，就必须有一个好的认知能力。"知人"，包括"知别人"和"知自己"。一名合格的现代创新管理者，既要有能力"知别人"，又要有能力"知自己"，是一个有自知之明的人；既要能够识别别人（尤指竞争对手）的优势和劣势，了解别人的创新环境，又要能够明确自己的优势和劣势，了解自己的市场和客户。前者叫作智慧，后者才算明智。只有知己知彼，才能更好地发挥自己的优势，才能够做出明智的决策，才能够制定正确的战略，才能够招募、吸引并保留优秀的创新人才。

在现代创新管理中，"知人"是一个非常关键和重要的管理主题。只有不断地自我认知、自我管理和自我提升，才能够打造更好的创新团队，产出更好的创新成果，实现更好的创新发展。"知他人""知竞争对手"能帮助现代创新管理者更好地"知自己"。

"他人""竞争对手"对于现代创新管理者来说，属于创新环境的一部分。了解环境，是至关重要的。只有了解环境，才能更好地适应环境的变化，做出正确的决策。了解环境，不仅需要观察，而且需要多思考。思考应该遵循全局的、辩证的、发展的原则。明智的现代创新管理者通常很重视观察他人、行业发展趋势、市场需求，将自己与他人、行业发展趋势、市场需求进行全面比较，来更好地了解自己的工作状态、工作能力、工作态度、工作方法、创新资源等的现状和发展趋势，明确自己与他人的差距，明确自己的优势与劣势，从而做出更具前瞻性的决策。

（二）胜人者有力，自胜者强

这句话强调战胜自己的弱点。人最难战胜的人不是别人，而是自己。合格的现代创新管理者，首先要承认并面对自己的弱点，既要扬长避短，又要努力克服不足，消除短板，成为一个"自胜者"。

消除短板不容易。明智的现代创新管理者会在知己知彼的基础上，客观分析自己与他人的比较优势与比较劣势。接着，学习他人（包括竞争对手）的成功经验和方法，取他人之所长补己之所短。每个企业的创新环境不同，因此，不可简单模仿他人，必须根据本企业的实际情况吸纳、应用他人的成功经验与方法，并在实践中不断反思与总结，与时俱进，随境应变，持续改善。同时，在企业内部，现代创新管理者也要多与同事等多沟通，建立良好的沟通与交流渠道，了解他们的行为、思想、需求、观点等，做出有利于合作发展的决策。此外，现代创新管理者要善于激励下属，激发下属的创新动力，挖掘下属的创新潜力，引导下属的创新方向。只有这样，才能够打造更好的创新团队，才能最终达成创新目标。

（三）知足者富

在这句话中，《道德经》告诉我们什么人才算富有的人，对现代创新管理亦有深刻启示。创新者往往是"不知足"的人，好了还要更好，不要等到"完全不可用了"，才想到创新与改变。《道德经》中的"知足者富"对于现代创新管理者而言，是在强调创新自信。创新自信，是指企业（现代创新管理者）对自身创新能力的认可和自信。创新自信是创新的重要基石。在创新的过程中，必然有较多困难与阻碍，也存在创新失败的风险。只有具备了创新自信，企业才能够勇敢地面对创新困难与各种可能的挑战，才能发挥最大潜能积极寻找各种解决困难的方法并最终取得创新成功。

那么，如何建立创新自信呢？第一，企业必须加强对创新的重视，并根据当前市场环境需求，提出有价值的创新项目立项建议。第二，企业要进行充分、严谨、客观的可行性分析研究工作，全方位分析当前创新项目的可行性。如果客观分析的结果是"不可行"，那么就要懂得忍痛割爱，放弃这个创新项目；如果客观分析的结果是"可行"，那么就要有信心实现这个创新项目。第三，脚踏实地、循序渐进，做好创新过程的每一个工作。进行全面质量管理，引入P（计划）—D（执行）—C（检查）—A（处理）循环的工作方法，环环紧扣，逐步推进创新工作。在这个过程中，通常会有很多困难与挑战，现代创新管理者要冷静、自信地思考分析并解决每个难题。

（四）强行者有志

在这句话中，《道德经》告诉我们"强行者"才算有志之人。所谓

"强行者"，就是有明确的目标和追求，有决心、有毅力、有勇气面对挑战，不会被困难所阻挡且敢于尝试新方法、新技巧的人。"强行者"是现代企业中最宝贵的资源，正是有了这样一群"强行者"，企业才能创新与发展。合格的现代创新管理者应该是"强行者"。可以说，没有"强行"的决心和毅力，就没有创新的想法和成果。现代创新管理者只有具备"强行者"的志向和决心，才能在创新的路上不断前行；才能勇于追求自己的梦想，并为之不断努力；才能不断激发下属的创造力和积极性，持续优化创新团队；才能在管理理念、组织结构等方面进行变革和创新，敢于尝试新的方法和技巧，不断优化业务流程，提高工作效率，降低创新成本，最终实现自己的创新目标，让企业在激烈竞争的市场环境中立于不败之地。

（五）不失其所者久

在这句话中，《道德经》告诉我们"不失其所者"才算不衰的人。所谓"不失其所者"，是指有信心、有耐心、有恒心，不失去自己的方向和目标，始终清楚自己的定位和价值的人。在现代社会，现代创新管理者通常面临诸多挑战和机遇，很容易迷失自己，失去自己的方向和目标，无法保持自己最初的定位，甚至丧失其价值。这样的现代创新管理者又如何能够"恒久"呢？其失败是必然的啊。

在这个激烈竞争的时代，每一位现代创新管理者都需要不断寻找和探索自己的创新之路。优秀的现代创新管理者必须是一名"不失其所者"，在寻找和探索的过程中，根据市场、企业、客户的需求，有明确的创新方向、目标和定位，始终保持自己的立场和态度，坚守自己的信念和价值观，不放弃自己的梦想和追求，即使陷入困境也能保持清醒和冷静，不轻易放弃或妥协。在这个过程中，既要不断学习、不断思考、持续提升，努力提高综合素质和综合能力，又要学会舍弃和放下，舍弃那些不重要的事情，轻装上阵，放下思维禁锢、思想包袱和顽固观念。

（六）死而不亡者寿

在这句话中，《道德经》告诉我们"死而不亡者"才算真正长寿的人。所谓"死而不亡者"，是指虽然身处困境，但是能够坚守自己的信念和目标且不会放弃的人。"死而不亡者寿"讲的是一个生命力和持续性的问题。"死而不亡者"坚守自己的"道",其"道"使其生命得以延长,被称为"真正长寿的人"。

这句话同样给现代创新管理者以重要启示,一个好的现代创新管理者应该知道,只有坚持自己的"道",才能推进企业创新发展和持续增长。即使面临巨大的挑战和困难,他们也要坚持自己的信念和价值观,绝不放弃。这样的现代创新管理者并不盲目乐观、盲目坚守,他们了解自己的能力和极限,能够设定合理的期望和目标,也能够接受失败和挫折,能从失败、挫折、错误中吸取经验和教训,再接再厉,坚持不懈地努力和奋斗。

三　小结

总之,受《道德经》第三十三章启示,一名合格的现代创新管理者,既要有能力"知别人",又要有能力"知自己",知己知彼才能百战不殆;要承认并面对自己的弱点,扬长避短,成为一个"自胜者";要有创新自信;要有"强行"的勇气和毅力;要坚守自己的信念和价值观,做一个"不失其所者";绝不轻易放弃。

第三十四章 《道德经》第三十四章对现代创新管理的启示

一 《道德经》第三十四章原文及其翻译

《道德经》第三十四章的原文是："大道泛兮，其可左右。万物恃之而生而不辞，功成而不名有，衣养万物而不为主，常无欲。可名于小，万物归焉而不为主；可名为大，以其终不自为大，故能成其大。"① 其中蕴含的古老哲理，用现代文翻译如下。道广阔无边、遍布宇宙，存在于万物之中，上下左右无处不到。道被万物依赖着，从不推辞。万物因为有道而完成了功业，但道从不强占万物的名誉。道无欲，养育了万物，但从不以自为主。道从不居功，默默以低下的姿势辅万物之生长，可以认其为最卑微的。道是万物的归属，万物最终都归于道。虽然道从不自以为是万物的主宰，但我们可以称道为"大"。正因为道从不自以为伟大，所以我们认为道特别伟大。那么这些古老的哲理与现代创新管理有什么关系呢？

二 对现代创新管理的启示

《道德经》强调"道"之伟大，提出"大道泛兮"的观点，其中"泛"是指：很多分流从主流里分出，然后，这些分流又流回主流。用"泛"形容道与万物的关系很贴切。万物都依赖"道"，万物的发展犹如

① 张景、张松辉译注《道德经》，第 141 页。

"道"的分支，而万物最终都归于"道"，犹如所有分流最终归于主流。"大道泛兮"的观点在现代创新管理领域具有重要的启示意义。

"大道泛兮"告诉我们，创新需要自由的氛围、开放的心态和承担风险的精神。只有在这样的基础上，才能孕育出更多的创新成果和商业奇迹。其一，创新需要自由的氛围。只有在自由的氛围中，才能激发人的创造力，孕育出新的思想和产品。企业需要营造一种鼓励创新的文化氛围，让员工有更多的自由空间，来探索新的商业模式和产品设计。其二，创新需要开放的心态。在创新过程中，很需要开放的心态，去接纳不同的观点和经验。只有这样，才能突破自我，创造出新的价值和产品。企业需要建立一种开放的沟通文化，让员工之间能够自由交流，碰撞出新的思维火花。其三，大道广阔无边，无所不至、无所不归、无任何约束，既自然又自由，必然也存在风险，而创新也需要承担风险。创新往往伴随着风险，可以说，风险是创新的必要条件，几乎不存在没有任何风险的创新项目。只有在承担风险的过程中，才能挖掘新的市场潜力，才能利用新的机会发展新的市场。现代创新管理者应在创新项目立项前，三思而后行，做好可行性研究工作。

"大道泛兮，其可左右"强调了"道"的无所不包和不可名状的特点，道的这种特点与创新思维有着深刻的联系。创新思维是一种思维范式灵动、思维角度多样化、思维空间极开阔的思维模式。创新思维旨在打破约定俗成的常规、陈旧固定的模式，发现新颖见解，捕捉创新灵感，它需要探索者不被现有的观念和经验所束缚，勇于挑战自我、超越自我。只有这样，创新思维才能帮助企业发现新的市场需求，创造新的产品和服务，整合创新资源，完善创新管理体系，优化创新业务流程，提效降耗。"大道泛兮，其可左右"的观点恰恰可以培养探索者的创新思维，为探索者提供广阔的思维空间和无限可能的创新灵感，使探索者可以不断发现新问题和新解决方案。

与万物一样，现代创新管理也是依"道"而生、依"道"而长、依"道"而行、依"道"而成的。"道"者，规律也。不遵循规律的现代创新管理必然是失败的。成功的现代创新管理必然依"道"、循"道"。规律是客观的，如同多变环境中不可动摇的"钢脊"，决定了万物发展的方向和趋势。只有了解和认识规律，才能更好地发挥主观能动性，实现创新发展。现代创新管理强调在实践中遵循自然法则和商业规律，以创造更多的社会价值和客户价值。例如华为公司通过创新理念、创新思维、创新研发、创新流程、创新组织、创新方法、创新技术等的改善，不断推动自我变革和突破，提出了"以客户为中心"的价值观，注重与客户建立长期、互信、共赢的合作关系。只有如此循"道"，应用了基于"道"的管理思想和方法，才有了华为公司成功的现代创新管理。

现代创新管理依"道"而生。基于"道"的引导，我们知道创新需要有效的思路和想法。有效的思路和想法应该来源于客户需求。没有客户需求，再好的创新也是无源之水、无根之木。因此，现代创新管理首先要从实际出发，加强对客户需求的调研和分析，根据客观市场分析和客户需求来确定创新方向和目标，并以市场、客户的客观需求为指引，不断创新产品和服务。否则，若不循此"道"，企业的现代创新管理怎么能成功呢，企业又怎能在激烈的市场竞争中生存呢？

现代创新管理依"道"而长。现代创新管理要注重内生增长，不断提高自身核心竞争力。只有提升核心竞争力，企业才能生存和发展。因此，企业要以人为本，吸引人才、尊重人才、信任人才、激励人才，营造"人人创新"的文化氛围，加强员工作为创新主体的"主人翁"意识，促使员工主动参与创新，同时，企业要加强研发投入，加强内部培训和管理，建立良好的培训体系和绩效考核机制，提高员工的技术水平和创新能力，促进团队协作，推动不同部门的员工合作创新。只有这样，企业才能提升现代创新管理的内生力量，为现代创新管理成功奠定良好基础。

现代创新管理依"道"而行。现代创新管理需要探索力、勇敢力、执行力。其一，探索力。现代创新管理需要不断地探索未知，不断地挑战自我和突破自我。其二，勇敢力。创新有风险，现代创新管理既要勇于探索未知，又要有一定冒险精神，勇于承担创新风险，但在创新项目立项前，务必认真严肃地客观分析创新项目的可行性。其三，执行力。创新项目要注重实践、脚踏实地、切实执行。在创新实践中，要不断总结、持续改善，可以学习别人的成功经验，吸取别人的失败教训，不断加强对多变市场环境和客户需求的适应力。

现代创新管理依"道"而成。现代创新管理要注重成果，以结果为导向，最终实现企业和客户的共赢。因此，企业要注重客户价值，为客户提供更好的产品和服务，让客户更满意、更忠诚。同时，企业要加强数据分析，注重结果导向和效果评估，不断优化现代创新管理流程、机制、模式，更好实现企业价值和客户价值，让企业和客户同时受益、共同发展。

三　小结

总之，老子认为，"道"是宇宙的本源，是万物的根源。在现代创新管理的过程中，"道"可以提供思维模式、价值观、方法论等诸多方面的指导。现代创新管理依"道"而生、依"道"而长、依"道"而行、依"道"而成。现代创新管理要从根本上符合创新发展的"道"。只有按照"道"的法则实施现代创新管理，才能真正实现有效的现代创新管理，而有效的现代创新管理，才能使企业在激烈的市场竞争中立于不败之地，实现企业价值和客户价值最大化。

第三十五章 《道德经》第三十五章对现代创新管理的启示

一 《道德经》第三十五章原文及其翻译

《道德经》第三十五章的原文是："执大象，天下往，往而不害，安平泰。乐与饵，过客止。道之出口，淡乎其无味，视之不足见，听之不足闻，用之不足既。"① 其中蕴含的古老哲理，用现代文翻译如下。谁能认识、学习并能应用那伟大的"道"，普天下的人们就都会投靠他，因为崇拜、投靠有"道"之人，人们就不会互相妨害，于是大伙儿就和平而安泰。我们生活的环境中充满了音乐和美好的食物，这样的美好使过路的人都为之停步。如果用言语来描述"道"是什么，那么通常是平淡而无味。我们想看见"道"的模样，却怎么也看不见。我们想听见"道"的声音，却怎么也听不见。"道"的作用，却是无穷无尽的，甚至可以说是无限的。那么这些古老的哲理与现代创新管理有什么关系呢？

二 对现代创新管理的启示

《道德经》继续强调"道"的重要性。在该章中，"执大象，天下往"短短几个字就让人明白：如果谁能掌握伟大的"道"，就会被普天下的人们崇拜和尊敬。在现代创新管理中，"道"也是极重要的。在上一章中，

---

① 张景、张松辉译注《道德经》，第 144 页。

我们分析了现代创新管理依"道"而生、依"道"而长、依"道"而行、依"道"而成。在本章，我们将"执大象，天下往"引入现代创新管理，即在现代创新管理中，只要把握了创新的本质，做到依"道"而生、依"道"而长、依"道"而行、依"道"而成，就一定能够引领时代潮流。

将"往而不害，安平泰"引入现代创新管理，因为现代创新管理者都崇拜、投靠了有"道"之人，企业创新就不可能造成污染等伤害社会和环境之物，企业与市场、客户也可以和谐相处，这样有利于建立一个和谐、稳定的社会。创新应该以社会利益为先，应该充分考虑客户需求、市场需求。"道"可以改进创新背后的思维模式。"道"强调和谐、自然和整体性，有助于现代创新管理者在创新全过程中，更多从"全局"考虑整个系统的自然平衡和和谐，更多关注市场需求、客户需求、社会责任等因素，而不片面关注企业自身利益。循"道"的企业创新不会因为企业的短期利益而伤害社会，更不会伤害客户与市场，而会主动适应社会环境和市场环境，主动满足客户需求。这样，才能建立一个长久的、健康的商业和社会环境。

将"乐与饵，过客止"引入现代创新管理，如果企业现代创新管理者都是循"道"之人，那么企业创新就是一个如同音乐和美食一样美好的过程，这个过程让人快乐、有成就感，也让与企业相关的人（客户、合作企业、员工）为之喝彩。这样美好的创新过程是让人向往的，现代创新管理者和他们的团队成员愉快地、充满创造性又遵循客观规律地探索着市场中的未知领域，发现了新的市场空间，利用了新的机会，采用了新的技术方法，优化了创新的机制和流程，产出了与时俱进、与境同需的创新成果。"道"如水一般灵动，善于适应环境，并充满活力地不断改进和前进。因此，"道"有助于企业保持创新活力。循"道"的企业现代创新管理者也善于保持企业的创新活力，激发企业的创新动力，这样的活力和动力是创新者由内而生的，促使他们感觉到创新是多么美妙的工作，创新成果更能带给他们莫大的成就感。也就是说，循"道"有助于所有创新参与者感受到创新的乐趣和成就感，也感染了"过路"的旁观者，使他们驻足喝彩。

将"道之出口，淡乎其无味，视之不足见，听之不足闻，用之不足既"引入现代创新管理，在创新过程中，创新所遵循的"道"看不见、摸不着，描述起来也显得枯燥无味。尽管如此，"道"在创新中还是起着举足轻重的作用。很肯定地说，如果现代创新管理者不遵循"道"，那么，无论其多么努力、多么坚定，拥有多么丰富的创新资源，最终结果都必然是失败的。

三　小结

　　总之，受《道德经》第三十五章启示，"道"是中国传统文化的重要组成部分，也是企业现代创新管理的依据和重要基础。虽然"道"看不到、听不见，描述起来也平淡无味，但企业现代创新管理必须遵循"道"。

第三十六章 《道德经》第三十六章对现代创新管理的启示

一 《道德经》第三十六章原文及其翻译

《道德经》第三十六章的原文是："将欲歙之，必固张之；将欲弱之，必固强之；将欲废之，必固兴之；将欲夺之，必固与之。是谓微明，柔弱胜刚强。鱼不可脱于渊，国之利器不可以示人。"① 其中蕴含的古老哲理，用现代文翻译如下。如果想要收敛或停止一种行为，就必须先加强另一种行为的力量；如果想让一种力量被削弱，就必须让另一种力量得到加强；如果想让一种制度被废除，就必须建立另一种制度；如果想获取一种东西，就必先给予另一种东西。这是一种微妙的智慧。刚强可以被柔弱战胜。鱼儿脱离池渊就无法生存，国家的利器不可以用来给别人炫耀，也不能轻易用来吓唬人。那么这些古老的哲理与现代创新管理有什么关系呢？

二 对现代创新管理的启示

在该章中，《道德经》用了"歙""张""弱""强""废""兴""夺""与"等相对应的字，表达了老子的管理智慧。这样的管理智慧同样可以应用于现代创新管理之中。

---

① 张景、张松辉译注《道德经》，第 146 页。

（一）将欲歙之，必固张之

这句话对现代创新管理的启示是，当你想减少或消除员工懒惰、不积极参与创新的行为，就必须加强创新培训，营造有利于创新的企业文化氛围，使员工经过培训和文化熏陶，增强创新热情、创新积极性；当你想降低创新成本时，就必须努力提高创新效率；过于频繁的变革可能会导致混乱和不安；当你想缓和变革的力度和节奏，避免过度和突然时，就必须加强客观的、稳妥的、渐进的管理措施，使组织得以平衡、稳定发展；当你想避免创新行为的盲目性和不确定性时，就必须强化创新的监管和约束；当你想消除创新成果"被盗"现象时，就必须通过专利、版权等法律手段加强对创新成果的保护。

（二）将欲弱之，必固强之

这句话对现代创新管理的启示是，当你想弱化竞争者的优势时，就必须强化自己的优势。在企业创新中，现代创新管理者要根据实际情况，采取适当的战略措施，通过提高自身的研发能力、加强创新质量控制、优化创新流程、寻找优势互补的合作伙伴等手段，扬己之长、避己之短、强化自身的优势。当你强化了自身优势时，竞争者的优势自然就相对弱化了。如此，弱化竞争者的优势，强化自身的优势，长期努力可望取得最终胜利。

（三）将欲废之，必固兴之

这句话对现代创新管理的启示是，当你想废除落后的、不符合实际情况的创新管理制度时，一定要建立更加合理和科学的创新管理制度。通过改进创新管理制度、优化组织设计、加强人力资源管理、形成创新型组织文化等举措，在组织内部营造一种鼓励创新的氛围，激发员工的创新精神，实现组织的持续发展和进步。

（四）将欲夺之，必固与之

这句话说的是"夺"与"予"的关系。如果你想得到某些东西，那么你必须给予某些东西；如果你想取得他人的支持和合作，那么你必须与他人分享利益。只有这样，才能实现双赢。在现代创新管理中，这句话也很有启示意义。在创新的过程中，我们需要学会吸收和给予。如果只是一味地创新，而缺乏相应的吸收和给予，那么创新就只是空中楼阁，缺乏牢固的基础，难以持续发展下去。

"将欲夺之"，现代创新管理需要吸收。创新需要以人、财、信息等各种资源为基础，创新也需要合作伙伴，这些都是现代创新管理对"吸收"的需求。"必固与之"，现代创新管理需要给予。现代创新管理若只想吸收而不给予是不现实的。在现代商业社会中，管理者若想获得成功，就需要懂得如何与合作伙伴建立稳固的关系，互相了解对方的需求和期望，互相尊重和支持，取长补短、互通有无，互相分享经济利益和文化利益，实现互利互赢和共同成长。

（五）柔弱胜刚强

这句话对现代创新管理的启示是：组织的现代创新管理需要保持柔和的力量。以"柔"生"活"，现代创新管理因为"柔性"而能生出创新的活力；以"柔"生"情"，现代创新管理因为"柔性"而能生出创新团队上下级之间的情谊，形成更加有凝聚力的、上下统一的、有战斗力的创新团队；以"柔"生"力"，现代创新管理因为"柔性"而能生出克服困难阻碍、战胜竞争者的强大力量。从客观现实来看，强硬的态度和管理手段可能会在现代创新管理中取得一时之效，但无法推动持续的创新，无法取得真正的成功和发展。只有柔性的现代创新管理，与员工多交流沟通，帮助员工克服创新困难，尊重员工、培育员工、信任员工、激励员工，才能真正打动员工之心，激发员工的创新精神，让员工主动追随管理者的意愿，主动为组织的创新发展发光发热，也只有这样，"以柔克刚"才能真正实现组织的稳定和发展。

（六）鱼不可脱于渊，国之利器不可以示人

"鱼不可脱于渊"是一个很自然、很浅显的现象，大家都明白，老子就用这么浅显的现象，引出"国之利器不可以示人"，用以强调"国之利器不可以示人"是一个应该被普遍认识的常规。这句话应用于现代创新管理中，强调秘密信息和核心技术不宜被炫耀。现代创新管理者要保护组织的秘密信息和核心技术，除了以知识产权保护政策为保障，还要制定严格的保密制度，确保组织的秘密信息和核心技术得到有效保护。

三　小结

总之，"将欲歙之，必固张之；将欲弱之，必固强之；将欲废之，必固兴之；将欲夺之，必固与之"对于现代创新管理来说，其实是普遍的管理原则。掌握了这些管理原则，有利于提升现代创新管理者的智慧。"柔弱胜刚强"揭示了柔性创新管理的重要性。"鱼不可脱于渊，国之利器不可以示人"强调了现代创新管理中保护秘密信息和核心技术的重要性。

第三十七章 《道德经》第三十七章对现代
创新管理的启示

一 《道德经》第三十七章原文及其翻译

《道德经》第三十七章的原文是："道常无为而无不为。侯王若能守之，万物将自化。化而欲作，吾将镇之以无名之朴。无名之朴，夫亦将无欲，不欲以静，天下将自定。"① 其中蕴含的古老哲理，用现代文翻译如下。"道"总是顺应自然的，"道"看起来"不作为"，但实际上是"无不为"。古代的侯王如果能遵循"道"的原则，那么，天下就会自然而然地向好的方向变化发展。在这个变化发展的过程中，如果产生了贪欲，就要用"无名之朴"来镇住它。"无名之朴"，就是不依靠权力、地位和名声，而是最原始、最纯真的状态，代表最根本、最原始的力量。这样做了之后，贪欲就被镇住了。如果万事万物没有贪欲之心了（这里的"静"指内心的平静），天下便自然而然达到稳定、安宁、祥和的成功境界。那么这些古老的哲理与现代创新管理有什么关系呢？

二 对现代创新管理的启示

该章强调"道常无为而无不为"，主张按照"道"的原则行事。其中，"道"是指人类社会赖以存在和发展的规律和准则。"道"既是一种无形的

---

① 张景、张松辉译注《道德经》，第154页。

力量，又是一种指导人们行动的规则和准则。《道德经》认为：只有戒急、戒贪、遵循自然规律，才能自然而然达到稳定、安宁、祥和的成功境界。该章主张的"无为""守静""自然""戒贪"等理念对现代创新管理有重要而有益的启示意义。

"无为"，字面理解是"不作为""什么都不做"。事实上，"无为"强调的不是"什么都不做"，而是"不妄为""不妄求"，也就是要根据客观情况、自然规律采用恰当的方法。"道常无为"启示现代创新管理者不要违背自然规律，不要刻意去追求某种效果（如过度追求高效率、低成本、大规模等），而要顺应事物发展的自然规律，不妄为、不妄求。企业的管理，包括现代创新管理，要遵循自然规律，保持一种自然的状态。如果现代创新管理不遵循自然规律，盲目追求高效率、高利润、大规模，忽视了创新成果的质量和客户满意度，结果必然失败。例如：根据自然规律，创新发展通常都有一个从量变到质变的过程，如果一味追求质变，希望不经过量变就可以实现质变，这就是违背了自然规律。按照这样的思路，盲目地追求创新质变，终将导致失败的结果。

"无不为"则启示现代创新管理者，在自然状态下，"道"可以有很大的作为。现代创新管理者若能循"道"而为、适时而动、相机而行，是可以有很大作为的。很多时候，"道"在现代创新管理中静静地发挥着举足轻重的作用。此处，静是一种状态。"道"在发挥作用时，并不会大声喧哗，也不会自我邀功。"道"只是默默地发挥作用，看似"无为"，却能将你引向不同的结果。在管理领域，有一种难求的境界被称为"无为而治"。很多学者认为，"无为而治"是管理的最高境界。管理者看似"无为"，实际上"无不为"，似乎很轻松地将组织打理得井井有条。在现代创新管理中亦然。

现代创新管理者若要做到"无为而治"，以最小的努力取得最大的管理效果，笔者的建议如下。其一，现代创新管理者不必刻意去追求什么，不必努力去掌控什么，不必试图去控制员工或事态的发展，而是持着顺其自然的态度，让员工和创新工作按其自然规律发展。这种态度有利于管理者的身心健康。在现实生活中，不少管理者容易因为欲望和追求而陷入焦虑之中，而焦虑的状态又使他们的工作、生活一团糟，形成了恶性循环。只有放下这些欲望和盲目的追求，才能让身心感受到轻松和快乐，从而提升工作效率和生活质量。同时，这种态度也有利于激发员工的创新积极性，提升员工的创造力。其二，构建一个开放的、有利于创新的文化氛围，促使员工互相影响，形成良性循环。即使是新进企业的员工，在这种文化氛围的熏陶下，也能提升主动创新意识。其三，建立有效的创新激励机制，可采用奖金、福利、公开表扬、晋升等方式，激发员工主动参与创新的热情和积极性。其四，建立一个良好的沟通渠道，员工可以随时与公司沟通，及时表达个人的创新灵感和想法，公司大力支持有价值的创新想法并给提出者一定的物质奖励。其五，建立良好的评估系统，在考评员工的同时，使员工对自己的表现和贡献有更清楚的认识，促进员工的自我反省和自我改善。

"道常无为而无不为"强调一种平静、自然的状态。保持平静的状态，即"守静"。"守静"是现代创新管理的一项重要技能。在创新过程中，我们需要学会控制自己的情绪和欲望，保持理性和内心的平静。过于兴奋或者过于紧张都不利于创新。只有内心平静，保持冷静和专注的状态，才能避免外界的干扰和影响，才能及时捕捉创新灵感，才能快而准地判断和选择，做出正确决策。

自然是一种重要的管理哲学。管理的自然法则，包括可持续发展法则、减少浪费法则、减少污染法则、节约能源法则、生态平衡法则等。在创新全过程，管理者都应该尊重自然法则并遵循它们，明确并尊重市场和客户的需求，不可过于主观和自以为是。只有尊重自然法则并遵循它们，创新成本才能降低，创新效率才能提高，创新质量才能提升，才能实现创新组织的可持续发展。

遵守自然法则，现代创新管理者应该保持开放、协作的心态。组织的创新能力受到诸多因素影响，其中，管理者和员工的心理状态就是一个很重要的影响因素。只有具备开放的心态，管理者和员工才有能力不断探索新的可能性，形成新的思路和想法。除了开放，还需要协作。现代创新管理者需要具备协作、共赢的心态，与上下游企业、上级领导、下属员工建立良好、稳固的关系，时常还需要跨部门、跨领域的协作，共同推进创新工作的快速进展。

为了更好地保持平静、自然的状态，现代创新管理者应该持续学习，成为学习型的人。现代创新管理者必须具备谦虚好学的精神和态度，不断学习新知识、新技术，使自己的能力得到不断提高，使自己具有前瞻性，明确行业未来走向和技术发展趋势，提前做好应对未来变化的准备。同时，现代创新管理者必须具备良好的沟通和表达能力，建立良好的沟通渠道，将自己的想法和思路清晰地传达给合作伙伴、领导和员工。建议现代创新管理者采取一些措施使员工处于平静、自然的心理状态。例如，促进员工养成良好的作息习惯，让他们可以保持足够的睡眠，精神好也可以促进他们寻找创新灵感、提升工作效率；安排时间让员工一起做工间操，提升员工的身体素质；形成民主、开放、协作的组织文化，鼓励员工互相沟通、取长补短、分工协作；鼓励提出新想法、新创意的员工，给予一定物质奖励和精神奖励；支持员工将自己的合理创新灵感付诸实践；与员工坦诚沟通，及时发现员工的困扰和创新障碍，尽力帮助员工纾困；保持工作环境公平、公正，减少员工因为权力和地位的不平等而产生的压力和焦虑；培训员工，促进员工多学习，提升员工的综合素质；组织一些户外的集体活动，提高组织的凝聚力，同时也让员工在工作之余可以放松一下身心，劳逸结合，有助于提升员工对组织的满意度，也使员工对组织更加忠诚，以平静、自然的心态努力效忠组织。

三 小结

总之，"道"在各行各业中都发挥着重要作用。在现代创新管理领域，"道"也被广泛地应用于实践中。"无为"是一种重要的现代创新管理思维，"道"总是静静地在现代创新管理过程中发挥着关键作用。"无为而治"被很多学者认为是管理的最高境界。在现代创新管理的过程中，要保持一种自然状态，遵循从量变到质变的自然规律，切不可违背自然规律而产生过度求快、求省、求规模的贪欲。如果产生贪欲，就要用"无名之朴"镇住它，只有这样，现代创新管理者才能戒骄戒躁，守住初衷，不断探索和追求"道"的灵感，循序渐进，创造出更加优秀的产品和服务。

下　篇
德经对现代创新管理的启示

第三十八章 《道德经》第三十八章对现代创新管理的启示

一 《道德经》第三十八章原文及其翻译

《道德经》第三十八章的原文是："上德不德，是以有德；下德不失德，是以无德。上德无为而无以为，下德为之而有以为。上仁为之而无以为，上义为之而有以为，上礼为之而莫之应，则攘臂而扔之。故失道而后德，失德而后仁，失仁而后义，失义而后礼。夫礼者，忠信之薄而乱之首。前识者，道之华而愚之始。是以大丈夫处其厚，不居其薄；处其实，不居其华。故去彼取此。"① 其中蕴含的古老哲理，用现代文翻译如下。最上等的品德从外在上看好像没有品德，其实有德且十分高尚。最下等的品德是不符合德范畴的"失德"，是只表现在外的品德。虽然可以看到其外在的有德表现，但其实是无德的，具有品德的局限性。最上等的品德根本不需要外在的表现，是自然而然的，可以是不作为的。最下等的品德需要有所作为。上等的仁德是不需要有所作为的自然存在。上等的义德是需要有所作为的，需要付出一定努力。上等的礼德，如果没有人响应，那么就只好扬起胳膊扔掉了。所以，失去"道"而后"德"，失去"德"而后"仁"，失去"仁"而后"义"，失去"义"而后"礼"。如果失去了品德只剩下礼，那么忠诚和信用就变得不足，这是混乱的开端。只有具备高尚的品德，才能了解大道，才是智慧之人。只有回到道德的道路上，才能显

---

① 张景、张松辉译注《道德经》，第 157 页。

示出前瞻性思维的价值和智慧。如果没有回到道德的道路上，前瞻性思维就是虚无的，是愚昧的开始。因此，大丈夫要立身敦厚，不居功自傲；要存实在质朴之心，不夸夸其谈。所以，要舍弃自傲，做到敦厚质朴。那么这些古老的哲理与现代创新管理有什么关系呢？

二　对现代创新管理的启示

《道德经》强调德的重要性。德，指品德、品性，包括道德观念、道德品质、道德行为等方面。德是一个人在其行为、态度和价值观等方面的品质和特征。任何人，无德则无以立身，因此，每个人都应该重视自己的品德修养。在现代创新管理领域中，德也是极为重要的。在影响现代创新管理的诸多因素中，最重要的还是道德素质。道德素质是立企之本。现代创新管理务必强调人的道德素质、组织的道德素质，并注重道德风险的防范。

首先，现代创新管理需要强调人的道德素质。人是组织现代创新管理中最重要的资源。创新的成功，技术、资金和市场等因素固然重要，但是，人的作用更加重要。如果人不是合格的"创新人"，那么组织创新是很难取得成功的。合格的"创新人"必须有良好的道德修养和正确的价值观，有责任心，尊重客户需求，有集体主义精神，认真细致，有探索精神，不畏创新困难，勇于接受挑战，一旦确定正确方向就能坚定不移地向目标前进。这些有良好道德素质的合格"创新人"在努力工作的同时，并不是只考虑自己的利润，他们会更多理解和考虑客户、竞争对手和其他利益相关者的感受，更关注环境保护，更倾向于采用可持续的、不破坏环境的方式创新，使企业既可以满足国家的环保要求，又可以提升其在广大消费者、广大客户心目中的形象，提升企业的声誉和未来竞争力，推动企业创新发展。

缺乏道德素质的非合格"创新人"，非但不能促进组织创新，还会降低组织的创新能力和工作效率，更有甚者，给组织带来不可低估的负面影响。

其次，现代创新管理需要强调组织的道德素质。只有强调组织的道德素质，才能让现代创新管理真正为组织带来价值。

强调组织的道德素质，可以促进创新行为遵守道德规范。在创新过程中，往往会出现一些违反道德的行为，如不正当竞争、侵犯知识产权等。如果企业不强调道德规范，这些行为就会肆无忌惮地进行，给企业带来巨大的负面影响。但是，如果企业强调道德规范，就会让员工意识到这些行为的错误，从而促进他们遵守道德规范，减少创新过程中的不良行为。

强调组织的道德素质也可以提高创新的成功率。如果创新组织强调道德规范，则会让员工意识到遵守道德规范的重要性，从而提高他们的责任感和道德水平，进而提高创新项目的成功率。

强调组织的道德素质还可以提高组织在市场上的声誉。新时代的消费者越来越注重各类组织的道德素质。缺乏道德素质的组织，消费者满意度低，市场形象和口碑不佳，"回头客"少，持续发展的前景黯淡。相反，道德素质高的组织，消费者满意度高，市场形象和口碑好，"回头客"多，组织声誉好。

最后，现代创新管理需要注重防范道德风险。道德风险是一种由管理人员道德观念淡薄、责任心欠缺等原因引发的风险。缺乏道德观念和责任心的管理者，可能会以夸大产品性能、卖假货等不道德的言行欺骗消费者。这些不道德的言行不仅会损害组织的信誉和形象，还会影响消费者对组织的信任和消费意愿。防范道德风险是重要且必要的。一是建立完善的内部控制制度。内部控制是防范道德风险的重要手段之一。企业要建立一套完整的内部控制制度，包括财务管理、采购管理、销售管理、资产管理等各个方面。这些制度要严格执行，任何人都不得违反。二是加强对管理人员的教育和管理。管理人员是企业创新活动的直接负责人，他们的道德素质和行为规范对创新成果的影响很大。因此，需要加强对管理人员的教育，提高他们的道德素质和责任心，让他们充分认识到现代创新管理的重要性以及道德风险的危害性。同时，需要制定相关制度和管理办法，对管理人员的行为进行约束和规范，让他们在遵守制度和规范的前提下进行创新活动。三是要加强对创新过程的监管。在创新过程中，任何一个环节出现问题都可能导致创新失败。因此，需要加强对创新过程的监管，确保创新过程中不存在不道德的言行。同时，建立一套完善的监管人员评价和淘汰制度，加强对监管人员的信誉管理。四是要加强对创新结果的监管。在创新完成后，需要对创新产品进行严格的测试和认证，确保它们符合市场需求和质量标准。五是保护好知识产权。加强对创新专利、版权等知识产权的保护，避免他人侵权和不正当竞争，只有这样，才能够保证创新结果的公正性和可靠性，避免出现道德风险。

三　小结

总之，受《道德经》第三十八章启示，在现代创新管理全过程中，"德"都需要被强调、被重视、被注重。现代创新管理者既要强调员工的道德素质，又要强调组织的道德素质，还要注重防范道德风险。只有这样，才能保持并提升信誉和品牌价值，赢得国家和客户的信任，从而促进组织的持续创新发展。

第三十九章 《道德经》第三十九章对现代创新管理的启示

一 《道德经》第三十九章原文及其翻译

《道德经》第三十九章的原文是："昔之得一者：天得一以清，地得一以宁，神得一以灵，谷得一以盈，万物得一以生，侯王得一以为天下贞。其致之，天无以清，将恐裂；地无以宁，将恐发；神无以灵，将恐歇；谷无以盈，将恐竭；万物无以生，将恐灭；侯王无以贵高，将恐蹶。故贵以贱为本，高以下为基。是以侯王自谓孤、寡、不谷。此非以贱为本邪？非乎？故至数舆无舆。不欲琭琭如玉，珞珞如石。"① 其中蕴含的古老哲理，用现代文翻译如下。回顾往昔的"得一"者：天"得一"后变得清明，地"得一"后变得宁静，神"得一"后更有灵性，河谷"得一"后变得充盈，万物"得一"后快速生长，侯王"得一"后成为天下的首领。进而言之，如果天不得清明的话，恐怕要崩裂；如果地不得安宁的话，恐怕要崩溃；如果神不能保持灵性的话，恐怕要灭绝；如果河谷不能保持充盈的话，恐怕要干涸；如果万物不能保持生长的话，恐怕要灭亡；如果侯王不能保持天下首领地位的话，恐怕要倾覆。所以，贵以贱为根本，高以下为基础。因此，侯王自称"孤""寡""不谷"，这不就是以贱为根本吗？难道不是吗？所以，最高的荣誉无须赞美称誉，也不要求晶莹得像宝玉一

---

① 张景、张松辉译注《道德经》，第164页。

样，只需要像山石一样坚硬就好。那么这些古老的哲理与现代创新管理有什么关系呢？

二　对现代创新管理的启示

《道德经》强调"得一"的重要性。如果能"得一"，天会变得清明、地会变得宁静、神会变得更加有灵性、山谷会变得充盈、万物得以生长、侯王可以成为天下首领。相反，如果不能"得一"，天将恐裂、地将恐发、神将恐歇、谷将恐竭、万物将恐灭、侯王将恐蹶。

那么，什么是"得一"呢？在古代，"得一"通常被用来描述一种状态，这种状态是指一个人能够完全地专注在一个事物上，以至于忘掉一切外界的干扰，达到一种高度的自我专注和忘我的境界。这种境界，是一种非常高深的修炼和追求。"得一"者，能够通过回归最基本的原点，找到、领悟和掌握事物的真相，从而解决问题，实现自我的提升。

在现代社会，"得一"已经不仅是一种修炼和追求，更是一种非常实用的管理理念和方法。在现代企业中，"得一"可以用来描述一种管理状态，这种状态是指企业能够完全地专注在一个核心业务上，以至于忘掉一切外界的干扰，拥有一种高度的自我专注力和高效的执行力。这种状态，可以让企业在激烈的市场竞争中获得更多的优势和竞争力。

也就是说，"得一"是指达到某种最高境界的"得道"状态。"得一"精神对于现代创新管理有重要意义。在现代创新管理的过程中，需要打破旧的平衡，创造性构建新的平衡，通常有很多的困难和阻碍，需要有非常大的智慧和勇气。因此，要实现创新，就需要忘掉一切外界干扰，高度专注以至于能打破束缚，获得超越自我的"得一"精神。可以说，"得一"精神是现代创新管理的重要精神内核，也是现代创新管理者追求卓越、不断超越、创造辉煌业绩的源泉。"得一"之道，是现代创新管理中解决问题和实现自我提升的重要方法。

那么，现代创新管理如何做到"得一"呢？现代创新管理中的"得一"，就是在广泛收集信息和充分调研的基础上，选出最具有优势的创新方向，付出最大的努力，集中资源进行突破，并加强对创新项目的管理和跟踪。

第一，回归最基本的原点，选出最有优势的创新方向。在现代创新管理中，回归最基本的原点，就是要找到产品的用户需求以及产品背后的商业逻辑。创新方向的选择和创新目标的确定，需要充分考虑市场需求和行业趋势，还需要符合企业战略和使命。管理者可以通过市场调研、消费者访谈、行业分析等途径获取信息，并根据信息对市场进行预测和定位，通常需要对创新方向和创新目标进行详细的定义和描述。有时，会出现多个创新点，但是只有少数几个创新点能够真正转化为市场成果，要认真甄别，必要时也可以追求"多点突破"，打破传统的"一元化"思维模式，挖掘自身的创新潜力。

第二，创新过程中的"得一"需要付出最大的努力。明确了创新方向、确定了创新目标之后，就需要根据创新方向和创新目标制订计划、制定具体的方案措施并付诸实施。在这个复杂而艰难的过程中，需要现代创新管理者具备强大的意志力和耐力，有的放矢，持续投入时间和精力，高度专注于既定的创新方向，甚至进入忘我的境界，密切关注市场反馈和竞争对手的动态，不断尝试，及时调整创新策略，平衡各种因素，努力实现创新目标。在这个过程中，要注重价值创造。要知道，创新的本质是价值的创造。没有价值创造的创新，不是真正的创新。

第三，加强对创新项目的管理和跟踪。现代创新管理者需要具备清晰的思路，设定明确的考核机制，定期评估项目的进展，并及时调整计划，优化项目，减小或消除实际执行情况与计划的偏差，并加强对创新团队的跟踪管理和指导，及时发现问题（不忽视细节上的问题）并加以解决，以确保创新项目能够朝着正确的方向发展。

三　小结

总之，《道德经》提出的"得一"对现代创新管理有重要启示意义。

现代创新管理也应该进入"得一"状态，否则，很难取得成功。要做到"得一"，现代创新管理者要做到以下几点：一是回归最基本的原点，选出最有优势的创新方向；二是高度专注既定的创新方向，付出最大的努力；三是加强对创新项目的管理和跟踪。

第四十章 《道德经》第四十章对现代创新管理的启示

一 《道德经》第四十章原文及其翻译

《道德经》第四十章的原文是："反者，道之动。弱者，道之用。天下万物生于有，有生于无。"[1] 其中蕴含的古老哲理，用现代文翻译如下。在这个世界上，一切都在运动中。根据"道"的规律，万物可以向相反的方向运动，弱者也可以因为循"道"而成为强者。天下万物在"有"与"无"之间转化，生于有形的天下万物，可以转化为不可见的无形。那些可被看见的有形其实也是那些不可见的无形转化而来的。那么这些古老的哲理与现代创新管理有什么关系呢？

二 对现代创新管理的启示

（一）反者，道之动

自然界的一切事物，都是相互联系、相互影响的。万物，在很多时候可能向相反的方向发展。好的可以变成差的，差的也可以变成好的；炎热的夏天可以发展为寒冷的冬天，寒冷的冬天也可以发展成炎热的夏天。

看似矛盾的双方，其实是可以相互转化的。创新也是不断地变化和发展的。例如，创新效率低下，可以通过引进敏捷开发等技术，最终实现较

---

[1] 张景、张松辉译注《道德经》，第170页。

高的创新效率；创新质量低，可以通过精细化管理，实现高质量创新；创新成本高，可以通过科学的成本控制措施，实现低成本创新；创新阻碍大，可以通过明确阻碍源、寻找阻碍原因、针对阻碍采取措施等一系列操作，最终排除阻碍；不被看好的、难以实现的创新项目，最终完全可以让人刮目相看；很复杂的创新系统，经过系统的科学分析和优化，最终可以化繁为简；失败的创新可以成为下一次成功创新的基础。当然，如果违背了"道"，高效率也会转变为低效率、高质量也会转变为低质量、低成本也会转变为高成本、小阻碍也会转变为大阻碍、理想创新项目也会失败。这就是说，在现代创新管理过程中，现代创新管理者既要临危不惧，又要居安思危。

明白了万物变化的"反"规律之后，现代创新管理者也可以从相反的事物中，发现它的规律和变化。如果我们能够从相反的事物中，发现事物的规律和变化，就能够更加全面地理解和把握事物的本质和规律。这也是现代创新管理的重要一环。

（二）弱者，道之用

此处的"弱者"，指不张扬、不争强好胜、不锋芒毕露的人。《道德经》认为，不张扬、不争强好胜、不锋芒毕露的人更容易取得成功，因为他们更符合"道"的要求。在组织现代创新管理中，"弱者"可以指那些不具备竞争优势，或者在市场中缺乏活力的组织。这类创新组织需要自信起来，它们完全可以发挥"道之用"——因为循"道"而成为强者。根据《道德经》，强势与弱势是可以相互转换的，强势不是永久的，弱势也不是永久的。弱势的创新组织也可以通过寻求新的创新机会反败为胜。例如，目前，不少传统企业在创新中缺乏活力，竞争优势不足，但是，如果这些企业"醒"来，则完全可以通过一系列改革，挖掘消费者的需求，创造出受当前消费者喜爱的产品和服务，并采取一些营销策略，将新产品、新服务推向市场，一样可以脱颖而出，战胜其竞争对手。"弱者，道之用"也启示现代创新管理者，在适当的时候，要保持低调，而在适当的时候，要展现自己的力量。

（三）天下万物生于有，有生于无

这里的"有"，指有形的、看得见的物质；这里的"无"，指无形的、看不见的物质，可以认为是精神。"有"与"无"之间的关系，可以看作物质和精神之间的关系。"有生于无"，同样，"无也生于有"。物质和精神是紧密联系、相互作用的。精神从物质中产出，物质也从精神中产出。物质与精神是相互依存的，如果只有物质而没有精神，那么世界无法取得真正的进步；如果只有精神而没有物质，那么失去了物质基础的精神是无法表现出来并发挥作用的。物质和精神始终都在运动中。如果物质处于静止状态，就无法产生新的物质；如果精神处于静止状态，就无法产生新的精神。物质与精神，总是在不停运动中互相成就、互相转化，并使新的物质、新的精神诞生。

"天下万物生于有，有生于无"启示现代创新管理者，在现代创新管理过程中，既不能完全依赖物质而忽略精神，也不能完全依赖精神而忽略物质。现代创新管理中的物质，指企业经营活动中的有形资产，如土地、厂房、机器设备等。现代创新管理中的精神，指创新组织的文化、理念、价值观等无形资产。根据分析，我们可知，现代创新管理中的物质，同样也是创新组织的文化、理念、价值观等无形资产的基础。如果没有物质，精神也无法存在，而精神可以促进物质的发展。物质和精神都是现代创新管理中不可或缺的一部分。现代创新管理者要善于利用物质基础提升精神，同时也利用良好的精神环境创造新物质。例如，一个创新组织通过努力，形成了良好的创新型组织文化和管理理念，激发了组织中创新者的创新热情和创造活力，同时，组织通过科学管理提高了生产效率，降低了创新成本，提升了创新质量，大幅度提高了组织的物质水平，而物质水平的提升又进一步促进企业精神的再强化。如此，形成良性循环。反之，如果创新组织忽视了物质或精神的任何一方，就都可能形成恶性循环。

最后，针对现代创新管理者要"精神与物质并重"，提几个建议：一是重视组织文化、理念、价值观等无形资产的培育；二是减少物质浪费，合理利用物质资源，提高资源的利用率；三是通过文化熏陶、培训、改善工作条件等"精神与物质相结合"的手段,激发员工的创造力和想象力,激发员工的精神;四是尽可能为创新提供足够的资金与资源支持,在组织中营造积极向上的创新氛围,促进创新者多学习,并让创新者能够全身心地投入创新工作中去;五是让员工明确他们的创新成果多么有价值(包括社会价值和个人价值),使员工在创新过程中充满自豪感和荣誉感,这样的创新成果不仅是物质,对于管理者和员工而言,更是他们自身价值的体现,他们会因此充满成就感和荣誉感,他们也会因此在创新过程中感受到精神价值的提升。

三　小结

总之,世间万物的变化在不断进行中。万物,完全可能向相反的方向发展变化。好与坏、强与弱,都不是绝对的。弱者,只要能循"道",就很可能成为强者。"有"与"无"也是互相依存、互相转化的。现代创新管理者应该辩证看待组织中物质和精神之间的关系,应该明确:物质与精神是相辅相成、互相依存并可以互相转化的,只有物质与精神并重,才能形成推动企业持续、健康发展的良性循环。

第四十一章 《道德经》第四十一章对现代创新管理的启示

一 《道德经》第四十一章原文及其翻译

《道德经》第四十一章的原文是："上士闻道，勤而行之；中士闻道，若存若亡；下士闻道，大笑之，不笑，不足以为道。故建言有之：'明道若昧，进道若退，夷道若纇，上德若谷，大白若辱，广德若不足，建德若偷，质真若渝，大方无隅，大器晚成，大音希声，大象无形。'道隐无名，夫唯道，善贷且成。"① 其中蕴含的古老哲理，用现代文翻译如下。上士听了"道"的理论，勤奋努力去实行；中士听了"道"的理论，将信将疑；下士听了"道"的理论，哈哈大笑。"道"坦然面对各种嘲笑。既然成其"道"又何惧被嘲笑，若从不被嘲笑，那怎么能成就"道"呢！因此，建言如下：最光明的道路，看起来好像有阴影；让人前进的道路，当你在前进时，道路好像在后退；很平坦的道路，出现一点凸起就很明显；最崇高的品德，却像低处、开阔、善于包容的峡谷；最洁白的东西，反而更容易被污染；像大海一样宽广的品德，好像还有不足；默默做事、从不张扬地建德；质朴而纯真的品质和信誉，看起来好像混沌未开，就像天空一样，没有边界和限制，最方正的东西，反而没有棱角；巨大的器物往往需要长时间才能够铸就；洪亮的声音，反而听起来无声无息；如天空一般最大的形象，反而看起来没有形状。"道"是最伟大的，却幽隐着，无名无声。

---

① 张景、张松辉译注《道德经》，第 173 页。

是啊，只有"道"，才能使万物善始善终。那么，这些古老的哲理与现代创新管理有什么关系呢？

二 对现代创新管理的启示

（一）上士闻道，勤而行之；中士闻道，若存若亡；下士闻道，大笑之

《道德经》将闻"道"之人分为上士、中士和下士三大类，并分别描述了三类闻"道"之士在闻"道"后的态度和表现。合格的现代创新管理者都应该是"上士"，在闻"道"后应该"勤而行之"。在创新工作中，他们有强烈的创新意识和实践精神，不断学习和探索创新规律（即"道"），认真、勤勉地将"道"贯彻于现代创新管理各项实践中，在实践中不断提高自己的创新能力。不那么合格的现代创新管理者，如同"中士"，"若存若亡"，半信半疑，似乎接受了"道"的理论，又似乎没有接受。在创新工作中，他们不能很坚定地循"道"而行，总是有些犹豫不决，就算知道创新很重要，也缺乏行动的勇气和决心，更缺乏执着探索的精神，不敢打破成规，不敢冒险创新，不敢尝试新的技术方法。很不合格的现代创新管理者如同"下士"，闻"道"后不信而大笑，固守成规，不思进取，固执地认为"只要现在还可以勉强使用"就不需要改变和创新。如此，这些"下士"就无法避免被现代市场淘汰的命运。

（二）不笑，不足以为道

所有的创新想法在刚被提出时，都看似"根本不可能实现"的"荒唐"。例如："人会在天上飞"这个创新想法在刚被提出时，也是备受质疑和嘲笑，绝大多数听闻这个创新想法的人都不相信，许多人嘲笑："人怎么可能在天上飞呢?!"但事实证明，经过创新者的不懈努力，飞机、火箭等问世了，人确实可以在天上飞了！所以，循"道"的现代创新管理者并不惧怕被嘲笑。他们能够坦然面对各种嘲笑，因为他们有自信、有意志力、有恒心、有智慧、有推理能力和强大的执行力，因为他们遵循了客观的自然规律，他们相信只要坚持不懈地将有价值的创新想法付诸实践，就

一定能实现其价值。

（三）故建言有之："明道若昧，进道若退，夷道若纇，上德若谷，大白若辱，广德若不足，建德若偷，质真若渝，大方无隅，大器晚成，大音希声，大象无形。"道隐无名

这是一段高价值的建言，其中的每句话都对现代创新管理者有深刻启示。

"明道若昧，进道若退，夷道若纇"启示现代创新管理者：应该加深对创新的认识——创新的本质是光明的，但是，创新之路不可能都是光明大道。创新之路可能存在阴影，也存在障碍；创新的过程通常也难以一帆风顺，有时甚至有后退的感觉，这些都是正常的，只要坚持正确的方向持续努力，总会实现创新的目标。

"上德若谷"启示现代创新管理者：务必拥有高尚的品德和修养，虽然身居高处，却应像低处的峡谷一样谦虚而心胸开阔，能够包容万物，吸纳新知识，不断创新。

"大白若辱"启示现代创新管理者：应该有宽广的思路、开阔的视野和豁达的胸怀，就像白昼一样，明明白白，清清楚楚。只要清清楚楚，就不怕有人玷污。

"广德若不足"启示现代创新管理者：仅仅有品德和创新思维是不够的，还要有资源和能力。

"建德若偷"启示现代创新管理者：应该有让人信服的诚信力和品德，默默耕耘，做事情而不张扬。

"质真若渝"启示现代创新管理者：应该有真正的品质和信誉，就像金石一样，不变质、不渝灭。

"大方无隅"启示现代创新管理者：应该有大的气度和格局，就像天空一样，没有边界和限制。

"大器"，字面的意思是"巨大的器物"，可以引申为"伟大的人、伟大的品质、伟大的成就"。"大器晚成"用在现代创新管理中，指慢工出细活。创新不可急躁，要关注细节、认真细致。只有在全过程保证创新质

量，才能打造出高质量、高价值的创新成果。有的时候，为了保证创新成果的质量，可能会牺牲一些时间。

"大音"，指洪亮的声音。"大音希声"强调声音的价值不在于它有多响亮，而在于它是否能够引起人们的共鸣。"大音希声"用在现代创新管理中，启示现代创新管理者不要一味追求浮华的产品，一个创新产品的价值取决于它是否能够得到客户的共鸣。

"大象无形"强调一个事物或现象的真实面貌、真实形状并不是显而易见的。"大象无形"用在现代创新管理中，启示现代创新管理者：在市场和创新工作中，有些事物或现象的真实面貌、真实形状、真实存在状态是不容易被看清楚的，为了更好地理解和处理问题，抽象的思考和想象有时也是必要的。

"道隐无名"强调真正的规律或真理常常是隐匿的、不被人认识的。"道隐无名"用在现代创新管理中，启示现代创新管理者：创新是一个深入探索、深入思考的过程，很多潜在的创新机会需要深入挖掘才能被发现。

（四）夫唯道，善贷且成

只有"道"，才能让现代创新管理善始善终。可以说，如果现代创新管理离开了"道"，就如同鱼儿离开了水，其生命难以为继；只有将"道"融入创新与现代创新管理之中，才能让现代创新管理焕发蓬勃的生机和无限的活力，实现善始善终。其一，"道"是创新与现代创新管理的基础。"道法自然"，组织在进行创新活动与现代创新管理之前，需要对"道"进行深入的研究和分析，学习创新与现代创新管理需要遵循的自然规律、市场规律、人性规律。如果违背了这些规律，就谈不上成功的创新与现代创新管理。其二，"道"是创新与现代创新管理的灵魂。"道"既是创新全过程中都应该遵循的规律，也是一种精神追求，是创新者内心的坚守。"道"指引创新者诚实善良、不骄不躁、持之以恒、辩证有智、敢于突破、自然平衡、敬畏市场、内外兼修，为创新活动全过程提供品德、思想和方法上的支持。若失去"道"，创新与现代创新管理就失去了灵魂。其三，"道"是创新与现代创新管理的保障。创新与现代创新管理，既需要技术上的突破，也需要思维理念和智慧的保障。"道"既是规律和精神追求，也是思维理念和智慧。只有基于"道"，组织才能正确把握客户需求和市场趋势；才能找到正确的创新方向；才能保障正确的创新管理决策，避免决策错误、南辕北辙；才能使组织的创新发展之路稳健而持久。

三 小结

总之，受《道德经》第四十一章启示，合格的现代创新管理者应该是"上士"，重视"道"，认真学习"道"，并在实际工作中遵循"道"；循"道"的现代创新管理者不惧怕被嘲笑，越是被人嘲笑，越是勇往直前；创新之路多崎岖，现代创新管理者要有思想准备，坚守正确的方向；现代创新管理者要重视自身的品德修养，具备坦荡而豁达的心胸、大气度、大格局，真诚而讲信用，低调而勤勉地做事；慢工出细活，大器不妨晚成；不要盲目追求浮华不实的产品或服务；学会抽象思考；懂得挖掘潜在的创新机会；现代创新管理离不开"道"。

第四十二章 《道德经》第四十二章对现代创新管理的启示

一 《道德经》第四十二章原文及其翻译

《道德经》第四十二章的原文是："道生一，一生二，二生三，三生万物。万物负阴而抱阳，冲气以为和。人之所恶，唯孤、寡、不谷，而王公以为称。故物，或损之而益，或益之而损。人之所教，我亦教之：'强梁者不得其死。'吾将以为教父。"① 其中蕴含的古老哲理，用现代文翻译如下。"道"是永恒的，是根源。"一"是由"道"产生的，"一"再分为"二"，"二"又分成了"三"，如此不断地分裂，数量越来越多。这样的分裂，就是万物的繁衍发展过程。万物都有阴和阳两个方面（如太极图），阴与阳相互依存、相互影响，最终共同构成和谐的整体。"孤""寡""不谷"被一般人厌恶，但王公用这些表示"没有朋友"的字眼来自称，因为他们可以获得更多荣誉和尊重。所以，事物只有在损耗和失去一些东西之后，才能得到更多的东西；总是在得到一些东西之后，却损失了更多东西。这些是别人教给我的道理，我也这样教别人，强暴的人死无其所。我要做他们的师父，教导他们如何做人。那么，这些古老的哲理与现代创新管理有什么关系呢？

---

① 张景、张松辉译注《道德经》，第 178 页。

二 对现代创新管理的启示

（一）道生一，一生二，二生三，三生万物

这句话描述了万物是如何从初始状态逐步生长起来的。创新也是从无到有、从简单到复杂逐步实现的。根据《道德经》的观点，这里的"生"本身就有创新的意思。"生"并不是简单的"增加"，它是一个边分化演变边不断创造的过程。"道生一，一生二，二生三，三生万物"强调在探索过程中不断创造新的事物，而不是简单的重复和延续。这句话启示现代创新管理者：创新需要了解创新对象的本源或初始状态，从本源或初始状态出发探索创新对象"从一生二、从二生三、从三到未来"的发展规律和发展趋势；创新需要一个完整的创新体系，只有统筹兼顾创新思维、创新机制、创新文化等多个方面，使之互相配合，才能最终"生"出创新成果。

（二）万物负阴而抱阳，冲气以为和

这句话强调万物都有阴与阳两个方面的属性，阴和阳虽然对立，但是能形成和谐的整体。这种和谐关系是自然界和人类社会存在和发展的基础。在现代创新管理中，也要面对一些对立的方面，这些对立的方面犹如"阴"与"阳"，最终是可以形成和谐整体的。

（三）人之所恶，唯孤、寡、不谷，而王公以为称。故物，或损之而益，或益之而损

这句话指出"所恶"之物可以为"王公"所用，"损之"可以转化为"益之"，"益之"可以转化为"损之"。比如，如果学校只注重成绩，那么学生成绩好了，相应的，学生的创新能力就弱了；如果学校只重视让学生自由创新，学生的创新能力强了，相应的，很多学生疏于学习，学习成绩就不好了。这样的辩证关系，对现代创新管理也很有借鉴意义。"故物，或损之而益，或益之而损"也强调了创新过程中"益"与"损"互相转化的风险和不确定性，需要现代创新管理者高度重视。创新有风险，如果创新失败或出现亏损，现代创新管理者不要过于悲伤，而要以平常心对

之，同时，理性地充分应用"道"之智慧化"损"为"益"。

（四）人之所教，我亦教之

这句话强调影响、教导的重要性和传承性。一个人受到别人影响，也会影响别人；一个人受到别人教导，也会教导别人。创新过程中的学习和传承也是如此。在创新的全过程中，很需要不断学习新知识、新技术，动态借鉴其他企业的经验和教训，边实践边持续提升自己的创新能力和水平。"人之所教，我亦教之"启示现代创新管理者：不能仅重视自身的学习，还要重视将自己所学传播出去，教给其他人；一个创新团队的成员是互相影响的，现代创新管理者要注重创新型文化的构建，在这样的文化氛围下，员工都更加好学，即使刚进入该团队的新员工也能很快受到正面影响。

（五）强梁者不得其死

这句话强调：那些强横不讲理的人是不会受到命运眷顾的，都应该受到惩罚。《道德经》用这句话施教，希望引以为鉴。这句话对现代创新管理者而言，同样应该引以为鉴，切不可强横不讲理。作为现代创新管理者，有时难免需要面对矛盾和冲突，这时你需要注意自己的言辞和沟通技巧，控制好自己的情绪，既坚持自己的原则和立场，又尽量以柔和的方式化干戈为玉帛。否则，强横不讲理的工作态度，不但不能解决问题，还会激化矛盾。

三　小结

总之，"道"生万物，具有强大的创造力。"道"生万物的过程与创新的过程相似，都是一个从无到有、从简单到复杂、循序渐进的过程。"三生万物"，创新需要多方面的配合和整合。万物都有阴与阳两个方面的属性，看似对立的"阴"和"阳"却形成了和谐的整体。在创新过程中，看似对立的两个方面也可以成为和谐的整体。大多数人"所恶"之物，可以为王公所用；"损之"和"益之"可以互相转化。这样的辩证关系对现代创新管理也很有借鉴意义。我们每个人都会受到别人影响，同时也会影响别人。别人教导我们的道理，我们也会用来教导别人。在现代的创新团队中，这样的影响和传承是普遍现象，智慧的现代创新管理者要善于利用这样的现象构建良好的创新文化。现代创新管理者要做一个什么样的人？《道德经》第四十二章中的"强梁者不得其死"给予了明确的启示。

第四十三章 《道德经》第四十三章对现代创新管理的启示

一 《道德经》第四十三章原文及其翻译

《道德经》第四十三章的原文是："天下之至柔，驰骋天下之至坚，无有入无间。吾是以知无为之有益。不言之教，无为之益，天下希及之。"[①]其中蕴含的古老哲理，用现代文翻译如下。能够在天下最坚硬的东西中驰骋，这是多么强大的力量啊！但是，这股力量不是来自天下最刚强的东西，而是来自宇宙间最柔和的能量。这股柔和的、无形的力量可以穿透没有任何间隙的东西。因此，我深刻认识到了"无为"的益处。"无为"对人的教导是"不言"的，让人在不知不觉中成长了。"无为"的益处，普天之下极少有什么能赶上它的了。那么，这些古老的哲理与现代创新管理有什么关系呢？

二 对现代创新管理的启示

首先，《道德经》强调"道"的"无为"力量。"无为"，并非什么都不做，而是要根据实际情况，选择恰当的方法和策略去做事。也就是说，"无为"即"无不当之为"。所谓"不当之为"，是指不顾及客观条件限制的盲目行动、不顾及他人利益的妄自行动、违背伦理道德或法律法规的错

---

① 张景、张松辉译注《道德经》，第 183 页。

误行动、存在非分之想的侵权行动、不合时宜的异常行动、过度的追求行动等。"无为"这股力量虽是宇宙中最柔和的力量，但具有无坚不摧的巨大能量。该章对"无为"益处的分析，让我们深刻体会到"以柔克刚"的益处，对现代创新管理有颇多启示。

现代创新管理亦需要"以柔克刚"。"以柔克刚"强调通过柔和的手段来战胜强大的敌人。现代创新管理中"强大的敌人"很多，除了竞争对手和市场的挑战，还有很多如铜墙铁壁般坚硬难攻的困难和阻碍。要战胜这些困难和阻碍，硬碰硬是不行的。现代创新管理者应该懂得"以柔克刚"。第一，建立创新文化，推进团队合作。创新文化是弥漫于整个创新组织的、无形的、能对每个成员造成影响的创新氛围。创新文化看不见、摸不着，却以最柔和的方式影响、熏陶着每一个成员。良好的创新型文化可以发挥潜移默化的正向作用，使每个成员都更有创新活力和创新发展力。企业可以通过多种方式来建立创新文化，其中，推进团队合作是一种很有效的、必不可少的方式。创新团队可以通过创新比赛、创新知识培训学习、分工协作等方式提高团队的凝聚力、创新力。创新团队中的每个人都有自己的专业和优势，现代创新管理者要懂得如何挖掘每个员工的创新潜力，促进他们互相学习、彼此取长补短。第二，创新方式多元化。创新方式不要过于单一化，这样难以满足多元化的市场和客户需求，不利于战胜竞争对手。创新方式应该多元化，整合产品创新、技术创新、服务创新的优势。事实上，创新方式多元化，除了有利于满足市场和客户需求外，还有利于创新风险管理。管理中务必记住别将所有的鸡蛋都放在一个篮子里，以避免这个篮子摔了，所有的鸡蛋都摔碎了。第三，提供足够的资源和支持。现代创新管理者要懂得群策群力，鼓励员工说出自己的创新想法和解决方案，尊重员工的创新想法和解决方案，对员工所提出的可操作、可采纳的创新想法和解决方案，应该给予一定的物质奖励和精神奖励，并提供足够的资源和支持使之逐步实现。这些资源和支持，包括人、财、信息、时间。有了足够的资源和支持，员工能感觉到自己被充分重视，他们的创造力也能被充分发挥。这样，员工会对组织更加满意，对组织有强烈的归属感。

其次，《道德经》还强调"不言之教"。"不言之教"启示现代创新管理者要学会通过组织文化、道德观念、价值观、目标导向、成就感导向、晋级导向等无形的力量来引导员工的思想和行为。例如，现代创新管理者让每个员工明确当前创新项目的最终目标和价值，并将总目标分解成每个员工的分目标，并使每个员工都明确自己的个人分目标。这样一来，让人感受到"被动"和"压迫感"的创新任务，就转化成了让人感受到"主动"和"积极性"的创新目标。

这些明确的分目标，让原先被创新任务"压迫"得很无力、缺乏积极性的员工，真切地感受到一种由内而外的创新动力。能否实现这些分目标，就是组织对每个员工的考核。为了实现他们自己的个人分目标，员工愿意"八仙过海，各显神通"，主动将自己的潜能发挥出来。当然，如果每个员工的个人分目标都实现了，组织的总目标也就实现了。这种让员工化被动为主动的"不言之教"，在实践中有很多成功的案例，被称为"目标管理"。

现代创新管理者，除了要掌握如"目标管理"这样的科学管理理论方法，将其应用于现代创新管理实践中，以实现"不言之教"之外，还要注重以身作则。现代创新管理者的言与行，所有员工都看在眼里。只有值得被尊重、被信任的管理者，才能赢得员工的尊重、信任和追随。只有值得被尊重、信任、追随的管理者，才能实现正能量的"不言之教"。

最后，"无为之益，天下希及之"。这句话强调，"无为的益处，天下少见啊"。这句话应用于现代创新管理中，进一步强调要在现代创新管理中应用"无为"的管理方法。"无为"的管理方法，并不是放任不管的管理方法，而是要避免在现代创新管理中过度的创新束缚影响员工的创造力。

创新活动的脚步是不可以被束缚的。现代创新管理者的"作"与"为"应该保持在一定的范围之内，即保持"适度"。只有适度的现代创新管理者的"作"与"为"，才能有效推动组织的创新进程。否则，超过限度的现代创新管理者的"作"与"为"，会使组织无法保持一个相对自由的创新环境，进而使组织失去创新活力和创新能力。因为，相对自由的创新环境是激发创造力与创新潜力的不容忽视的必要条件。

因此，现代创新管理者务必注重适度作为。以激励员工为例，激励是现代创新管理的重要组成部分。那么，是不是只要有激励就是有利的呢？答案是否定的。过度的、不合适的激励手段，并不能起到正向的作用，很多时候还产生了负面的作用。例如，某现代创新管理者为了激励员工创新，每个月都固定给员工发500元奖金作为激励，日久，员工习惯了每个月都有500元奖金，认为这是理所当然的，工作积极性并没有提升，如果哪个月不再发这500元奖金，员工反而会很生气，认为管理者少发了500元。这种现象并不少见。究其原因，是这位管理者不循"道"，没有正确应用激励理论，将本是激励因素的奖金变成了"保健因素"，引起了员工不满意的情绪，起到了负面的激励效果。

三 小结

总之，该章强调"无为"。"无为"这种管理理念与创新的要求并不是矛盾的，而是相契合的。"无为"代表拒绝盲目的过度追求，不妄为、不妄动，而创新的实质是创造出新的价值。只有在尊重规律和价值的基础上，在相对自由的环境中，在相对轻松的状态下，创造力才能更好发挥，创新潜力才能更多被挖掘，才能实现真正的创新。"无为"的管理方式，若是循"道"，遵循科学理论和规律，就是一种非常难得的智慧管理方式，这种管理方式可望获得事半功倍的管理效果。

第四十四章　《道德经》第四十四章对现代创新管理的启示

一　《道德经》第四十四章原文及其翻译

　　《道德经》第四十四章的原文是："名与身孰亲？身与货孰多？得与亡孰病？是故甚爱必大费，多藏必厚亡。知足不辱，知止不殆，可以长久。"① 其中蕴含的古老哲理，用现代文翻译如下。一个人的名声和身体健康相比，哪个更重要？一个人的身体健康和财富相比，哪个更贵重？获得和死亡相比，哪个更有害？如果一个人过分爱名利，就一定需要付出大代价；太多的财富，必定会招致灾祸和毁灭。所以，懂得满足而不妄求，才不会受到屈辱；懂得适可而止而不妄为，才不会遇到危险。只有这样，才可以长长久久啊。那么，这些古老的哲理与现代创新管理有什么关系呢？

二　对现代创新管理的启示

　　第一，在现代社会，包括现代创新管理者在内的很多管理者，为了名声和财富，不惜牺牲了身体健康。"名与身孰亲？身与货孰多？得与亡孰病？"将名声、身体健康、财富、获得、死亡进行对比，提醒世人什么才是最重要、最珍贵的，警示这些管理者：身体是工作、生活、学习的本钱，也是获取财富的基础。如果为了名声、财富，失去了身体健康，甚至

---

　　①　张景、张松辉译注《道德经》，第 185 页。

失去了生命，那是多么不值得，多么令人痛心啊。也就是说，现代创新管理者应该珍惜眼前的一切，不要过于贪婪，以免得不偿失。这句话不仅对现代创新管理者有很现实的启示意义，对所有人都有很现实的启示意义。名与利都是身外之物，人们应该更重视、更爱惜身体健康，切不可"用健康买名利"；如果你透支自己的身体和生命，而不断追逐名利和欲望，到最后你会发现其实并没有得到多少真正的快乐和幸福；真正的财富和快乐，其实是来自内心的满足和幸福，所以，为了能够过得更富足、更充实、更有价值，建议你多花时间和精力在学习和自我提升上，而不要过分追求名和利。

第二，"是故甚爱必大费，多藏必厚亡"。这句话强调：如果一个人过分热爱财富，就必定会因此付出大的代价；过多的财富，并不能给人带来安乐，反而会给人带来灾祸和毁灭。"是故甚爱必大费，多藏必厚亡"启示现代创新管理者：谨记过犹不及。虽然创新组织大多数是营利性的、理性的组织，追求财富是组织生存和发展所必需的，但是，如果过分追求财富、妄求财富，最终只会让自己付出大的代价，甚至陷于灾祸和毁灭。即使没有灾祸和毁灭，过多的财富也不能带来真正的幸福和满足，只会让你失去内心的平静和安宁。现代创新管理者不要被名利和物质所困扰，追求财富要适可而止，珍惜内心的平静和满足，不要让过多的欲望主宰了你的生命、让过多的财富成为你的负担，只有学会如何管理财富、如何支配财富，才能让自己的人生更加美好和幸福。

"是故甚爱必大费，多藏必厚亡"与"得与亡孰病？"结合起来，进一步启发现代创新管理者辩证思考"得到"和"失去"的关系。"得到"是现代创新管理者所求的，但是，过多的"得到"是好事吗？例如，在创新中，获取新知识、新技术是一个"得到"的过程。这个过程是现代创新管理者所提倡的。但是，如果组织将所有的时间和精力都用来获取新知识和新技术，那么，组织就没有时间和精力将知识和技术加工、创造成创新成果了。这样就本末倒置了。组织更需要关注的是如何将新知识、新技术转化为新产品和新服务，而不是如何获得更多的新知识和新技术。

第三，"知足不辱，知止不殆，可以长久"。这句话强调知足和知止。知足和知止是一种美德，也是一种智慧，启示人们要珍惜已经拥有的一切，不要过度追求财富和成功。"知足不辱，知止不殆，可以长久"启示现代创新管理者：如果想在复杂多变的市场竞争中获得长久的一席之地，就要知足和知止；只有知足和知止，才能避免在追求财富和成功的路上迷失自己，造成受辱和灭亡的结局。

知足和知止，要求现代创新管理者始终保持清醒和冷静，始终保持内心的平静和安宁。知足和知止有利于现代创新管理者的身与心。首先，知足和知止有利于现代创新管理者的身体健康，促使其快乐。在现代创新管理过程中，现代创新管理者时常有机会获得更多。如果他们总是想着得到更多，往往就会陷入无尽的追求之中。追求停不下来，直接受损害的是现代创新管理者的身体健康，甚至危及生命和安全。管理者只有懂得知足和知止，才会懂得平衡自己的欲望和需求，更珍惜眼前的一切，才会以平静和安宁的心态体会生活的快乐，笑看人生得失。其次，知足和知止可以使现代创新管理者更欣赏自己的成功、更自信。如果我们对现状不满足，就很难欣赏自己已经取得的成功，自信心也会受挫。相反，如果我们能够懂得适可而止，懂得满足，我们就会学会欣赏自己已经取得的成功，从而更有自信地面对未来的困难和挑战。最后，循"道"的知足和知止，并不会让现代创新管理者自我封闭并与外界隔绝。相反，知足和知止可以让现代创新管理者有更平易近人、更亲切随和的心态。这样的现代创新管理者，更懂得欣赏、包容，尊重不同立场、不同观点、不同文化和不同观念，从而更能从全局思考和分析，获得更多灵感和更强大的创造力。

三　小结

总之，《道德经》第四十四章提出了一个很现实的问题：身体、生命和财富、名声到底孰轻孰重？答案当然是身体健康更重要。千万不要让自己的生命被各种物质欲望所绑架。接着，该章又强调，如果一个人过分贪爱名利,则会付出巨大的代价;过多的财物也会导致灾祸和毁灭。最后,该章清楚地指示:如果想长长久久地平安喜乐,就要懂得知足和知止。该章内容环环紧扣,给现代创新管理者以清晰的启示,那就是一定不要过分贪爱名利,要懂得知足和知止,否则,很可能会付出很大的代价,甚至是灾祸和毁灭。现代创新管理者,就算获得很大的财富和荣誉,也务必保持清醒和冷静,珍惜眼前已经获得的成功,不要因过分追求而妄为,结果反而丧失了已经获得的成果,得不偿失。凡事过犹不及,现代创新管理者要懂得平衡欲望和需求,学会知足和知止,正确选择和放弃,适时把握创新时机。

第四十五章 《道德经》第四十五章对现代创新管理的启示

一 《道德经》第四十五章原文及其翻译

《道德经》第四十五章的原文是："大成若缺，其用不敝。大盈若冲，其用不穷。大直若屈，大巧若拙，大辩若讷。躁胜寒，静胜热，清静为天下正。"① 其中蕴含的古老哲理，用现代文翻译如下。那些处于完美状态的事物，好似有缺憾和不足一样，但并不会影响其作用。那些处于充盈而满溢状态的事物，像是不断流出了什么，但是它们充满了无穷无尽的活力。那些最正直、最公正、最清明的事物，时似有些弯曲。那些最灵巧、最智慧、最明智的事物，时似有些笨拙。那些最雄辩、最善言的人才，时似有些木讷。运动能够打败寒冷，安静能够克服暑热，统管天下需要清静之心。那么，这些古老的哲理与现代创新管理有什么关系呢？

二 对现代创新管理的启示

（一）大成若缺，其用不敝

"大成"，指一种完美的状态。"大成"用于组织创新中，可以指组织创新的目标和愿景。组织创新的目标和愿景应该是符合实际情况的，如果

---

① 张景、张松辉译注《道德经》，第 191 页。

组织创新的目标和愿景过于理想化，不符合实际情况，那么是无法实现的。当然，组织创新的目标和愿景也不能太低，这样让员工轻易就可以实现的创新目标和愿景是没有激励力的，无法激发员工的创新潜能，造成巨大的智力资源浪费。因此，组织创新的目标和愿景要保持恰当的高度，同时还要根据客观市场、企业使命、客户需求持续改进。"缺"是一种缺憾的、不完美的、不充分的状态。"大成"中有"缺"并不一定是坏事。因为，"大成"中的"缺"，更能够激发人好了还要更好、持续完善、进一步改良的积极性和内在动力。"大成若缺"的状态，是一种离完美越来越近的状态。客观环境变化，世人所评价的"完美"也动态变化，真正的"大成"应该明确"完美"的动态性，并且也动态地跟随"完美"而持续变化。真正的"大成"不是静止的"完美"，而是持续追随"完美"的、离完美越来越近的状态。这个状态很有利于激发人的创新热情和积极性。优秀的现代创新管理者，应该努力追求这种"大成"状态，离完美越来越近，在市场中始终立于不败之地。

（二）大盈若冲，其用不穷

"盈"是一种充盈、满溢的状态，用在组织创新中，则可以指组织创新的活力和执行力。组织创新的活力和执行力，需要一种状态。这种状态不是"满"，而是"盈"。"满"的状态缺乏活力和再生力，但"盈"的状态则富有活力和再生力。"不穷"是无穷无尽的状态。组织创新处于一个不断变化的市场大环境中，要想达到"无穷无尽"的"不穷"状态，只有"盈"，以充满活力之态不断追求进步，在复杂多变的市场中保持优势，获得持续的发展。

（三）大直若屈

"直"是一种正直、公正、清明的状态，应用于组织创新管理中，则可以理解为组织创新管理的原则和价值观。组织创新需要有正直、公正、清明的原则和价值观。但是，组织的创新原则和价值观也不要过于呆板，这样显得刻板，缺乏变通和客观适应性。客观情况总是在变化，组织需要与时俱进、随机应变。在"直"的状态中加入一点"曲"元素，有利于组织提升创新能力，也有利于组织适应当前复杂的环境。

（四）大巧若拙，大辩若讷

"巧"是一种智慧、灵巧、明智的状态，"拙"是一种笨拙的状态。将"大巧若拙"用于组织创新中，启示现代创新管理者不要自作聪明、太高调、骄傲和自负，要懂得"若拙"，只有谦虚谨慎、脚踏实地、勤勉耕耘，才能最终收获胜利之果。同理，即使你是一个善言而雄辩的人才，你也会有木讷、说不出话的时候。所以，遵守谦虚、低调的做人准则很重要。只有"谦"，才能受益，才能保持持续的成功。

（五）静胜热

"静"是一种稳定、安静、宁静、清净、冷静、专注的状态。"热"原是"暑热"之意，可引申为"燥热""不冷静"。在组织管理中，"静胜热"启示组织创新管理者要冷静处事，切不可急躁。即使遇到了重大变故，也不能不冷静。急躁的处事方式于事无补。创新是一个复杂的过程。在制定创新策略时，管理者应该深入了解市场需求和竞争情况，进行充分的市场调研，以确保创新方向和策略的正确性。同时，现代创新管理者也应该保持冷静客观的态度，理性分析市场趋势和竞争格局，不断优化创新策略。

（六）清静为天下正

该句是《道德经》第四十五章的总结，进一步强调了清净之心对于管理者的重要性。将"清静为天下正"应用于组织创新管理，也是强调清净之心对现代创新管理者的重要性。冷静应该是成功的现代创新管理者必备的一项基本素质，不冷静，则不成功。现代创新管理者在平时工作和生活中，要注重修炼静心、耐心和定力，遇事要提醒自己冷静，切不可急躁和冲动。长期坚持下去，一定能取得好的成效。

三　小结

总之，该章对现代创新管理者也有许多有益的启示。优秀的现代创新管理者始终走在追求"大成"状态的路上,离完美越来越近;追求"盈"的状态,而不是追求"满"的状态;既正直、公正、清明,又智慧、灵巧、明智;遵守谦虚、低调的做人准则;即使遇到重大变故,也要保持冷静和理智。

第四十六章 《道德经》第四十六章对现代创新管理的启示

一 《道德经》第四十六章原文及其翻译

《道德经》第四十六章的原文是："天下有道，却走马以粪；天下无道，戎马生于郊。祸莫大于不知足，咎莫大于欲得。故知足之足，常足矣。"① 其中蕴含的古老哲理，用现代文翻译如下。如果治理天下合乎"道"，就可以使天下太平安定。这样，战马就没有了"用武之地"，就可以被退还到田间给农夫耕种使用。如果治理天下不合乎"道"，那么，战马会很缺乏，甚至连怀胎的母马都必须送到战场上，马驹诞生在郊外的战场上。最大的祸害是不知道满足，最大的过失是贪图得不到的东西。所以，知足常乐的人总是富足的。那么，这些古老的哲理与现代创新管理有什么关系呢？

二 对现代创新管理的启示

该章继续强调"道"的重要性，也进一步强调"不知足"是最大的祸害，"贪得"是最大的过失，最后一句大大地表扬了知足之人。该章对现代创新管理同样具有重要而现实的启示意义。

---

① 张景、张松辉译注《道德经》，第 194 页。

（一）天下有道，却走马以粪；天下无道，戎马生于郊

这句话对比了"有道"与"无道"的后果，利用这样鲜明的对比，突出了"道"的重要作用。"道"，也是创新发展的规律和法则，在现代创新管理中起着重大的作用。其一，"道"是创新灵感的源泉，并且帮助现代创新管理者理解市场需求，定位创新方向，确立创新目标；其二，"道"帮助创新组织发现新的市场机会，突破技术难题，绕开艰难险阻并节约创新资源；其三，"道"指导现代创新管理者科学评估创新风险，使现代创新管理者可以在创新价值和创新风险评估中正确权衡，做出明智的决策；其四，创新过程艰难，需要有坚定的信念支撑，而"道"就是支撑现代创新管理者的坚定信念，循"道"的现代创新管理者可以不断超越自我、走向卓越；其五，"道"是评估创新成果并为下一次创新积累经验和教训的保障。

现代创新管理者应该是个"有道"之人。那么，现代创新管理者如何成为"有道"之人呢？要成为"有道"之人，现代创新管理者应该明确如下几条。第一，现代创新管理作为现代组织管理的重要组成部分，是一个复杂的系统工程，涉及多门学科的理论方法，包括管理学、社会学、经济学、工程学、信息学、心理学等。同时，现代创新管理还需要应用现代的信息技术手段。只有掌握并正确应用理论和方法，才能在创新中少走弯路，节约资源，提升质量和效率。第二，人是组织创新中最重要的资源。现代创新管理务必要充分调动人的积极性，努力使每一个参与者都能充分发挥创新潜力。因此，在现代创新管理中，务必要尊重人的潜力和价值，强调以人为本，通过创造良好的工作环境、提供充分的发展机会、鼓励员工参与决策和创新活动、提高员工的自我实现水平，激发员工的创新能力和创新潜力，从而提高组织的竞争力和创新能力。第三，现代创新管理者应该是懂得持续改善的人。创新中各个方面都需要持续改进和完善，包括创新思维、创新组织、创新技术、创新方法、创新文化、创新流程等。第四，创新就是不断从失败中学习的过程。现代创新管理者需要有一颗勇敢的心。创新的过程，必然是充满阻碍和波折的过程，现代创新管理者要多

学习和自我提升，要有自信心和创新勇气，迎难而上、百折不挠，不断突破自己。第五，现代创新管理者需要有广阔的视野和开放包容的心态，需要与时俱进，不断学习和借鉴其他组织的经验和方法。

（二）祸莫大于不知足，咎莫大于欲得

现代创新管理与知足常乐并不矛盾。知足常乐重于描述一种心态，它要求人们正确认识自己的能力，不追求高不可攀的目标，不贪图虚无缥缈的物质享受，以一种满足、感恩的心理状态面对生活中的一切。只有这样，才能远离烦恼和忧愁，保持快乐和幸福。而现代创新管理，强调一项先进的工作，这项工作需要顺应"不妄为""不妄动"的自然之"道"才能取得成功。知足常乐就是顺应自然之"道"的心理状态。知足常乐的心理状态很有利于现代创新管理者取得健康和成功的"双收获"。当我们在进行现代创新管理的同时，要懂得知足常乐，在恰当的时候能够感到满足，不要过度追求虚妄的名利，让自己的人生更加充实和美好。

（三）故知足之足，常足矣

总是富足的人是什么样的？这句话告诉我们：总是富足的人，是知足常乐的人。总是富足的人，并不是说他们没有困难和挑战，而是他们已经学会了如何应对这些挑战。他们深知自己拥有了什么、有哪些优点和长处，同时也很明白自己有哪些不足，有自知之明，且抱着自信、感恩、珍惜的心态面对自己的优点和长处，懂得在生活和工作中用每一个机会来提升自我，感恩每一次接受生命的馈赠，懂满足、不贪婪，不会有不合实际的妄念和妄动，不会让自己陷入贪婪和欲望的泥潭。所以说，总是富足的人通常都有知足常乐的心态。

富足快乐的现代创新管理者，也有知足常乐的心态。无论身处什么样的创新环境，他们总能很快知道自己的优点和长处，同时也很明确自己的缺点和不足，尽可能扬长避短；同时，他们总是乐观向上，积极面对工作的困难和挑战；他们容易满足，工作中的任何收获都会让他们心怀感激；他们自信而感恩地面对同事，与同事的关系良好，有力激发了员工的工作热情和创新积极性。

三 小结

总之，该章对比了"有道"与"无道"的后果，让我们明确"有道"的必要性。对于现代创新管理，"有道"也是十分必要的。"道"是创新灵感的源泉；"道"帮助创新组织发现新的市场机会，突破技术难题，绕开艰难险阻并节约创新资源；"道"是创新的指导者；"道"是支撑现代创新管理的坚定信念；"道"为下一次创新积累了经验和教训。现代创新管理者应该从多方面修行和学习，努力成为一名"有道"者。现代创新管理与知足常乐并不矛盾，现代创新管理者不可追求虚妄的名利。富足快乐的现代创新管理者通常是有知足常乐心态的管理者。

第四十七章　《道德经》第四十七章对现代创新管理的启示

一　《道德经》第四十七章原文及其翻译

《道德经》第四十七章的原文是："不出户，知天下；不窥牖，见天道。其出弥远，其知弥少。是以圣人不行而知，不见而名，不为而成。"[①]其中蕴含的古老哲理，用现代文翻译如下。不用走出门户，就有能力推算、知晓天下之事；不需要望向窗外，就有能力研究日月星辰运行的自然规律。如果一个人不愿意多思考、多探索，那么，就算走到很远的地方，他知道的道理也是很少的。所以，有"道"的圣人不需要远行也能知道天下之事，没有亲眼看见也能推知事物的运行规律和内在原理，看起来没做什么（不妄为）也可以有所成就。那么，这些古老的哲理与现代创新管理有什么关系呢？

二　对现代创新管理的启示

（一）不出户，知天下；不窥牖，见天道

这句话强调如"不见而明，不闻而聪，不学而识"一般宽博的知识面和强大的推理力。现代创新管理者也应该具有宽博的知识面和强大的推理力。

---

① 张景、张松辉译注《道德经》，第 196 页。

宽博的知识面，强调知识面如大海和天空一样宽广、博大，创新思维要能够打破思维定式，从各种维度、多元角度，全方位地去看待和研究市场和消费者需求，从而发现别人难以发现的需求点或问题，找出能够解决问题的新答案，及时捕捉有用、可开发的信息和创新灵感，设计出初步的创新方案并进行严谨的可行性分析和论证，最后付诸实施。

强大的推理力，强调从已知信息推出未知信息、从过去和现在的状况推出未来状况的强大能力。在这个复杂而多变的时代，现代创新管理者的推理往往被很多表面现象所迷惑，透过现象看本质，通过事物的今昔状况预测事物未来状况的推理能力是现代创新管理者必须具备的。现代创新管理者只有具备了强大的推理力，才能有前瞻力，才能比竞争对手更早发现市场机会，才能做出正确的决策，精准把握市场新机会。

那么，现代创新管理者如何才能拥有更宽博的知识面和更强大的推理力呢？这需要现代创新管理者不断学习和探索、不断拓展自己的视野、不断突破自我，从不同角度和层面去思考和理解世界，努力透过事物的表层现象，探索事物发展的本质规律及基本原理。要做到这些要求，现代创新管理者不仅需要广博的创新思维，还需要坚强、百折不挠的创新精神。

（二）其出弥远，其知弥少

这句话强调多思考、多探索的重要性。如果一个人没有多思考、多探索，只是走出门用眼睛看了，那么这个人就算走了很多路，看到了很多东西，都只能看到事物的表面现象，无法明了事物的发展规律和运行原理，那么这个人所知道的真理是很少的。也就是说，人之所知与人之所行不一定成正比。这句话同样对现代创新管理者有深刻的启示意义。

现代创新管理者要多思考、多探索。若行万里路，则要有行过万里路之后所应该有的智慧和见识。现代创新管理很不容易，作为一名现代创新管理者，如果想让自己的创新之路走得更成功，就必须多思考、多探索。现代创新管理者需要思考的问题很多，例如探索产品、服务、市场等新的商业机会；思考市场的未来发展趋势，分析可能有的商业机会；思考如何创新产品、如何创新营销；等等。现代创新管理者需要探索的问题也很多，可以分为组织内部的探索和组织外部的探索两大类。组织内部的探索，例如，深入了解组织的创新人才和团队情况；探索组织文化的构建情况；探索组织创新流程的现状，分析其优势与不足，思考如何改进；探索组织创新的优势、劣势、机会和威胁，建议构建 SWOT 战略分析模型。除了多思考、多探索，现代创新管理者还要具备宽博的知识面。多思考和多探索是现代创新管理者具有宽博知识面的基础。否则，现代创新管理者就算行走了万里之路，其收获也是十分微小的，根本不可能集聚起"行万里路"应该有的智慧和见识。

当然，在多思考、多探索的基础上，现代创新管理者行万里路是很有意义的。行万里路，意味着现代创新管理者走出自己的公司，去了解不同国家、不同文化、不同地区，甚至不同行业的现代创新管理相关实践。在这个过程中，现代创新管理者一定要多思考、多探索、多研究，总结别人的成功经验，借鉴别人的失败教训，并主动参加国际性的交流活动，与其他国家、其他组织的管理者交流工作经验，不断学习和借鉴他人的先进经验和成功管理模式。只有这样，现代创新管理者才可以逐步集聚自己的智慧和见识，才可以不断拓展自己的创新思维，提升自己的创新能力、应变力和综合素质。

（三）是以圣人不行而知，不见而名，不为而成

圣人，是我们崇拜的偶像。即使他们不说话，也可以让人心悦诚服；即使他们不行动，也可以让人感受到他们的智慧和力量；即使他们没有远行，也可以知晓天下之事；即使他们没有亲眼看到，也可以明确事物的运行规律和内在原理；即使他们看起来什么也没有做，也可以造就辉煌业绩。那么，圣人的智慧和能力来自哪里，又对现代创新管理有哪些启示呢？

圣人的智慧和能力来自"道"，来自他们热爱真理的心，来自他们对自然规律的信仰、探索、遵循和传承。圣人常用他们的行动而少用他们的语言来教导世人。这些都给了现代创新管理者很多启示：其一，现代创新管理者要做循"道"之人，热爱真理；其二，现代创新管理者要遵循自然

规律，主动探索、遵循和传承自然规律，在组织中营造尊重并应用自然规律的文化氛围；其三，现代创新管理者应言传身教，而"身教"要比"言传"重要，在日常学习和工作中应多用"身教"，教导员工循"道"、不妄为、认真努力、脚踏实地。

三　小结

总之，现代创新管理者应该具有宽博的知识面和强大的推理力；要多思考、多探索；若行万里路，则要有行过万里路之后所应该有的智慧和见识；圣人的智慧和能力来自"道"，来自他们热爱真理的心，来自他们对自然规律的信仰、探索、遵循和传承；现代创新管理者也要做循"道"之人，热爱真理，遵循自然规律，主动探索、遵循和传承自然规律，言传身教，且注意"身教"重于"言传"。

第四十八章　《道德经》第四十八章对现代创新管理的启示

一　《道德经》第四十八章原文及其翻译

《道德经》第四十八章的原文是："为学日益，为道日损，损之又损，以至于无为。无为而无不为。取天下常以无事，及其有事，不足以取天下。"① 其中蕴含的古老哲理，用现代文翻译如下。求学，是一个日益积累的过程；求"道"，则是一个日益精简、放弃不必要的东西的过程。一天又一天地精简、放弃不必要的东西，到最后进入了"无为"的境界。达到"无为"境界之后，就可以用最小的成本（付出）取得最大的收获了。真正的将军，要懂得用智慧来征服敌人，而不是用武力。治理好国家常用不扰民的"无事"方式，如果用扰民的"有事"方式治理国家，那就不配治理国家了。那么，这些古老的哲理与现代创新管理有什么关系呢？

二　对现代创新管理的启示

（一）为学日益，为道日损

这句话将"为学"与"为道"进行对比，指出"为学"应该是日益积累的，"为道"是日益减损的。"为学"积累的是什么呢？是知识和智

---

① 张景、张松辉译注《道德经》，第 200 页。

慧。"为道"减损的是什么呢？是不必要的累赘之物，例如，错误的认识观念、无知、偏见、妄执、欲望等。如果既"为学"又"为道"，则每天既积累了知识与智慧，又减少了不必要的累赘之物，变得越来越精干，那么，现代创新管理者如果能做到既"为学"又"为道"，则会成为一名既有知识、有智慧，又精干有"道"的智慧型、实力派、"德才兼备"的现代创新管理者。

现代创新管理者必须"为学"。作为旨在提升组织创新能力的管理和实践，现代创新管理需要很多学科，以及多种能力、技能和素质的支持。现代创新管理者要学会将创新与学习结合起来，边创新边学习，学以致用。作为一名现代创新管理者，需要学习的东西实在是太多了。现代创新管理中的"为学"，就是通过努力学习相关学科知识，将理论与实践紧密结合，并在创新实践中继续学习和提高。无论是创新思维的获得、创造力的提升，还是沟通能力的提高，都需要现代创新管理者不断学习，也只有不断学习和训练，现代创新管理者才能获得这些能力和素质。

现代创新管理者必须"为道"。现代创新管理中的"为道"，要求现代创新管理者在工作中不断减少自己的错误观念、妄执、偏见等不必要的累赘之物，追求真理，遵循客观自然的规律，不断提高道德素养，完善内心世界。"为道"与"为学"必须同时进行，缺一不可。在现实生活中，有些人只"为学"，却不重视自己的道德素养和内心世界，出现了"为学"和"为道"的不平衡，这样将造就一个不健全的人。事实上，"为道"是"为学"的强大助力。只有不断提高自己的道德素养，遵循事物的客观自然规律，才能更好地掌握各学科知识和技能。同样，"为学"也是"为道"的强大助力。只有在实践中不断学习和提升自己的创新能力，才能减少自己的偏见和妄执，最终实现组织和个人的创新发展。

（二）损之又损，以至于无为

这句话强调"无为"的境界。怎么理解"无为"的境界呢？真的是"无所作为""什么也不做"的境界吗？不是的。其实，"无为"的境界只是在放弃了欲望、妄执、偏见、错误的认识等应该放弃之物之后，内心很宁静、很澄明、很明智、很智慧的状态。在这种状态下的人，更有能力看清各种事物的本质和内在机理，从而更有能力做出正确的判断和明智的决策。

"无为"的境界是怎么达到的呢？那是每一天努力放弃不必要的累赘之物才逐步实现的。"损之又损，以至于无为"启示现代创新管理者，务必日复一日地坚持循"道"，懂得选择和放弃，识别不必要的累赘之物，并且舍得放弃它们。

（三）无为而无不为

这句话强调"无为"和"无不为"，既是"无为"，又是"无不为"。"无为"与"无不为"并没有矛盾，可以理解为"在看似不作为的情况下实现真正的作为"，还可以理解为"只有通过'无为'，才能更好地实现'有为'，才能取得更好的成效"。这种"无为"并不是无所作为，而是以一种更明智的方式进行操作。"无为而无不为"是一种管理智慧。当现代创新管理者达到"无为"的境界后，就有了一个"超能力"，即用最小的成本或付出取得最大的收益。这个最小的成本或付出，就是"无为"；这个最大的收益，就是"无不为"。也就是说，现代创新管理者要在恰当的时候，采用适当的手段，达到最佳的效果。

在现代创新管理中，"无为"意味着要避免过度的干预，让员工有足够的自由和空间去探索、去思考、去实践，驱动员工的自我管理和自主创新，充分发挥员工的创造力，找到更好的解决方案。这种"无为"的方式，可以让创新更加自然地发生，并且更加容易被接受和推广。事实上，很多企业已经成功地将"无为而无不为"的理念融入了他们的创新实践中。例如，微软公司的创新理念是"让员工自由地探索和创新"，这种理念让员工有更多的自由和空间来发挥他们的创造力，从而使微软公司每年出现大量的创新发明。

（四）取天下常以无事，及其有事，不足以取天下

该章的前半段强调"无为"，后半段将"无为"引入"取天下"中，主张"无事"，认为要取得天下，不需要用太多的战争手段，只需要用智

慧和不扰民的"无事"方式就可以。我们将"无事"引入现代创新管理中。

现代创新管理,也要采用智慧和不扰民的"无事"方式。"无事"是一种积极的工作态度,它强调在创新工作中保持内心的平静和放松。只有这样,才能更好地发挥创造力和思考能力,找到新的商业机会和创新点。同时,"无事"也代表着在现代创新管理中应采用智慧和谋略。在整个现代创新管理的过程中,无论是商业计划的制订、竞争对手和市场的分析,还是战略资源的整合等,智慧和谋略都是不可缺少的。员工也应该具备一定的谋略意识,建议加强对员工的谋略培训。只有具备足够的智慧和谋略,才能在创新中取得成功。

在此,强调以下几个方面的智慧和谋略。其一,需要智慧的前瞻性眼光。创新之前,务必要智慧地预测。符合消费者需求的优质创新产品,必然是正确预测的产物。正确的预测,充满智慧的前瞻性眼光必不可少。现代创新管理者必须能提前看到未来的市场和客户需求,确定正确的创新方向。其二,构建良好的创新型文化。通过构建良好的创新型文化,营造有利于创新的工作氛围,也是管理者的智慧力的体现。其三,利用工具提升工作效率。在信息技术时代,有不少工具(管理软件等)可以帮助创新者提高工作效率。有智慧的创新者要懂得充分应用现代工具。有些好工具不容易被掌握,创新者需要花费一些时间和精力学习、掌握它们。其四,有理有据地冒险。创新有风险,需要现代创新管理者有冒险精神。冒险需要有理有据,切不可盲目冒险。在创新项目立项前,务必认真做好严谨、客观、细致的可行性分析研究,各种市场调研数据都要客观、真实。只有经过有理有据的严谨分析,确认可行后,才可冒险实施创新。

三 小结

总之,现代创新管理者应该成为既"为学"又"为道"的管理者;务必日复一日地坚持循"道",懂得选择和放弃,识别不必要的累赘之物,并且舍得放弃它们，只有这样，才能逐步进入"无为"的境界；在现代创新管理中，要避免过度的干预，让员工有足够的自由和空间去探索、去思考、去实践，驱动员工的自我管理和自主创新，充分发挥员工的创造力，找到更好的解决方案；现代创新管理，也要采用智慧和不扰民的"无事"方式。

第四十九章 《道德经》第四十九章对现代创新管理的启示

一 《道德经》第四十九章原文及其翻译

《道德经》第四十九章的原文是："圣人无常心，以百姓心为心。善者，吾善之；不善者，吾亦善之，德善。信者，吾信之；不信者，吾亦信之，德信。圣人在天下，歙歙为天下浑其心，百姓皆注其耳目，圣人皆孩之。"① 其中蕴含的古老哲理，用现代文翻译如下。有"道"的圣人，通常并没有刻意去追求什么身外之物，他们修炼自己的心境，平易近人，使自己的心境归于普通人的心境。对于那些善良的人们，有"道"的圣人善待他们；对于那些不善良的人们，有"道"的圣人也善待他们，因为有"道"的圣人具有善良的品德，也在引导人人向善。对于那些守信用的人，有"道"的圣人信任他们；对于那些不守信用的人，有"道"的圣人也信任他们，因为有"道"的圣人具有诚信的品德，也在引导人人诚信。有"道"的圣人在天下，看起来默默无闻，但是他的存在让天下人的心变得浑然一体了。老百姓都敬仰、关注有"道"的圣人，他们的耳朵、眼睛关注有"道"的圣人，愿意像孩子一样被有"道"的圣人教导。那么，这些古老的哲理与现代创新管理有什么关系呢？

---

① 张景、张松辉译注《道德经》，第 203 页。

二 对现代创新管理的启示

（一）圣人无常心，以百姓心为心

这句话强调，有"道"的圣人不会傲视普通人，不会给人高高在上的感觉，不会刻意去追求金钱、名利等身外之物；相反，有"道"的圣人是平易近人的，关心、爱护、体贴普通人。受这句话的启示，现代创新管理者也应该平易近人，关心、爱护、体贴员工，时常设身处地为员工着想。只有这样，组织才能实现"上下同意""上下同心"。员工感受到了领导的真诚，通常也会掏心掏肺、主动牺牲自己的宝贵休息时间、主动加班加点、主动为领导分担压力，对组织、对上级忠心耿耿。如果在一个组织中，人人都充满了干劲，人人都保持最强的归属感和最高的忠诚度，人人都有一个同样的目标，人人都愿意与领导者同心同德、共同奋斗，那么这个组织一定已经成功，或者正走在成功的路上且离成功不远。

（二）善者，吾善之；不善者，吾亦善之，德善

有"道"的圣人具有善良的品质。他们善待每一个人，包括"善者"和"不善者"。受这句话启示，现代创新管理者也应该努力培养自己的品德，善待每一个员工。与"善者"做朋友，表扬、奖励他们，树立他们为组织的榜样，让他们的品德得到组织和同事的高度赞美，从而可以更多地影响其他员工向善；与"不善者"也做朋友，言传身教，逐步引导他们走向善道。现代创新管理者不仅要有十分开阔的思维空间，还要有很宽广、有强大包容力的心胸。自己不斤斤计较，还要引导他人也不要斤斤计较。鼓励员工将更多的时间和精力用来研究、探索新产品、新服务、新流程等的改善问题；鼓励员工多注意个人的内心修养，注重个人素质的提升，同时以积极的态度面对创新中的各种困难和挑战；鼓励员工以善良的态度面对所有同事和所有客户，为客户着想，想客户所想；与员工善意地沟通与交流，更多了解员工的需求，尽力帮助员工实现他们的目标。这样，现代创新管理者不但可以营造团结友爱、互帮互助、互相协作、彼此取长补

短、共同进步、积极向上、有利于创新的组织文化氛围，带领整个组织及其所有成员走向善道，而且会拥有很好的客户满意度和"口碑"，树立良好的组织形象，促进组织的可持续发展。

（三）信者，吾信之；不信者，吾亦信之，德信

有"道"的圣人具有诚信的品质。面对复杂多变的社会和市场，他们始终能够保持诚信，对每个人以诚相待。受这句话启示，现代创新管理者也应该始终保持诚信，对每个员工保持诚信，尊重所有员工。"既用之，则信之"，既然组织聘用了他们，就应该信任他们能把工作做好，尊重他们、理解他们。当员工在创新中遇到困难而暂缓了创新的进度时，现代创新管理者不宜不问青红皂白就责备他们，应该多沟通，问清延缓创新进度的原因，帮助他们打开思路，并尽力给予一些物质上的支持。这样，员工感受到被尊重、被信任、被鼓励、被支持，他们会从心里感谢管理者，从而更加努力工作。

（四）圣人在天下，歙歙为天下浑其心，百姓皆注其耳目，圣人皆孩之

这句话强调管理者对于一个组织的重要性。如果管理者是有"道"之人，那么组织中的每个人的心都在一起，处于浑然一体的状态。所有员工主动听从管理者的指令，目光永远追随着他们尊敬的管理者。所有员工也愿意认真接受管理者的教导和引导。这句话对现代创新管理有十分重要的启示意义，它从道德的角度出发，强调了一个优秀创新组织必须具备的品德和价值观，启发现代创新管理者应该如何构建一个优秀的、富有凝聚力的、有强大战斗力的创新组织。

创新组织是创新的基础和保障。只有构建一个良好的创新组织，才能为组织的创新发展提供组织保障和不竭动力。

在创新组织中，管理者是十分重要的角色。"将熊熊一窝"，只有优秀的管理者才能充分挖掘员工的创新潜力。那么，如何做一名优秀的现代创新管理者呢？受《道德经》第四十九章启发，本书提出如下建议供现代创新管理者参考：其一，现代创新管理者不断自我修炼，提高文化素养，拓展创新思维和眼界，以善待人，以诚待人；其二，现代创新管理者以身作

则，成为员工学习的好榜样；其三，营造民主开放的沟通氛围，多与员工沟通交流，尊重员工的个性，促进员工自由表达个人想法和观点，并适时引导、启发员工，用自己的品德和价值观来影响和带动组织中的每一个人；其四，及时发现问题，及时提供必要的物质支持和精神鼓励，促进员工通过自主探索和尝试提升解决问题的能力；其五，建立有效的反馈和评估机制，让员工能够及时获得反馈和指导，不断提高自己的创新能力。

三　小结

总之，该章强调有"道"的圣人具有善良、诚信的品质，平易近人，不会对人有偏见；可以让天下人的心浑然一体，实现"天下同意"；天下人都敬仰有"道"的圣人，主动听从有"道"的圣人，目光都追随着有"道"的圣人，并愿意接受圣人的指导和引导。本章从道德的角度出发，强调了一个优秀创新组织必须具备的氛围和价值观，启发现代创新管理者应该如何构建一个优秀的创新组织。本章在《道德经》第四十九章的启示下，提出了几点建议供现代创新管理者参考。

第五十章 《道德经》第五十章对现代创新管理的启示

一 《道德经》第五十章原文及其翻译

《道德经》第五十章的原文是："出生入死，生之徒十有三，死之徒十有三，人之生、动之死地亦十有三，夫何故？以其生生之厚。盖闻善摄生者，陆行不遇兕虎，入军不被甲兵。兕无所投其角，虎无所措其爪，兵无所容其刃。夫何故？以其无死地。"① 其中蕴含的古老哲理，用现代文翻译如下。从出生到死亡是自然现象。十分之三的人长寿，十分之三的人早死，也有十分之三的人本来可以活得更长久，却自己走到了死亡之地。为什么有的人能够长命百岁，有的人却早早离世呢？这是因为那些懂得养生之"道"的人，能够避免危险和灾祸。就像陆上不会遇到兕、虎，进入军队不会受到穿着盔甲的士兵攻击一样。兕没有办法伤害他，它的角无用武之地；虎没办法伤害他，它的爪无用武之地；士兵也没办法伤害他，他们的兵刃也没有用武之地。这是为什么呢？这是因为他们事先做好了预防，有效避开了死亡的危险。那么，这些古老的哲理与现代创新管理有什么关系呢？

---

① 张景、张松辉译注《道德经》，第 207 页。

二 对现代创新管理的启示

（一）出生入死，生之徒十有三，死之徒十有三，人之生、动之死地
亦十有三

这句话在陈述一个自然现象。人有生死，无法避免。企业也有生死，
这也是自然现象。这句话是该章的"启"句，引出了后面的分析。该章先
通过这句话陈述客观现象，接着提出一个引人思考的问题。

（二）夫何故

本句在提问，同样是人，为什么有的人能够长命百岁，有的人却早早
就离开了尘世呢？将这个问题引入创新组织，那就是：为什么有的创新组
织能够持续发展，而有的创新组织却早早夭折了呢？这是一个引人深思
的、深刻的、现实的问题。

（三）以其生生之厚

这句回答了前面的"夫何故"，指出有的人能够长命百岁是因为懂得
养生之"道"。懂得养生之"道"的人，不仅可以避免危险，还可以延长
寿命。这是因为养生之"道"不仅是保养身体，更重要的是保持精神的健
康。一个人如果能保持内心的平静，就可提高身体的抵抗力，从而避免疾
病的侵袭和早逝的危险，对企业等创新组织亦然。创新组织的养生之
"道"，是创新组织保持创新活力，在激烈的市场竞争中提高竞争力、免疫
力的关键。只有懂得养生之"道"，创新组织才能"健康长寿"，实现持续
发展。这里又在强调"道"的重要作用。

创新组织的养生之"道"很多，在此强调几点。其一，营造民主开放
的创新氛围，给予员工充分的信任和尊重，鼓励员工突破固有的模式，充
分拓展员工的创新思路。其二，保障创新资源，包括创新人才、创新资
金、创新设备、创新信息和时间。其三，做好预测和计划。市场复杂多
变，要懂得从已知的现象推测未知的发展趋势；基于科学的预测制订长期
计划、中期计划和短期计划；为了预防"计划不如变化快"，建议用滚动

计划法等科学方法，提高计划的弹性和可操作性，提升组织的应变能力。其四，精简机构，人尽其才、物尽其用，不可按人设岗，只能按需设岗，切不可让组织臃肿起来，保持组织的灵活性和适应性。

（四）盖闻善摄生者，陆行不遇兕虎，入军不被甲兵。兕无所投其角，虎无所措其爪，兵无所容其刃。夫何故？以其无死地

这段话强调，精通养生之"道"的人不容易受到伤害，兕、虎和穿着盔甲的士兵都拿他们没有办法，因为他们事先做好了预防，不进入可能发生危险的地方，或者在进入危险之地时做好了充分的防护。这段话启示现代创新管理者要做好充分的预防工作。

创新存在风险，有必要做好充分的预防工作。只有做好创新风险的防范工作，才能规避、缓解或转移创新风险，实现持续发展。在《道德经》第五十章启示下，本章给现代创新管理者提出如下建议。

其一，遵循合理的创新流程。在创新项目立项之前，要有认真的项目申请、严谨的项目风险评估、严格的项目评审等工作流程；在创新项目立项之后，要有具体的项目实施、真实的项目反馈等工作流程。这些工作流程，每个环节都不可缺少。只有遵循合理的创新流程，才能有效减少创新风险。

其二，准备充足的创新资源，提升创新实力。创新资源是提升组织创新实力不可缺少的保障。创新组织应加强对员工的培训，提升员工的创新力，培育创新的人才资源。培育创新人才与引进创新人才通常是相结合的，以保证组织有足够的创新人才资源。同时，尽可能准备充足的研发投入资金，优化资源管理，减少资源浪费。

其三，加强产品质量控制。"百年大计，质量第一"，产品质量直接关系到组织的生死存亡。产品质量有问题，势必会导致客户投诉、信誉损失等恶果。为了提高创新产品的质量，建议实施全面质量管理，实施"全过程、全员、全组织"的质量管理。这样的质量管理，需要存在于事前、事中、事后全过程，组织中所有部门、所有员工都参与质量管理，担负着质量管理的责任。在全过程中，任何一个部门、任何一名员工造成任何一个

环节的质量问题，都必须承担相应的责任，督促组织中的每一个人都高度重视产品质量，把好质量关，最终产出更高质量的产品。

其四，加强创新风险评估。创新是一个复杂的、多风险的系统工程，切不可忽视创新各环节中可能存在的风险，务必做好风险评估工作。创新风险评估包括对创新项目的可行性分析工作等。创新风险评估，务必客观分析并真实反映实际情况，切不可为了评估而评估。如果弄虚作假，其结果是害人害己，不但达不到预防风险的目的，而且还可能造成巨大的伤害和损失。

其五，加强知识产权保护。创新成果需要多加保护。为了预防创新成果被竞争对手抄袭和模仿，必须及时申请专利、商标和版权等知识产权，保护好组织自己的知识产权。

其六，科技保险。创新，可能成功，也可能失败。如果创新失败，之前投入的资金、设备、人力等各种资源，就都成了组织无力承受的损失。所以，建议创新组织投保。投保可以转移部分创新失败可能造成的大风险。

三　小结

总之，该章首先陈述了从出生到死亡的自然现象，对这个现象进行思考：为什么有人长命百岁，有人早早离世？对这个问题的思考，引出了养生之"道"的重要性。遵循养生之"道"，不仅可以避免伤害，还可以延长寿命。养生之"道"的本质是一种预防生病、预防受伤害、预防死亡的预防之"道"。这些都对现代创新管理有启示意义，现代创新管理也要和人一样遵循养生之"道"，并做好预防风险的相关工作。本章针对现代创新组织的现状，提出一些重要的养生之"道"建议和预防创新风险的建议。

第五十一章　《道德经》第五十一章对现代创新管理的启示

一　《道德经》第五十一章原文及其翻译

《道德经》第五十一章的原文是："道生之，德畜之，物形之，势成之。是以万物莫不尊道而贵德。道之尊，德之贵，夫莫之命而常自然。故道生之，德畜之，长之育之，亭之毒之，养之覆之。生而不有，为而不恃，长而不宰，是谓玄德。"① 其中蕴含的古老哲理，用现代文翻译如下。万事万物生成于"道"，受到"德"的养育。万事万物的形态各种各样。在不同环境下，万事万物成长起来了。因此，万事万物都尊崇"道"且重视"德"。"道"之所以能被万事万物尊崇，"德"之所以能被万事万物重视，是因为"道"使万物生长了，但并不干涉万物，"德"养育了万物，但并不主宰万物，而是保持顺其自然的态度。所以，"道"促成万物的生长，"德"默默养育着万物。这样就使万物生长了、发展了、成熟了、结果了，也使万物得到滋养和保护。使万物生长，却不据为己有；抚育着万物，却不自恃有功；引导着万物，却不想主宰万物，这就是玄妙的德。那么，这些古老的哲理与现代创新管理有什么关系呢？

二　对现代创新管理的启示

该章内容与创新来源、创新积累、创新形态、创新环境、"道"尊

----

① 张景、张松辉译注《道德经》，第210页。

"德"贵有关。

（一）道生之

这句话强调创新来源于"道"。"道"是什么？"道"是规律、方法、经验、智慧，也是宇宙的本质。"道"的规律，包括平衡、持续、变化等。在创新过程中，我们需要保持平衡，不要过于追求速度和数量，而要注重质量和效果。同时，创新也需要持续进行，不要轻易放弃。最后，创新还要遵循变化的原则，不断适应环境和市场需求。只有遵循"道"的规律和方法，创新才能事半功倍，才能最终成功。现代创新管理者应该注重从书本、课堂、实践中总结"道"的规律，并用"道"的规律指导后续实践，如此可形成良性循环。

（二）德畜之

这句话强调创新需要"德"的养育。在前文，我们分析了现代组织提升道德素质的重要性。只有积累道德，才能让组织在现代创新管理中不断前进。

（三）物形之

这句话强调创新产品的形态各种各样。在现代社会，创新已经成为一种重要的发展动力，各种新的产品形态不断涌现出来，满足人们不同的需求。我们每个人每天使用的手机，其形态就一直在改进中，早已经形成了多样化、多元化的形态，如平面屏幕、曲面屏幕、水滴屏幕等，其发展趋势是越来越美观、越来越方便使用。电视的形态也在更新变化。从传统的有屏电视发展到了无屏电视。这种没有屏幕的电视增加了科技化、智能化元素，消费者可以使用手环、手机等设备控制电视。这种形态的创新，不仅使人们的生活更加便捷，而且有力推动电视产品的智能化。手表的形态也在持续更新，既具备普通手表看时间的功能，又具备接收电话、短信，记录运动，检测健康的功能的智能手表日益受青睐。眼镜的形态也在创新变化。传统的眼镜用来辅助视物，但现在有了一种仿佛可以让人进入虚拟世界之中的"虚拟现实眼镜"。随着科技发展和信息技术的应用，创新产品的形态将更加多样化、智能化，可以说只有想不到的，没有做不到的。

（四）势成之

顺其"势"而成，创新是环境的产物。在现代社会，任何环境都可以有创新。例如，在医疗环境、太空环境、教育界、体育界等各种环境中都有大量的创新诞生并得到推广应用。在任何环境下，创新的诞生都是艰难的过程。因此，现代创新管理者需要努力打造有利于创新的环境。包括建立完善的现代创新管理体系、引进良好的创新技术和设备、构建创新型组织文化、给予员工相对宽松的创新空间、加强员工的培训、推动学习型组织建设等。不同的环境造就不同的创新成果。如果你想提高创新效率和质量，就需要充分理解和应用"势成之"，构建并充分利用良好的环境之"势"。

（五）是以万物莫不尊道而贵德。道之尊，德之贵，夫莫之命而常自然。故道生之，德畜之，长之育之，亭之毒之，养之覆之。生而不有，为而不恃，长而不宰，是谓玄德

这句话强调"道尊"和"德贵"。

先说"道尊"对现代创新管理的启示。"道"·强调自然、无为、平静、自由、规律、法则。"道尊"启示现代创新管理者：其一，现代创新管理要注重人与自然的和谐相处，切不可因创新活动而破坏自然，要保持生态平衡，尊重自然才能得到大自然的回报，否则会受到大自然的惩罚；其二，现代创新管理者要追求心灵的平静和自由，现代创新管理者要修炼冷静、宁静之道，只有保持平和、宁静的心理状态才能更好捕捉创新灵感，循序渐进推进创新工作，现代创新管理者要懂得因材施教，促进员工成长，但不要居功自傲，更不要有将功劳"占为己有"之心；其三，现代创新管理者要注重规律和法则，尊重并遵循规律和法则，是创新取得成功的关键和基础。

再说"德贵"对现代创新管理的启示。"德"，是品德、品性之意；"贵"，是高尚、珍贵之意。"德贵"，强调一个人的良好品德很珍贵。将"德贵"应用于现代创新管理中，强调创新之德很珍贵。那么，什么是创新之德呢？创新之德，就是创新组织、现代创新管理者、员工在创新过程中体现出的道德品质，包括创新意识、创新精神、创新能力、创新伦理等

方面。创新意识，是敢于探索未知领域，研究新奇问题，接受新鲜事物，提出创造性解决方案的意识。缺乏创新意识则难以开展创新活动，创新意识是创新的重要前提。创新精神，是敢于向传统的固有模式挑战，勇于超越自我，不畏创新困难，执着探索且不断追求进步的精神。创新精神既是创新活动的重要支撑，也能挖掘出更多的潜力和智慧，进一步激发人们的创新潜能。如果缺乏创新精神，则难以克服创新过程中的困难和阻碍，难以实现创新目标。创新能力，是指组织或个人在创新活动中所表现出来的创新思维能力、创新团队协作能力、市场洞察能力、创造性解决问题能力等。创新能力不仅是创新活动的重要保障，还是组织或个人竞争的核心要素。在现代社会，缺乏创新能力的组织或个人，往往同时也缺乏竞争力和发展力。创新伦理，是指在创新活动中体现出的伦理准则和道德规范。创新伦理是创新活动的健康保证。注重创新伦理的现代创新管理者，会在创新活动中强调伦理准则和道德规范，尊重他人知识产权和利益，健康有序地实现创新目标。

三　小结

总之，受《道德经》第五十一章启示，现代创新管理应该循"道"积"德"，只有循"道"积"德"，才能持久推动创新发展；创新的最终成果是各种各样的创新产品或创新服务，可以说没有做不到的，只有想不到的，高度多元化是创新发展的重要趋势；创新需要"势成之"，构建一个有利于创新的环境十分重要；在创新过程中，应强调"道尊"和"德贵"，二者缺一不可，现代创新管理者既要学"道"、懂"道"、循"道"，又要具备创新意识、创新精神、创新能力和创新伦理。

第五十二章 《道德经》第五十二章对现代创新管理的启示

一 《道德经》第五十二章原文及其翻译

《道德经》第五十二章的原文是："天下有始，以为天下母。既得其母，以知其子。既知其子，复守其母，没身不殆。塞其兑，闭其门，终身不勤。开其兑，济其事，终身不救。见小曰明，守柔曰强。用其光，复归其明，无遗身殃，是为习常。"[①] 其中蕴含的古老哲理，用现代文翻译如下。天地万物必有起始，这个起始是天地万物的母亲（根源）。我们可以通过探索、了解根源来认识、理解万物，也可以通过认识、理解万物来进一步明确、把握万物的根本，这样可以避免危险。塞住事物之口，封闭事物之门，终身不能进步。如果打开事物之口，助力事情的发展，就不求救助。能够细致地察觉到细小环节的不足，被称为"明"；能够保持柔顺和谦虚的态度，被称为"强"。应用事物的光芒，使它的价值得到反复验证，不会给自己带来损失，这就是"常道"。那么，这些古老的哲理与现代创新管理有什么关系呢？

二 对现代创新管理的启示

（一）天下有始，以为天下母

这句话强调万物的根源，启示现代创新管理者明确创新的起点，严谨

---

① 张景、张松辉译注《道德经》，第214页。

分析创新的原动力。这个原动力常常是客户和市场的需求、行业的发展趋势、科技的进步要求等。在这个原动力驱动下，明确定位，确立创新目标和创新方向，保证创新是被客户、市场、行业发展、科技进步等所需要的。也就是说，务必保证创新是有价值的。只有在创新项目实施过程中，不忘初心，坚定不移，才能最终生成有价值的创新成果。

这句话同时也强调，在现代创新管理过程中，需要对创新组织现有的管理方法、流程以及文化进行深入了解和总结，研究其根源和现状，进而持续优化，追求更适合本组织发展的管理方法、创新流程和创新文化。

（二）既得其母，以知其子。既知其子，复守其母，没身不殆

这句话强调万物与其根源的关系，"母"与"子"都很重要，缺一不可。这句话启示现代创新管理者，在创新工作中，不可只知其然，不知其所以然；也不可只知其所以然，不知其然。表面现象和内在机理都要明确。知其果，要去探求其因；知其因，要去探求其果。如果现代创新管理者能既知其因又得其果，既得其果又明其因，则可以很好地防范很多创新风险。

（三）塞其兑，闭其门，终身不勤。开其兑，济其事，终身不救

这句话在现代创新管理中，可以解释为：如果堵塞了创新之口，关闭了创新之门，则终身不求进步；如果打开了创新之口，帮助人们完成事业，则终身不需要救助。在此，强调"创新之口""创新之门"，那么，什么是"创新之口""创新之门"呢？"创新之口""创新之门"可以认为是创新的主体。创新的主体是指那些不断尝试新事物、不断突破自我的人和组织。他们勇于挑战传统，不断探索新的商业机会和应用场景。正是有了这样的人和组织，我们的社会才会不断进步，我们的生活才会更加美好。没有谁天生就是创新的主体，我们每个人都可以通过努力成为创新的主体。创新就在我们的生活中，比如新奇的思维、独特的视角、大胆的尝试等。让我们更加努力，成为"创新之口""创新之门"中的一员，为我们的社会创造更多的价值。

（四）见小曰明

这句话强调明察秋毫、以小见大，启示现代创新管理者，应该注重细节，明察秋毫，不要忽略细小环节的不足或缺陷。要知道，在很多案例中，创新细节的不足或缺陷最终导致了创新失败。这句话同时也启示现代创新管理者要不断观察和分析市场需求，发现市场机会和问题，进而采取有效的措施解决这些问题。现代创新管理是一项复杂而细致的工作，其全过程都应保持认真细致的工作态度，不可放过任何一个细节。只有明察秋毫，关注细节，不断观察和分析市场需求，及时采取有效措施应对问题，现代创新管理才能取得成功。

（五）守柔曰强

这句话强调保持柔顺和谦虚的态度，启示现代创新管理者要提升亲和力，多采用柔性管理方式。柔性管理可以更好推进创新，促进创新的成功。其一，柔性管理可以更好地与客户沟通，从而获得更多客户信息，对客户的需求更加了解，使组织更能抓住市场、适应市场。其二，柔性管理用柔性的方式与员工沟通交流，潜移默化地激发员工的创新灵感，挖掘员工的创新潜力，提升员工的创新力，并使员工感受到管理者对他们的尊重与关心，从而使员工更加忠诚于组织，主动为组织出谋献策，源自内心的创新热情将激发更大的创造力。其三，柔性管理有效推动团队协作，使组织内形成团结奋进、同甘共苦的工作氛围，部门间、员工间都会有更紧密的协作关系，共同实现组织的创新目标。

（六）用其光，复归其明，无遗身殃

这句话中的"光"可以引申为组织的创新成果。组织要充分发挥其创新成果的作用，将其创新成果推广到实践应用之中。如果在实践中，该创新成果反复被验证有价值，则必对组织有莫大的益处。这就是说，只有加强创新成果的保护和管理，及时推广应用创新成果，充分展现创新成果的价值，组织才不会有任何损失。

（七）是为习常

这里的"习"，可以解释为"熟悉""掌握"。这句话强调该章中所陈述的道理都是"常道"。只有遵循这些"常道",万物才能发展壮大。这里的"万物",当然也包括现代创新管理。

三　小结

总之,《道德经》第五十二章对现代创新管理有诸多启示:万物都有根源,创新亦然;现代创新管理者应该明确创新的起点,严谨分析创新的原动力;万物与其根源的关系,犹如"母"与"子"的关系,"母"与"子"都很重要,缺一不可;"创新之口""创新之门"作为创新的主体,应该予以高度的重视;现代创新管理者应该明察秋毫、以小见大,不要忽略细小环节的不足或缺陷;现代创新管理者要提升亲和力,多采用柔性管理方式;组织要充分发挥其创新成果的作用,将其创新成果推广到实践应用之中。

第五十三章 《道德经》第五十三章对现代创新管理的启示

一 《道德经》第五十三章原文及其翻译

《道德经》第五十三章的原文是："使我介然有知，行于大道，唯施是畏。大道甚夷，而民好径。朝甚除，田甚芜，仓甚虚。服文彩，带利剑，厌饮食，财货有余，是谓盗竽。非道也哉！"[①] 其中蕴含的古老哲理，用现代文翻译如下。只要我稍微有些认识，我就知道，当我在大道上行走的时候，我唯一害怕的是走了邪路。虽然大道是平坦的，但是就有人喜欢走邪径。朝廷中腐败现象严重，农田中荒芜现象严重，仓库中空虚现象严重，却仍然有人身着华贵的锦服，腰佩锋利的宝剑，每日大量食用精美食物以至于到了厌食的程度，家中的财货十分富余，这样的人可以被称为盗贼啊。这不是"道"所能接受的！那么，这些古老的哲理与现代创新管理有什么关系呢？

二 对现代创新管理的启示

（一）使我介然有知

这句话强调"使我有知"，即要让自己有所知，而不要无知。这句话在现代创新管理中，是强调现代创新管理者务必要有勇气、有决心、有毅

---

① 张景、张松辉译注《道德经》，第 217 页。

力让自己多学习、广学习，让自己成为"有知"之人，系统掌握相关理论知识和应用技术。只有这样，才有能力突破创新过程中的各种难题，顺利开展创新工作。

（二）行于大道，唯施是畏

这句话强调勿走邪径，启示现代创新管理者：虽然有些邪径看起来比"大道"更有诱惑力，但千万不要离开"大道"，走向邪径。这句话与上句话联系起来，一起应用于现代创新管理中，是这样的，现代创新管理不容易，创新活动中必然会出现很多问题、困难和阻碍。只有应用符合"大道"的现代创新管理方法，才能找出问题、困难的根源和解决之道，才能发现造成阻碍的具体原因，并有针对性地采取措施，排除各种创新阻碍。而要应用符合"大道"的现代创新管理方法，现代创新管理者就必须经过长时间的学习、积累、修行，使自己逐步成为"有知"之人。这样，现代创新管理者才有能力走在"大道"之上，进而有条不紊地从事现代创新管理工作。但是，走上了较为平坦的"大道"后，现代创新管理者还要时时保持畏惧之心，经常需要提醒自己"千万不要走歪了""千万不要误入歧途"。同时，创新活动中存在很多问题和困难，需要现代创新管理者始终保持谦虚、谨慎、敬畏、清醒的状态，在创新"大道"上不断探索着，找出问题和困难的根源和解决之道，这样才能顺利开展创新工作。

（三）朝甚除，田甚芜，仓甚虚。服文彩，带利剑，厌饮食，财货有余，是谓盗竽。非道也哉

这段话描述了《道德经》撰写时的一种社会现象，作者很不赞同，并明确指出这是一种"非道"现象。

这段话同样对现代创新管理者有很多启示。现代创新管理者不能只看到自己正在进行的创新项目。我们每个人都是国家和社会中的一员，都对国家和社会担负着责任。我们每个人都要热爱自己的祖国，愿意为祖国的兴盛富强主动奉献自己的力量。如果我们每个人都做好了自己，那么社会中哪里会有人走向邪径？而作为一名现代创新管理者，做好自己还不够，还要更注重自己和组织的社会贡献和社会价值，让自己的组织走出一条以

社会贡献为导向的创新之路，将组织的创新与国家、社会的需求紧密结合起来，这也是"大道"的要求。只有这样，组织的创新成果才能具备更大的社会价值，才能更大范围地推广和应用，组织也才能在激烈竞争的市场中始终立于不败之地。

现代创新管理者要行得正、立得直，做一名正直的管理者，敢于与社会中的不良现象斗争。现代社会在推动创新的同时，也产生了造假、劣质、欺骗消费者、虚报业绩、损害社会、污染环境等不良现象。这些不良现象严重影响了现代创新管理者的声誉、创新组织的形象、国家和社会的利益。以正直的态度面对这些不良现象，是一名现代创新管理者应该做的。其一，现代创新管理者应该有正确的价值观和高尚的品德，以诚待人，严于律己，遵守信用规则，不弄虚作假，不欺骗消费者，坚守道德底线；其二，提高认清问题、分析问题、判断问题的能力，不盲目跟从，有自己的正确立场和观点，不受影响；其三，保持理智，正确看待创新项目中的利益，不贪心、不妄为，只接受合法、合理、正常应得的利益，拒绝非法、不合理、不正常、对国家和社会不利的利益；其四，保持冷静，不要被利益或其他欲望所诱惑，经常自我反思，想一想自己是否还在"大道"上，及时发现自己与"大道"的微小偏差，及时纠正自己的错误，及时返回"大道"并继续在"大道"上前进；其五，敢于与社会上的不良风气斗争，坚持符合"大道"的行事原则；其六，通过持续不断的学习和自我修炼，不断提高专业知识水平和管理水平，提高对强竞争市场的适应能力。

三　小结

总之，根据《道德经》第五十三章启示，现代创新管理者要想顺利开展创新工作，就必须掌握并应用符合"大道"的现代创新管理理论和方法；要掌握并应用符合"大道"的现代创新管理理论和方法，现代创新管理者就必须脚踏实地努力学习和积累，逐步让自己成为"有知"之人；现代创新管理者只有成为"有知"之人后，才可以走上比较平坦的创新"大道"，但仍然不可以松懈和骄傲，务必保持清醒的大脑，坚守谦虚、谨慎、敬畏的状态，时常反思一下自己是否还在"大道"上；一旦现代创新管理者发现自己偏离了"大道"，就要马上回归正道，避免越走越偏，最后误入歧途，走上"邪径"。此外，《道德经》第五十三章还启示现代创新管理者：要与贪、懒、盗、浪费等"非道"现象斗争，做一名正直有"道"的现代创新管理者，坚持符合"大道"的行事原则，坚守道德底线。

第五十四章 《道德经》第五十四章对现代创新管理的启示

一 《道德经》第五十四章原文及其翻译

《道德经》第五十四章的原文是："善建者不拔，善抱者不脱，子孙以祭祀不辍。修之于身，其德乃真；修之于家，其德乃余；修之于乡，其德乃长；修之于国，其德乃丰；修之于天下，其德乃普。故以身观身，以家观家，以乡观乡，以国观国，以天下观天下。吾何以知天下然哉？以此。"① 其中蕴含的古老哲理，用现代文翻译如下。善于建功立业的人通常讲究策略和战术，他们所建立的功业不会轻易消失；善于抓住好机会的人不会轻易放弃机会，他们总能把握住各种好机会；子孙应该不辍祭祀，延续家族的好传统。每个人都要注意道德品质的修行。修身养性，才能拥有真正的善德。带着整个家庭修品养德，这个家才能余下更多财富；带着乡邻一起修身养德，这样的德行会受到大家的尊敬和崇拜；带着整个国家的人一起修身养德，这样的德行会有丰硕的回报；带着整个天下的人一起修身养德，这样的品德就可以得到广泛的推广。所以，将自己与别人对照着观察，将自家与别家对照着观察，将自乡与别乡对照着观察，将祖国与别国对照着观察，将平天下之道与天下对照着观察。我相信我能够更好地理解天下如此的道理。就是这些道理啊。那么，这些古老的哲理与现代创新管理有什么关系呢？

---

① 张景、张松辉译注《道德经》，第 221 页。

二　对现代创新管理的启示

（一）善建者不拔

善于建功立业的人讲究策略和战术，这是一种"建业智慧"；同理，善于创新的人也需要讲究策略和战术，亦是一种"创新智慧"。一个好的策略，例如借力、市场渗透、协作创新等，可以让创新更加聚焦、更加高效。其一，借力。借力策略的基本思想，是借助外部力量来取得创新的成功。科技的进步、市场的变化，无时无刻不在影响着我们的创新。在恰当的时候，恰当借用外部资源，可以有效提高创新的质效。其二，市场渗透。市场渗透策略的基本思想，是通过不断扩大产品或服务的市场份额，逐步占据市场领导地位。实施市场渗透策略之前，现代创新管理者要有明确的创新目标，并做好市场细分和市场定位。在实施市场渗透策略过程中，现代创新管理者需要针对特定市场需求进行产品或服务的创新，并不断监测市场反应，及时调整市场渗透策略。其三，协作创新。复杂的创新项目，需要集体的智慧、团队的力量、跨行业的合作、产学研的协作。现代创新管理者要懂协作、善协作，多学习和借鉴行业内优秀企业的成功经验，积极与高校、研究院所建立合作关系，构建一个具有高度凝聚力和协作力的创新团队。

策略与战术的制定，务必以创新组织与市场的实际情况为依据。如果做出错误的决策，则可能直接导致创新的失败。

（二）善抱者不脱

善于抓住好机会的人不会轻易放弃机会，同理，优秀的现代创新管理者要善于抓住机会，不要轻易放弃机会。机会稍纵即逝，如果没有好好把握，它可能在一个瞬间就消失了。因此，现代创新管理者需要具备敏锐的观察力，不断寻找机会，并积极争取机会。其一，现代创新管理者需要具备敏锐的观察力。观察力的形成，不仅需要深厚的知识基础，也需要实践经验的积累。要形成敏锐的观察力，现代创新管理者务必多听、多看、多学习、多思考，随时关注行业发展动态，具备创新敏感性，独具慧眼并懂得"三思而后实践"，在实践中不断反思和总结经验。其二，现代创新管理者需要不断寻找机会。市场需求不断升级、日新月异，而创新机会就潜藏其中。作为现代创新管理者，你要紧跟市场的变化，研究客户的需求及其变化趋势，这样才能找到创新的突破口。在寻找创新机会的过程中，你可能会遇到各种各样的困难和挑战，你要具备坚韧不拔的创新精神，也需要说服并取得投资者与各种专业人士的支持，还要敢于标新立异、破旧立新。其三，现代创新管理者需要积极争取机会。机会总是给那些有准备的人。现代创新管理者要敢于想象，提出具有前瞻性的战略规划，也要有勇气尝试与实践。如果你不敢实践，所有的创新机会就都会失去。在尝试与实践之前，务必要严谨、认真地为你的创新项目做一个可行性分析研究。

（三）子孙以祭祀不辍

子孙应该延续家族的好传统，启示现代创新管理者应始终保持对传统文化的敬畏，传承优秀的传统文化。传统文化是中华民族五千多年文明的结晶，蕴含着丰富的哲理和道德思想。这些哲理和道德思想是无价的瑰宝，也是现代组织创新发展的重要资源。现代创新管理者不应该简单地将传统文化视为束缚，而应该积极地汲取其中的优秀成分，将优秀传统文化中的哲理和道德思想融入现代创新的过程中，实现创新组织与社会文化发展的双赢，推动传统文化的与时俱进。现代创新管理者通过传承优秀传统文化，也可以使其创新产品或服务更能满足中国消费者的需求，从而能更好地适应中国市场环境。传承优秀的传统文化，也有助于促进现代创新管理者形成正确的人生观、价值观、道德观、经营观。在现代社会中，那些有智慧、讲仁爱、懂平衡、有道德、有底线的现代创新管理者，通常是学习、传承我国优秀传统文化的典范。

（四）修之于身，其德乃真；修之于家，其德乃余；修之于乡，其德乃长；修之于国，其德乃丰；修之于天下，其德乃普

这句话强调自我修行，带着整个家族、乡邻、国家、天下一起修身养德。这启示现代创新管理者要注重自我修行，并带领整个创新组织的各级

员工一起修身养德。

针对现代创新管理者的自我修行，笔者强调以下几点。其一，既具备强烈的责任感，又懂得放松身心、缓解压力和焦虑，保持良好的心态，加强心灵的修养，学会倾听和换位思考。其二，既要具备扎实的基础知识，又要具备继续学习的能力，善于接受新知识，不断更新自己的知识库，完善知识体系。其三，既要心细而善于观察，了解最新的市场实情及发展趋势，又要胆大而果断决策，并在实践中不断反思和总结经验。其四，既要重视新技术，了解新技术的发展现状与趋势，又要根据需要引进与应用新技术。其五，既要注重自己的心理健康，又要注重自己的身体健康，养成良好的作息习惯，定期锻炼身体，尽量避免熬夜。其六，既要做好自己，又要带领整个组织的员工一起修身养德，例如，现代创新管理者可以通过举办各种培训和学习活动来提高员工的道德修养与技术水平。

（五）故以身观身，以家观家，以乡观乡，以国观国，以天下观天下。吾何以知天下然哉？以此

这句话强调对照观察，以此更好地理解天下的道理，这启示现代创新管理者不能自己埋头苦干，必须多学习、多借鉴、多对照，并在学习、借鉴、对照中分析问题和解决问题。其一，创新不容易，没有持续的学习和足够的知识积累，顺利进行创新几乎是不可能的。现代创新管理者需要不断学习，以便掌握前沿理论知识、先进创新理念和思维，明确最新的市场趋势，了解当前客户需求。创新组织都应该是学习型组织，而现代创新管理者都应该是学习型的人。其二，在创新过程中，不仅需要学习，还需要懂得借鉴。借鉴的对象可以多样化，例如同行企业、竞争对手、协作单位等，也可以借鉴其他国家、其他地区的成功案例。其三，现代创新管理者还要懂得对照，定期回顾和评估自己的工作，对照先进企业、先进现代创新管理者的成功案例，从中分析自己的不足，明确自己的差距，进而查找不足的原因，采取积极的措施进行改进。其四，现代创新管理者要时常将实际执行结果与标准或计划进行对比，及时发现实际执行结果与标准或计划之间的偏差，进而采取措施进行纠偏或调适，使创新目标得以实现。

三　小结

总之，受《道德经》第五十四章启示，现代创新管理者在创新全过程中要讲究策略和战术；要善于抓住机会，不要轻易放弃机会；始终保持对传统文化的敬畏，传承优秀的传统文化；注重自我修行，并要带领整个创新组织的各级员工一起修身养德；不能自己埋头苦干，必须多学习、多借鉴、多对照，并在学习、借鉴、对照中分析问题和解决问题。

第五十五章 《道德经》第五十五章对现代创新管理的启示

一 《道德经》第五十五章原文及其翻译

《道德经》第五十五章的原文是："含德之厚，比于赤子。蜂虿虺蛇不螫，猛兽不据，攫鸟不搏。骨弱筋柔而握固。未知牝牡之合而全作，精之至也。终日号而不嗄，和之至也。知和曰常，知常曰明，益生曰祥，心使气曰强。物壮则老，谓之不道，不道早已。"① 其中蕴含的古老哲理，用现代文翻译如下。具有高尚道德素养的人，就像刚出生的婴孩一般纯真。他不容易受到外界的干扰和影响啊，就连毒虫都不螫他，猛兽也不伤害他，那些凶恶的鸟儿也不把他当成搏击的对象。虽然他的筋骨柔弱，但是他的拳头可以握得很有力。虽然他不明白雄雌交配的道理，但是他的精气可以达到极致。他整天大声叫喊，但是他的嗓子不会因此而沙哑，这是因为他的和气达到极致。知道和顺的道理被称为"常"，知道常道被称为"明"，有益于生命被称为"吉祥"，欲念主导了精气被称为"强"。事物如果过壮就会走向衰老，因为过壮是不合"道"的，不合"道"就很快消亡。那么，这些古老的哲理与现代创新管理有什么关系呢？

---

① 张景、张松辉译注《道德经》，第 225 页。

二 对现代创新管理的启示

（一）含德之厚，比于赤子

这句话强调一个人或组织"如赤子"一般纯真和质朴的高尚品德与内在修养，启示现代创新管理者务必具备高尚的内在品质和道德修养。厚德载物，德与才相对应，"德之厚"决定了一名现代创新管理者在创新、管理、文化建设等方面的内在能力。只有德才兼备的现代创新管理者，才具有包容性、尊重性和教育性，才能有效激发员工的内在创新潜能，从根本上提升整个组织的创新力量。作为一名现代创新管理者，德必须配位，这既是维护组织形象和竞争力的需要，也是维护个人形象和竞争力的需要。

"含德之厚"与现代创新管理是相辅相成的，"含德之厚"是成功的现代创新管理的基础，成功的现代创新管理又会进一步促进"含德之厚"。只有将"含德之厚"与现代创新管理结合起来，才能建成具有包容性、尊重性和教育性的创新型组织文化，才能让员工对组织有强烈的归属感、责任感，才能充分调动员工的创新激情和创造力，进而有力推动组织的可持续创新发展，让组织走得远、立得稳。

（二）蜂虿虺蛇不螫，猛兽不据，攫鸟不搏

这句话指出，一个具有高尚道德品质的人，连毒虫、猛兽和攫鸟也不伤害他，让人很有安全感。这句话在现代创新管理中，则进一步强调现代创新管理者务必具有良好的内在品质和道德修养。现代创新管理者，如果不具备良好的内在品质和道德修养，就很容易被诱惑而偏离"大道"，毒虫、猛兽和攫鸟的伤害都很难避免。在现代社会，毒虫、猛兽和攫鸟可以理解为竞争对手、激烈竞争的市场环境。

（三）骨弱筋柔而握固。未知牝牡之合而全作，精之至也

这句话强调"握固"和"精之至也"。"握固"强调像强者一样坚定不移，不被任何外力和困难所吓倒和打倒；"精之至也"强调精气充沛。这句话启示现代创新管理者要有坚定的信念，不畏艰难险阻，并以充沛的

精力战胜任何困难。坚定的信念通常源于现代创新管理者对事业的认知、热爱、信心和执着。坚定的信念是现代创新管理者勇往直前、不畏艰难险阻的强大动力，它让现代创新管理者可以直面创新中的各种困难，知难而进、坚持不懈，直到战胜所有困难而取得成功，最终实现目标。在这个过程中，现代创新管理者需要付出大量的精力。如果现代创新管理者缺乏健康的身体、充沛的精力，则很难做到。因此，现代创新管理者需要勤于锻炼、注意饮食，努力提升身体素质。

（四）终日号而不嘎，和之至也

这句话中的"号而不嘎"在现代创新管理中，可以理解为现代创新管理者具有良好的心态和自我调节能力。拥有好的心态不容易，当心态偶尔失衡时，需要具备快速调整好心态的能力。现代创新管理者保持好心态、善于情绪管理、有自我控制能力，既有助于提高创新效率，又有助于树立良好形象并得到员工的真心追随。

那么，现代创新管理者如何保持好心态呢？其一，学会控制自己的情绪。情绪是一种非常复杂的感觉，可以分为积极情绪和消极情绪两大类。积极情绪，如高兴、自信、欣慰等；消极情绪，如忧虑、焦虑、愤怒等。积极情绪需要好好珍惜和保持。这里说的控制情绪，是指控制消极情绪。控制消极情绪很难。如果你还不能控制自己的消极情绪，那么就先从控制你的行为开始。例如，当你生气时，你可能会选择生闷气、不说话，也不去行动。这样做的结果往往并不能缓解消极情绪，通常只会让你越来越生气。但是，如果你换一种方式应对你的情绪——你选择行动起来，如约朋友一起旅游、走出门去散步、与朋友欢聚聊天等，这样，你的消极情绪在你的行动中会逐步缓解。其二，积极考虑解决之策。仅缓解、控制了消极情绪还不够，你还需要积极思考解决当前难题或困难的策略。针对难题和困难的行动，也对你克服消极情绪、恢复良好心态很有益处。其三，懂得愉快地沟通。现代创新管理者时常需要与客户、员工、专家等各种各样的人进行沟通。愉快的沟通，可以有效密切沟通双方的关系，也让沟通者心情愉悦。无论是为了推进工作，还是为了自己的身心健康，现代创新管理者都要学会如何愉快地沟通。沟通是一门艺术。现代创新管理者坦诚地说出自己的感受，让对方了解其感受、想法、观点，促进相互理解，达成某种协议，也有利于解决问题和克服困难。

（五）知和日常，知常日明，益生日祥，心使气日强

这句话启示现代创新管理者要知道和顺的道理，要遵循"常道"，要做有益于生命的事。其一，现代创新管理者要知道和顺的道理。"和顺"，大多数人理解为"和气温顺"，但对于现代组织而言，更有"和才顺"的意思。"和才顺"，是指组织发展需要一个和谐、温馨的内在环境，这样组织才能顺利发展。人常言"家和万事兴"，组织亦然，"组织和，万事则兴"。其二，现代创新管理者要了解和遵循"常道"。都说创新是组织发展的生命线，如果现代创新管理者不知道或违背"常道"，那么创新就可能成为破坏。遵循"常道"，要求现代创新管理者要充分了解客观的市场需求和国家需要，按需创新，确立正确的创新方向，提升创新的社会价值；在整个创新过程中，现代创新管理者都应该尊重自然、尊重人、尊重客观的事实和数据；创新成果诞生后，要及时总结经验和教训，做好保护和推广应用创新成果的一系列工作。其三，现代创新管理者要做有益于生命的事。在面对不同观点、不同立场时，现代创新管理者不要感情用事，不要轻易动怒，而要保持冷静、保持适度的自律和自省，以理智的头脑协调矛盾，认真倾听矛盾双方的观点，始终保持谦逊和担当，以智慧的方式解决矛盾并传递正能量。

（六）物壮则老，谓之不道，不道早已

这句话强调事物若过壮、过盛，就会从壮转弱、从盛变衰，如同一条正态分布的曲线，事物发展到曲线的顶端就会"走下坡路"。这句话启示现代创新管理者要保持低调、谦虚、谨慎的态度，不可太张扬。如果现代创新管理者太高调、太骄傲、不谨慎、太张扬，则很可能泄露机密，引起竞争对手的反感和攻击，增加竞争对手，破坏组织形象，这样无疑使组织在创新路上又增添了强敌和艰难险阻，创新的成功率下降，甚至直接导致创新的失败。

三　小结

总之，受《道德经》第五十五章启示，现代创新管理者应注重做一名德才兼备的管理者；要有坚定的信念，不畏艰难险阻，并以充沛的精力战胜任何困难；要保持好心态，善于情绪管理，有自我控制能力；要知道和顺的道理，要遵循"常道"，要做有益于生命的事；要保持低调、谦虚、谨慎的态度，不可太张扬。

第五十六章 《道德经》第五十六章对现代创新管理的启示

一 《道德经》第五十六章原文及其翻译

《道德经》第五十六章的原文是："知者不言，言者不知。塞其兑，闭其门；挫其锐，解其纷；和其光，同其尘。是谓玄同。故不可得而亲，不可得而疏；不可得而利，不可得而害；不可得而贵，不可得而贱。故为天下贵。"[①] 其中蕴含的古老哲理，用现代文翻译如下。一个真正有智慧的人，不会在口头上多说自己的想法和观点，那些经常到处说人长短的人往往是无知的。智慧的人将他们嗜欲的孔窍堵塞了，将他们嗜欲的门窗关闭了；平时低调、不露锋芒，这样有助于他们从纷争中解脱出来；他们收敛了自身的光芒，让自己看起来与尘世中的普通人一样，这就是说他们达到了"玄同"的境界。因为他们达到了"玄同"的境界，所以，他们已经无所谓"亲疏""利害""贵贱"等世俗定义，也因此，他们是十分尊贵的，是应该被天下人所尊重的。那么，这些古老的哲理与现代创新管理有什么关系呢？

二 对现代创新管理的启示

（一）知者不言，言者不知

这句话比较了"不言者"与"言者"、"知者"与"不知者"，突出智

---

① 张景、张松辉译注《道德经》，第229页。

慧之人的"智慧式不言"，启示现代创新管理者不要轻易将自己未立项的创新思路和想法说出来。第一，此时的创新思路和想法只是基于个人经验的小范围探索，还没有经过深思熟虑；第二，将未成熟的创新思路和想法轻易说出来，有可能会破坏自己心中的平衡和秩序，让自己的思考受到干扰和破坏；第三，将自己的创新思路和想法说出来，有可能被竞争对手获知并抢先实践，失去创新先机。

（二）塞其兑，闭其门；挫其锐，解其纷；和其光，同其尘。是谓玄同

这整句话的核心是强调"玄同"。"玄"，神秘、奥秘之意，强调大自然的神秘和奥秘；"同"，指人类将自己融入自然，强调人类对自然界的尊重、理解和保护。"玄同"理念强调人与自然的和谐共生。在现代创新管理中应用"玄同"理念，强调创新活动中应该尊重自然、理解自然、顺应自然、保护自然，否则，不尊重自然、不理解自然、不顺应自然、破坏自然的创新活动，注定会受到大自然的惩罚。"玄同"理念有助于现代创新管理者寻找到一种可持续发展的创新模式。在现代社会，随着创新的深入和迅速发展，局部存在某些过度创新、不尊重自然的创新、破坏环境的创新，破坏了人与自然的和谐共生，迫切需要一个更有利于可持续发展的创新理念引领各类组织的健康发展，而《道德经》中强调的"玄同"理念正是我们所迫切需要引入现代创新管理的可持续发展理念。

在现代创新管理中，引入"玄同"理念。其一，自然中的万物生存与发展，都有其潜在的规律。自然规律是客观的，不随任何人的主观意志而改变。只有尊重自然规律的人，才能获得成功。古今中外，至今还没有一项违背自然规律的创新项目获得长时间的成功。因此，现代创新管理者要加强对自然规律的学习和研究，并主动应用自然规律指导创新活动。其二，在创新活动中，现代创新管理者要理解并顺应自然。创新需要创新灵感，创新灵感应该源于自然的启示，只有深入了解并理解自然，才能探知自然界的变化和发展趋势，进而正确预测未来的需求，才能获得顺应未来需求的、有价值的创新灵感。其三，在创新活动中，现代创新管理者要保护自然。创新活动需要用到各种自然资源，例如水、空气、土地等。自然

资源与环境是各类创新活动的重要支持与关键支撑。然而，自然资源是有限的，我们所生存的自然环境也很脆弱，经不起人类的破坏。如果我们向大自然过度索取，大自然就会失去原本的平衡和力量，无力再支撑人类后续的创新活动。为了让创新实现可持续发展，现代创新管理者在开发新产品、新技术时，务必要注重对自然资源与环境的保护，避免过度使用自然资源、浪费自然资源、破坏环境，努力实现创新与自然的共生、共荣。此外，还要注重自然资源的回收和二次利用，采取必要的措施控制污染的产生和蔓延。建议现代创新管理者在创新项目策划时，预先制定合理使用自然资源、节约资源、二次利用资源、保护环境、防污减排的策略、方案和具体措施。

（三）故不可得而亲，不可得而疏；不可得而利，不可得而害；不可得而贵，不可得而贱。故为天下贵

这句话指出，达到"玄同"境界的智慧之人，已经超脱了亲疏、利害、贵贱的世俗范围，是十分尊贵的、应该被天下人尊重的人。达到"玄同"境界的智慧之人，应该是现代创新管理者的榜样和楷模。

"玄同"境界，是一种自然、和谐、相合、相融的境界。现代创新管理应该努力进入"玄同"境界。现代创新管理是一项难度高、复杂度高的系统性工作，需要顺应自然规律，并整合多方面的力量才能成功。进入"玄同"境界将促进现代创新管理者遵守自然规律，并有力促进各方面力量的整合，实现多方的优势互补。"玄同"境界是现代创新管理可持续发展的最高境界，虽然是一个较高的要求，但是"不求则不达"，只有努力追求，才能离"玄同"境界越来越近，让我们的创新环境越来越美好。在创新活动中，现代创新管理者要注重保护自然环境，不可只注重经济利益。现代创新管理者通过与协作伙伴和谐合作、与客户真诚交流、与员工同甘共苦，实现共赢、可持续创新与可持续发展。

三　小结

总之，受《道德经》第五十六章启示，现代创新管理者不要轻易将自

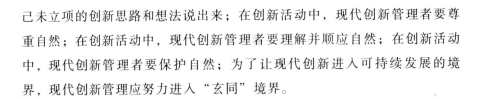

己未立项的创新思路和想法说出来；在创新活动中，现代创新管理者要尊重自然；在创新活动中，现代创新管理者要理解并顺应自然；在创新活动中，现代创新管理者要保护自然；为了让现代创新进入可持续发展的境界，现代创新管理应努力进入"玄同"境界。

第五十七章 《道德经》第五十七章对现代创新管理的启示

一 《道德经》第五十七章原文及其翻译

《道德经》第五十七章的原文是："以正治国，以奇用兵，以无事取天下。吾何以知其然哉？以此：天下多忌讳，而民弥贫；民多利器，国家滋昏；人多伎巧，奇物滋起；法令滋彰，盗贼多有。故圣人云：'我无为，而民自化；我好静，而民自正；我无事，而民自富；我无欲，而民自朴。'"① 其中蕴含的古老哲理，用现代文翻译如下。以正道去治理国家，以新奇的军事策略去用兵，以不扰害百姓来获取天下之心。我为什么能知道这个道理呢？我的根据是如果天下有很多禁忌，人们就会因此变得越来越贫穷；如果人们有很多锐利的武器，国家就会因此变得越来越混乱；如果人们有很多技能和奇巧，邪风怪事就会因此变得越来越多；如果法令变得越来越森严，盗贼反而会变得越来越多。所以，圣人说："我不行动、不妄为，百姓自己就会变得越来越好；我喜欢宁静的生活，百姓也会变得安静而正派；我不打扰百姓，百姓自会越来越富足；我不追求什么，百姓自会淳厚朴实。"那么，这些古老的哲理与现代创新管理有什么关系呢？

---

① 张景、张松辉译注《道德经》，第 234 页。

二 对现代创新管理的启示

（一）以正治国，以奇用兵，以无事取天下

这句话强调以"正"治理国家、以"奇"用兵、以"无事"治理天下。将这句话应用于现代创新管理，则启示现代创新管理者：既要"正"，又要"奇"，还要"无事"。

其一，现代创新管理者要"正"。"以正治国"中的"正"强调正道，强调正确的价值观与伦理观念，强调遵循自然规律，追求真理，启示现代创新管理者要坚持走正道、循正规，保持对自然规律的尊敬，按自然规律办事而不妄为，有正确的价值观和伦理观念，遵守法律法规，坚守原则，追求真理，敢于与行业中的不良现象、歪风邪气抗争，珍惜并保持组织的良好社会声誉与形象。

其二，现代创新管理者要"奇"。"以奇用兵"强调采用新、奇、巧、特的战略战术出奇制胜。这样的战略战术需要用兵者刻苦钻研兵书，并在实践中不断总结经验与教训，在战场上根据实际的客观情况随机应变。受其启发，现代创新管理者也要刻苦钻研、实践与总结，在实际管理工作中根据客观实际情况，随机应变，采用与当前客观环境相适应的，新、奇、巧、特的创新模式与经营方法，力求出奇制胜。

其三，现代创新管理者要"无事"。现代创新管理者要"亲员工"，而不是"扰员工"，要以员工的利益为先，管理要保持公平、公正与清明，"以无事取天下"中的"无事"，是指"不妄为""不打扰百姓"，启示现代创新管理者要以"不妄为""不打扰员工"的方式获取人心，进而追求卓越。这需要现代创新管理者做好"亲员工"工作，多与员工亲切交流，及时了解员工的困难并给予援手，努力满足大多数员工的需求，发自内心关爱员工，以亲和的方式逐步引导员工追求卓越。

（二）天下多忌讳，而民弥贫

这句话启示现代创新管理者在创新中要处理好忌讳或禁令和创新之间

的关系。现代创新管理中的忌讳或禁令，是指在现代创新管理中人为设置的不被允许的事项或言行。现代创新组织中可以设置少量的忌讳或禁令，如不允许员工在创新中偷工减料、不允许员工对客户不诚信。但是，如果现代创新组织设置了过多忌讳或禁令，就会使员工变得更加沉默、缺乏活力，进而约束了员工的创新思维，阻碍员工积极发挥其创造力，影响了整个组织的创新氛围，组织整体也显得缺乏活力和创造力。

（三）民多利器，国家滋昏

这句话强调减少民间的利器。想到利器，我们多想到争斗。争斗多由矛盾激化，但如果只有矛盾而缺乏利器，刀光剑影的惨烈现象会减少很多。所以，聪明的管理者会想方设法减少民间的利器。这句话启示现代创新管理者既要尊重员工，营造和谐文化氛围促进员工之间的友好交流，又要加强员工的道德素质培育，构建学习型组织，要求每个员工都要参与学习，提高每个员工的内在修养。例如，笔者曾经实地调研的企业之一就做得很好，该企业内建有企业大学，企业大学中设置了道德修养课程、专业技术课程、前沿理念课程等，要求每个员工都要到企业大学中学习，每门课经过考试才能得到学分。企业针对每个岗位的特点设置了年学分标准，相应岗位的员工每年都要按要求达到规定岗位的学分标准，否则会影响本年的福利绩效。这样，员工通过持续学习，不断提升道德素养和专业能力，变得越来越谦和，就算员工间偶尔有些矛盾，也可以通过温和的沟通化解，不会影响整个组织的秩序，避免组织的混乱。

（四）人多伎巧，奇物滋起

"过犹不及"。如果组织中缺乏技能与奇巧，则无力求新，但如果组织中的技能与奇巧过了，也会带来本不该有的邪风怪事。在现代创新管理中，虽然技能与奇巧有助于创新，但不可过多使用。组织通常有整套创新流程，要尊重创新流程与创新规律，不可妄用技能与奇巧，导致创新不合常规，出现违法乱纪、产品质量缺陷、设备故障等问题。

（五）法令滋彰，盗贼多有

古代的统治者认为法令森严了，盗贼就会减少，但事实上，法令越森严，在执行中的漏洞就越多。古代森严的法令只针对穷苦的老百姓，很多皇亲国戚、达官贵族都是古法令的"漏网之鱼"。这种有法不依的现象，激起不少穷苦老百姓的愤怒，于是盗贼反而有增无减。这句话启示现代创新管理者，如果组织中有法不依、有章不循、奖罚不明，那么员工就会无视组织的规章制度，越来越多的员工会成为组织中的"盗贼"。这些"盗贼"型员工不但不努力工作，而且还常常在工作中偷工减料、偷懒、迟到、抢功等，使组织越来越混乱与无序。

（六）故圣人云："我无为，而民自化；我好静，而民自正；我无事，而民自富；我无欲，而民自朴。"

这句话强调圣人的治国之"道"，以"无为之'道'""好静之'道'""无事之'道'"启示现代创新管理者。

三 小结

总之，受《道德经》第五十七章启示，现代创新管理者要做到"正""奇""无事"；在创新中要处理好忌讳或禁令和创新之间的关系；提高每个员工的内在修养，化员工心中的"利器"为"谦和的沟通"；重视组织中的技能与奇巧，充分利用其优势增强组织的创新能力，但也要提醒员工不可妄用技能与奇巧；不可有法不依，要做到有法可依、有章可循、奖罚分明；循"道"。

第五十八章 《道德经》第五十八章对现代创新管理的启示

一 《道德经》第五十八章原文及其翻译

《道德经》第五十八章的原文是："其政闷闷，其民淳淳；其政察察，其民缺缺。祸兮福之所倚，福兮祸之所伏。孰知其极？其无正，正复为奇，善复为妖。人之迷，其日固久。是以圣人方而不割，廉而不刿，直而不肆，光而不耀。"[①] 其中蕴含的古老哲理，用现代文翻译如下。如果一个国家的政治状态比较沉闷，那么这个国家的人民就相对比较淳朴忠诚；如果一个国家的政治状态比较清楚，那么这个国家的人民就相对比较狡黠而多抱怨。灾祸啊，常有幸福相伴着；幸福啊，常有灾祸藏伏着。谁能确知它究竟是灾祸还是幸福呢？灾祸和幸福之间，并没有明确的标准可以用来判断。过分的"正"会让人感觉奇怪，过分的"善"会让人感到害怕。人们对这样的现象感到很迷惑，这样的迷惑由来已久了。因此，得"道"的圣人不会过于方正（因为过于方正就会显得生硬），而是方正而不生硬；不会过于有棱角，而是有棱角而不伤害人；不会过于直率，而是直爽而不放肆；不会过于光亮，而是有光亮而不刺眼。那么，这些古老的哲理与现代创新管理有什么关系呢？

---

① 张景、张松辉译注《道德经》，第239页。

二 对现代创新管理的启示

（一）其政闷闷，其民淳淳；其政察察，其民缺缺。祸兮福之所倚，福兮祸之所伏。孰知其极？其无正

这段话描述了一种现象。从这个现象可见，原本矛盾的双方可以互相转换。灾祸中可能伴有幸福，幸福中也可能藏着灾祸。这启示现代创新管理者，我们没有明确的标准去判断好与坏、正确与错误；世界上没有绝对的好，也没有绝对的不好；在创新过程中遇到的所有问题，都应该根据客观环境辩证地分析，不可妄下"正确""错误"等定论；没有绝对的正确，也没有绝对的错误；只有适应当前客观环境的方法才是当前可适用的创新方法；只有符合客户客观需求的创新产品或服务才是有价值的创新产品或服务；创新的意义也不可以绝对化，一个创新项目是否有意义，不是现代创新管理者口头上可以判断的，而要看这个创新项目在当前环境下是否被社会需求、是否被客户需求。

（二）正复为奇，善复为妖。人之迷，其日固久

"正"与"善"，在人们的意识里都是优秀的品质。但是，过度的"正"为"奇"，过度的"善"为"妖"。这样辩证地分析，让世人明确"凡事不可过度"的道理。在现代创新管理中，同样应该切记"凡事不可过度"。例如，创新被国家大力提倡，是大多数人眼中的正确之事。但是，过度的创新好不好？我们必须认清这样的事实：创新需要时间、精力和资源，组织的资源是有限的。每一个创新都需要成本，对于理性组织而言，只有创新收入大于创新成本时，才值得投入创新。如果组织盲目、过度追求创新，就可能导致大量不该有的浪费，甚至得不偿失。另外，创新的本质是破坏旧的要素组合，重新进行要素组合，构成新的要素组合。因此，创新都具有一定的破坏性。不切实际地盲目、过度创新，有可能使组织原有的流程、稳定、机制、文化、声誉和形象受到破坏，进而付出沉重的代价。创新，是一个既需要信念、决心和勇气，也需要谨

慎、客观、细致和智慧的过程，只有在创新前充分了解客观情况、严谨做好可行性分析研究、确认可行的创新项目，才可以立项并投入资源开展创新工作。

（三）是以圣人方而不割，廉而不刿，直而不肆，光而不耀

这句话强调，一个得"道"的人不会过分方正，不会过分有个性、有棱角，不会过分直爽，不会过分追求"闪闪发光"。这句话同样给现代创新管理者以深刻启示。现代创新管理者应该让自己成为一个什么样的人呢？正直、有个性、直爽、有光环，都是人们意识里的好品质，但这些好品质都不可过度。

现代创新管理者应成为方正而不呆板的管理者。现代创新管理者应该是方正之人，有正确的人生观、价值观和坚定的信念，不畏困难，有勇气迎难而上，有不可动摇的处事原则，不会轻易妥协和放弃。这样方正的人，常常给人不会变通、呆板的印象。创新活动需要灵动的灵魂，与呆板是存在矛盾的。因此，现代创新管理者应该既方正又不呆板，其不呆板体现在诸多方面：其一，思维灵动，有广阔的创新思维空间，还有丰富的想象能力，能够透过事物的表面现象看到其本质，能够从事物现在的状态想象其未来的发展，能够通过分析当前的市场需求正确判断市场的未来需求趋势，能够独具慧眼而发现、挖掘事物的潜在价值，善于捕捉创新灵感；其二，重视学习，心态开放，接受新观念、新知识、新技能的能力强，整合多学科知识和技能的能力强，不拘泥于某个固定的思维框架，不保守、不偏见，不排斥竞争对手的观点，善于看到竞争对手、员工思维观念中潜在的闪光点，能多维度分析、融合、应用各种有价值的观点；其三，保持动态的、发展的眼光，与时俱进，跟上时间的脚步，动态看待各种问题的过去状态、现在状态和未来可能的发展与变化。

现代创新管理者应成为有个性而不伤人的管理者。现代创新管理者应该有个性。创新活动以独特性见长，创新活动的管理者也应该具有独特性，这种独特性不仅体现于思维模式中，也体现于个性中。有个性的现代创新管理者才能凸显创新的独特性，让创新成果与众不同。然而，作为生

活在社会中的一名社会人，现代创新管理者不能过分有个性而造成伤害，甚至失去了生存的基础。现代创新管理是一把双刃剑，其中，一刃是有利的，适度的、符合消费者需求的创新可以为企业带来财富与发展机会；另一刃是不利的，甚至是伤人的，过度的、太有个性的创新无法符合广大消费者的需求，就是失败的创新、巨大的浪费和伤人的武器。现代创新管理者应该谨记其工作性质的双刃性，发挥有利的个性，避免不利的个性，做一个有个性而不伤人的管理者。

现代创新管理者应成为直爽而不妄言的管理者。现代创新管理者应该是直爽的、敢于直言问题与不足的人。只有敢于直言问题与不足，才有利于解决问题、弥补不足。问题与不足是创新的动力之一，正是有了问题与不足，才需要通过创新以改之。过度直爽则不可。过度直爽的管理者，有时会攻击或贬低员工或竞争对手的观点与看法，甚至会随便说出一些不负责任的话，使员工产生不满情绪，使竞争对手更加仇视。这样过度直爽的现代创新管理者不会受到员工的欢迎，也会使自己的竞争环境更加恶化，很不利于组织的可持续发展。

现代创新管理者应成为有光环而不刺眼的管理者。作为一个组织的现代创新管理者，在员工眼中，你身上通常是有光环的。你身上的光环，可以使员工主动追随你并服从你的指令。但是，你不可因此而傲视员工、不尊重员工。如果你让员工感觉到"刺目"，那么你就让员工感觉到不舒服了。这样，员工的心将逐渐远离，甚至连同他们的身体一起远离，员工会失去工作热情，甚至跳槽。因此，有光环的现代创新管理者应该时刻警醒自己不可"刺目"，尊重员工，与员工多交流与沟通，多学习，进一步提升自己的工作能力，同时要保持谦虚的工作态度。

三　小结

总之，受《道德经》第五十八章启示，现代创新管理者应该辩证看待问题，优势与劣势原本没有明确的界限，也没有绝对的正确与错误；凡事适度才好，不可过度；创新很好，但过度创新是具有破坏性的；在为人品性方面，也不可过度；方正是好的，但过度方正就显得呆板；有个性是好的，但过度有个性就容易造成伤害；直爽是好的，但过度直爽就容易妄言；有光环是好的，但过度有光环就会"刺眼"。

第五十九章 《道德经》第五十九章对现代创新管理的启示

一 《道德经》第五十九章原文及其翻译

《道德经》第五十九章的原文是："治人、事天莫若啬，夫唯啬，是谓早服。早服谓之重积德，重积德则无不克，无不克则莫知其极。莫知其极，可以有国。有国之母，可以长久。是谓深根固柢、长生久视之道。"[①]其中蕴含的古老哲理，用现代文翻译如下。在治国理政中，没有比节约更为重要的了。只有节约，才能在需要之前就早早地做好准备；在需要之前就早早做好准备，也是早早开始不断积累德行；早早开始不断积累德行，就可以克服一切困难；克服一切困难，就有强大的力量，就无法估量其力量的极限，这样才可以担负起治理国家的重任。掌握了治理国家的根本力量，国家就可以长治久安。这种治理国家的方法，就叫作"深根固柢"，这是国家的长久之道。那么，这些古老的哲理与现代创新管理有什么关系呢？

二 对现代创新管理的启示

（一）治人、事天莫若啬

这句话强调"啬"。"啬"即节约、少取的意思。"治人、事天莫若啬"

---

① 张景、张松辉译注《道德经》，第 244 页。

启示现代创新管理者要注重节约、节流、消除浪费。

在现代社会，不节约、浪费仍然是非常普遍的问题，严重影响了组织的效率和效益，同时也降低了组织的竞争力。例如，在研发创新、新品生产过程中产生的多余的成本，都属于浪费。浪费可以无处不在，如因物资供应衔接不上，造成停工或者等待；不必要的重复工作；因质量问题等返工；物质的二次运输；物质运输途径曲折或有阻塞，产生不必要的时间成本；工具使用不当，使工作效率下降；机器设备发生故障，延误了工作；员工没有培训好，操作不熟练或操作错误，造成效率与质量问题；等等。

节约开支、消除浪费不仅是有效减少创新成本的必由之路，而且也是提高组织竞争力的必由之路。在此提出几点建议供现代创新管理者参考。其一，应用精益理论与方法。学习精益理论，培养精益思维，掌握精益理论中"消除一切浪费"的五大原则，系统应用5S管理法、价值流图优化分析法、JIT方法、看板方法等精益方法，全面消除现代创新管理中的浪费，提升组织的竞争力。其二，构建合理的新品研发流程。围绕客户的需求，确立明确的研发创新目标，使所有工作都能有的放矢；制订清晰的研发计划，避免在研发过程中走了不必要的弯路；采用敏捷研发方法，实施全面质量管理，以提升新品研发的效率和质量。其三，培养研发创新人才。人是组织创新中最重要的资源，在人才培养上增加一些投入是值得的。通过培养，人才的技术水平和综合素质提升了，在操作中会减少失误、提升效率，因人才问题造成的浪费将大为减少。此外，给员工提供更好的工作条件，也有利于提高员工的工作效率和创造力。其四，消除管理中的浪费。管理层次多、管理费用高等管理中的浪费也不容忽视，建议精简创新管理机构，减少创新管理层次和管理岗位，并通过电子化办公等方式降低办公工具等的消耗成本。

（二）夫唯啬，是谓早服

这句话强调"早服"。"早服"的意思是"在需要之前就做好准备"。"夫唯啬，是谓早服"启示现代创新管理者要及早做准备。"一寸光阴一寸金，寸金难买寸光阴"，在现代创新管理的资源对象中，时间是最稀缺的，因为时间具有不可逆性，一旦时间流逝就再也无法追回。所以，组织的现代创新管理也是一个与时间赛跑的过程。机会总是给有事先准备的人，错失一秒，就可能错失最佳机会，也可能因此损失万金，问题或风险也总是应该在发生之前进行预防，否则，一旦这些问题或风险成为真实的阻碍，就要花费大量的资源去处理，甚至可能造成严重的、不可逆的后果。也就是说，现代创新管理者要赶在时间之前做好事前准备与预防工作，而不是落后于时间，导致痛失良机等严重问题。

（三）早服谓之重积德，重积德则无不克，无不克则莫知其极。莫知其极，可以有国

这句话强调积德，认为"重积德"可以"无不克"，只有"无不克"，才能有强大的力量担负治理国家的重任。这句话启示现代创新管理者，要管理好组织的创新，首先要重视积德。

古有云："善有善报。"一个组织如果能重视积德，那么它就能够得到更多的善报。举个例子：A 组织现代创新管理者为灾区捐献物质与资金、帮助贫困学生入学等，这些积德的善良之举使 A 组织有了更好的社会形象，也得到了更多人的信任，这样对 A 组织创新产品、创新服务的推广很有帮助。这就形成了从善到善报再到更善的良性循环，组织之德日复一日积累起来，组织克服困难的能力也在与日俱增。

（四）有国之母，可以长久。是谓深根固柢、长生久视之道

这段话强调"深根固柢"是长久之道。同样，组织创新的"深根固柢"也是现代创新管理的长久之道。那么，组织创新的"深根固柢"是什么呢？概括起来，组织创新的"深根固柢"是"啬"的管理理念和文化氛围，珍惜资源，消除一切浪费；在需要之前就早早做好准备，创新前做好了提前规划和充分准备，并能保证创新资源的及时供应，做到"早服"；早早就开始积德行善，树立良好的组织形象，与客户有良好的关系；掌握了组织创新的根本力量。

三　小结

总之，受《道德经》第五十九章启示，现代创新管理者要培养"啬"理念，注重节约、节流与消除浪费；要做到"早服"，在需要之前就早早做好准备，创新前做好了提前规划和充分准备，并能保证创新资源的及时供应；"积德"是组织的重要力量，可以使现代创新组织克服万难；现代创新管理者要明确"深根固柢"的内涵，构建组织创新的"深根固柢"，使组织创新走上长久之道。

第六十章 《道德经》第六十章对现代
创新管理的启示

一 《道德经》第六十章原文及其翻译

《道德经》第六十章的原文是："治大国若烹小鲜。以道莅天下，其鬼不神。非其鬼不神，其神不伤人。非其神不伤人，圣人亦不伤人。夫两不相伤，故德交归焉。"① 其中蕴含的古老哲理，用现代文翻译如下。治理一个大国，就像烹调鲜美的小菜，需要用心并讲究技巧与方法。只有按"道"的规律来治理天下，才能让天下和谐、安宁，天下的坏人就不再有破坏力了。不仅天下的坏人不再有破坏力，而且这样的破坏力再也无法伤害到人。不仅这样的破坏力不能再伤害人了，而且有"道"的圣人也不会伤害人。这样，天下的坏人和圣人都不会伤害人，百姓就可以享受到德的恩泽。那么，这些古老的哲理与现代创新管理有什么关系呢？

二 对现代创新管理的启示

（一）治大国若烹小鲜

这句话强调治理国家需要用心，并讲究技巧和方法。这句话启示现代创新管理者，现代创新管理需要用心，并讲究技巧和方法。如果不用心，或者技巧和方法不当，"小鲜"的味道就不好，不但不能使组织发展壮大，

---

① 张景、张松辉译注《道德经》，第 247 页。

而且可能导致组织的消亡。这就像我们日常用火来烤制食品，如果不用心或者缺乏正确方法和技巧，不能恰当把握火候，就容易将好好的东西给烤焦了，只有用心并掌握方法和技巧，才能控制好火候，烤制出美味的食物。

现在来看看，组织如何像"烹小鲜"一样来管理创新。第一步，我们要有一个详细的计划，包括需要哪些原材料、烹饪的步骤、火候要掌握到什么程度等。在制订计划时，我们需要很用心、很细致，由于未来的不确定性，我们必须多考虑几种可能性，例如，市场可能有变化、食材的供应可能不足等。然后，针对各种可能性，想好各种应对措施。组织创新也是这样，只有做好计划，才能做到胸有成竹，这样实施起来才会有条不紊，保证高效率、高质量，即使遇到市场变化等突发情况，也能应对自如。第二步，"烹小鲜"之前，组织还需要准备好各种"调料"。这一步，也是组织准备创新原材料的重要环节，直接关系到创新的质量和效率。第三步，开始烹调了，我们需要有足够的细心和耐心，关注着锅里的菜肴，不时地翻动，掌握着火候，既要煮熟又要保持菜肴的营养和鲜嫩，还要考虑给菜肴配色，追求色、香、味俱全。现代创新管理也是一样，需要很用心、很细心、很有耐心，整个过程不能有任何疏忽，时刻观察着创新的进展，不时需要调整，同时还要注意规章制度的控制力度，把握管控的火候，追求最佳的管理效果。第四步，烹饪完成，美味佳肴上桌。这一步，不能忘记表扬厨师的辛苦，鼓励厨师下次烹饪出更美味的菜肴。现代创新管理亦是如此，也不能忘记对创新参与者的物质奖励与精神奖励。

（二）以道莅天下，其鬼不神

这句话其实与上一句"治大国若烹小鲜"紧密衔接，回答了一个问题，治理国家如何才能做到用心并讲究方法和技巧呢？这句话给的答案是：以"道"的原则与规律治理国家和天下。这个答案再一次给了现代创新管理者以深刻启示：只有用"道"的规律来管理组织创新，才能走上健康的发展之路。用"道"的规律来管理组织创新，就是要求用道义、真理、智慧、客观的自然规律、法则来管理组织创新，而不是用权力、势力、官僚等来管理组织创新。

现代创新管理需要循"道"，前文多处强调，在此强调几点格外重要的。其一，现代创新管理需要采用创新思维，创新思维是创新的源泉，常用的创新思维有批判性思维、逆向思维、发散思维、联想思维等；其二，现代创新管理要持开放的心态，有智慧、有勇气，对新事物有辩证的分析能力和接受能力；其三，现代创新管理需要规范的创新流程与创新机制，需要建立合理的考核、评估和评价体系；其四，现代创新管理需要建立有效的激励机制，以人为本，营造开放、平等、民主的创新文化氛围；其五，现代创新管理需要以批判性思维为基础，能够及时发现问题、解决问题；其六，现代创新管理需要应用现代信息技术和科学方法，现代常用的有效管理技术与方法很多，如人工智能、云计算、精益方法、系统思考、六西格玛质量管理法、全面质量管理法等；其七，现代创新管理需要尊重知识，保护创新成果，保护创新者的知识产权。

（三）非其鬼不神，其神不伤人。非其神不伤人，圣人亦不伤人。夫两不相伤，故德交归焉

这句话强调"两不相伤"与"德交归"。遵循"道"的规律治理天下，天下的恶势力与好势力都不会伤害到老百姓，老百姓就可以乐享"德"的恩泽了。同样道理，如果现代创新管理遵循了"道"的规律，那么，无论是竞争对手，还是合作伙伴，都不会再伤害到组织利益。这样，组织创新就可以在"德"的恩泽下长久、持续、健康地发展。此处，再一次强调了"道"的巨大正能量，同时也强调了"德"的恩泽。

三　小结

总之，受《道德经》第六十章启示，现代创新管理要像"烹小鲜"一样，很用心、很细心、很有耐心，并且要讲究技巧和方法；现代创新管理只有循"道"才能不受伤害；若想让组织现代创新管理享受到"德"的恩泽，就必须遵循"道"的规律；循"道"是现代创新管理的智慧之路。

第六十一章 《道德经》第六十一章对现代创新管理的启示

一 《道德经》第六十一章原文及其翻译

《道德经》第六十一章的原文是："大国者下流，天下之交；天下之牝，牝常以静胜牡，以静为下。故大国以下小国，则取小国；小国以下大国，则取大国。故或下以取，或下而取。大国不过欲兼畜人，小国不过欲入事人。夫两者各得其所欲，大者宜为下。"① 其中蕴含的古老哲理，用现代文翻译如下。人口众多、实力强大的大国不可以骄傲自大，反而要像江河的下游那样甘处于低下的位置，因为位置低下又有强大的包容力，天下的百川都会在这里聚集，这样可以形成"四海归一"的盛况。"雌柔"常以其安静守定之状态胜过"雄强"，这是因为"雌柔"处于低下的位置。所以，大国对小国谦逊忍让，就可以取得小国的信任和依赖；小国对大国谦逊忍让，就可以得到大国的信任和帮助。所以，或者大国对小国谦下忍让以取得小国的信任和依赖，或者小国对大国谦逊忍让而取得大国的信任和帮助。实力强大的大国不可过度想要统治实力弱小的小国，实力弱小的小国也不可过度想要顺从那些实力强大的大国，大国和小国各取所需就好，要形成共赢的局面，大国应该懂得谦下忍让。那么，这些古老的哲理与现代创新管理有什么关系呢？

---

① 张景、张松辉译注《道德经》，第250页。

二 对现代创新管理的启示

（一）大国者下流，天下之交

这句话描述了一种"四海归一"的理想蓝图，这个理想蓝图也不是不可能实现，其实现的条件是，人口众多、实力强大的大国甘心像江河下游一样处于地势低的地方，根据"水往低处流"的自然规律，所有的江川河流最终都会汇聚到地势低的地方，于是，"四海归一"就可望实现了，大国可以因此而呈现欣欣向荣的繁荣景象。

受这句话的启示，在现代社会中，实力强大的大组织应当保持谦虚和谨慎的态度，甘心让自己处于低下的位置，注重与小组织的合作和交流。大组织不要骄傲，不可逞强。那些谦逊的大组织反而会吸引其他小组织的归依，使大组织的实力更加强大。而且，这样做也会提升组织的外在形象，从而吸引更多创新人才，形成良性的发展循环。

现代创新管理者要明确：相争相杀在大多数时候只会导致不稳定和两败俱伤，无法带来真正的繁荣和发展；只有相互依存、相互合作，才能带来稳定的发展，也才能带来真正的繁荣；大组织和小组织，不应该是相互对立、相互支配的关系，而应该是相互依存与相互合作的关系。

在我们生存的时代，大多数组织已经认识到开放的重要性，只有开放，与其他组织互通有无、优势互补，才能实现共赢、共生、共同发展。对于组织中的现代创新管理与创新活动，更应该持开放的理念。如果缺乏新知识、新信息的沟通、交流与获取，就很难实现真正受到时代欢迎的创新。那么，创新的意义何在？创新的价值如何体现？因此，现代创新管理既需要与竞争组织竞争，通过差异化竞争战略、低成本竞争战略等争取新产品、新服务的市场空间，又要与其他组织建立战略联盟、有效合作关系。从长远来看，组织的发展，独乐乐不如众乐乐。

（二）天下之牝，牝常以静胜牡，以静为下

这句话描述了一个"雌柔"胜"雄强"的现象。"雌柔"为什么能够胜过"雄强"呢？因为"雌柔"甘心处于低下的位置。这句话承接上一句话，继续强调谦虚、谨慎的"低下"之势。同时，这句话较上一句话更突出了"静"，即提倡胜利者采用"静"的姿态，启示现代创新管理者：即使自身实力雄厚，也要低调谦虚，同时还需要采用"静"的姿态。现代创新管理需要以静制动，需要具备足够的柔性，即采用柔性管理方式。

与强调标准化与刚性指令的刚性的现代创新管理相比较，柔性的现代创新管理有较多优势。例如，其一，柔性的现代创新管理更有利于适应市场需求。柔性的现代创新管理强调创新过程中的灵活性、多样性和包容性，使组织能够更快地响应客户的需求变化，让创新更契合日新月异的市场需求。其二，柔性的现代创新管理更有利于解决问题。创新环境是复杂多变的，也存在很多不确定因素，创新活动可能面对很多难以预估的难题。这些难题时常是突然而至的，与标准化、机制化、呆板、不能随机应变的刚性现代创新管理存在很大冲突。刚性现代创新管理解决突发难题的能力较弱，且由于刚性的机制，应对各种问题都设有一套烦琐、复杂的审批与运作流程，时常错失解决问题的最佳机会。而柔性的现代创新管理在弹性抗压、与时俱进、随机应变等方面的能力有明显增强，能紧密结合环境特征对各种难题做出客观的判断和应对，解决问题的审批与运作流程也可以根据情况适当精简，提高了解决各种难题的能力与效率。其三，柔性的现代创新管理更有利于提升员工的创造力。与刚性的现代创新管理相比较，柔性的现代创新管理明显强化了创新过程中的人的关系，使组织中上下级之间的交流和沟通更温暖、更亲切、更体贴。这样的交流与沟通，使员工能够切实感受到上级的关爱，进而增加了对组织的忠诚度，愿意主动为组织分忧。员工化被动创新为主动创新，由内而外激发自己的创新潜能，使创造力得到明显提升。

（三）故大国以下小国，则取小国；小国以下大国，则取大国。故或下以取，或下而取。大国不过欲兼畜人，小国不过欲入事人。夫两者各得其所欲，大者宜为下

这段话的核心意思仍然是强调"下"。"下"是大国与小国和平相处的

245

基础和关键。以"下"则可取，且可以各取所需，一起实现可持续发展。这里的"下"仍然是低调、谦虚、谨慎的意思。这段话仍然对现代创新管理有重要启示——小心驶得万年船。为了组织的健康、持续发展，现代创新管理者不妨让组织更低调一些、更谦虚一些。

三　小结

总之，受《道德经》第六十一章启示，现代创新管理是一个开放、互相学习、互相交流、互相借鉴的过程，独乐乐不如众乐乐，因为根据客观规律，没有一个组织能够长久独乐乐；即使是实力雄厚的大组织，也要放下姿态，以低调的态度处事，这样才能得到小组织的归依之心，获得持久的创新力量和竞争优势；现代创新管理除了很需要低调外，还很需要谦虚、静柔，柔性的现代创新管理较刚性的现代创新管理有较大优势。

第六十二章 《道德经》第六十二章对现代创新管理的启示

一 《道德经》第六十二章原文及其翻译

《道德经》第六十二章的原文是："道者，万物之奥，善人之宝，不善人之所保。美言可以市尊，美行可以加人。人之不善，何弃之有！故立天子，置三公，虽有拱璧，以先驷马，不如坐进此道。古之所以贵此道者何？不曰以求得，有罪以免邪？故为天下贵。"①其中蕴含的古老哲理，用现代文翻译如下。"道"是万物发展的本源，是循"道"的善人所珍视的宝贝，不循"道"的不善人在需要时也要请求"道"的保护。那些符合"道"、能够让人受益的话语可以得到他人的尊重，那些符合"道"、能够让人受益的行为可以得到他人重视。那些不遵循"道"的人，怎么能舍弃这么好的"道"呢？所以，在立天子、置三公等重要的场合中，虽然会有很隆重的"拱璧在先，驷马在后"的敬献仪式，但不如将"道"敬献给天子与三公。自古以来，人们为什么将"道"看得如此宝贵呢？其原因不正是求"道"庇护可以得到满足，犯了罪过也可以得"道"之益而改邪归正吗？因此，"道"为天下人所珍视。那么，这些古老的哲理与现代创新管理有什么关系呢？

---

① 张景、张松辉译注《道德经》，第253页。

二 对现代创新管理的启示

（一）道者，万物之奥，善人之宝，不善人之所保

这句话进一步强调"道"的作用；无论是循"道"的善人，还是不循"道"的不善人，都应该高度珍惜"道"；"道"虽然看不见、摸不着，但无处不在，珍视它才能得到庇护和成功。

这句话再次启示现代创新管理者要珍视"道"、遵循"道"。"道"就如同一个"聚宝盆"，不仅蕴藏着无穷无尽的财富，而且还可以使财富"再生"。现代创新管理者应该掌握并运用"道"的方法和智慧，在"道"的指引下进行创新活动与现代创新管理，从而实现创新的成功和财富的增加。相反，那些不遵循"道"的现代创新管理者，没能掌握和运用道的方法和智慧，结果面临失败和痛苦。当他们面临失败和痛苦时再去寻找"道"的庇护，或许有一点作用，但毕竟是"临时抱佛脚"，收效甚微。

（二）美言可以市尊，美行可以加人。人之不善，何弃之有

这句话问向不循"道"之人："你们怎么能放弃'道'的好处呢？"遵循"道"的语言，被称为美言；遵循"道"的行为，被称为美行。美言可以获得他人的尊重，美行可以获得他人的重视。现代创新管理者很需要美言和美行。

无论是美言还是美行，都需要以"道"为基础。在前面的章节中，本书对现代创新管理者循"道"的重要性进行过分析与强调。在此，仅强调美言和美行对现代创新管理者的重要性。

先说美言。美言犹如春风化雨，为创新插上翅膀。创新是一个破茧成蝶的过程，在这个过程中需要经历多个艰难的阶段。每个创新阶段的成功，都需要以美言为工具和媒介。例如，当你处于创新立项阶段时，清晰而有逻辑的美言能使你的创意得到认可；当你处于创新实施阶段时，坚定、自信的美言能使你的团队充满士气和创新活力；当你处于创新困境中无法突破时，充满鼓励和支持的美言能使你突破困境并重整旗鼓；当你面

对创新难题时，美言能够指点迷津，使你顺利解决难题。美言是创新团队中人与人互相尊重、互相信任的基础。如果缺乏美言，就犹如折断创新之翅，创新难以成功。现代创新管理者需要与你的员工和外部的合作伙伴建立起良好的沟通渠道，例如电话、面谈、网络语音信息、定期开会等。现代创新管理者还需要通过面谈、电话等方式与客户沟通交流，及时了解客户的需求变化。遵循"道"的美言可以说服客户，激励员工，感染员工，让员工更加优秀，提升员工的创造力，得到合作者的支持，不仅可以使现代创新管理者获得员工、客户和合作伙伴的尊重、信任和支持，还可以使他们获得财富与价值。

再说美行。现代创新管理中的美行，是创新精神力量、良好的创新品德和价值观的外在体现。成功的现代创新管理，必不可缺少美行。现代创新管理者的美行有接受教育，把学到的知识付诸实践；多角度研究市场需求，寻找创新的突破口；在创新过程中，带动不同专业的员工分工协作，为共同目标而努力；不惧失败，反复试错；减少污染，保护环境；尊重知识产权；等等。只有拥有美行的现代创新管理者，才能够与员工、客户、社会建立良好的互动关系，才能够带动团队成员一起追求可持续的创新发展。要获得美行，现代创新管理者要学会放下固有的束缚，要用心去修身养性，要主动参与必要的培训学习，要看清内外环境并懂得合理分配创新资源，要不断培养自己的品德与价值观，还要不断反思和改进。

（三）故立天子，置三公，虽有拱璧，以先驷马，不如坐进此道

这句话强调在重要场合的隆重献礼仪式中，连拱璧、驷马等宝物都比不上"道"的珍贵。对于现代创新管理而言，"道"同样无比珍贵。

"道"与创新活动有着紧密的联系。其一，"道"是创新的源泉和指导思想。"道"是万物之源，当然，"道"也是创新的源泉。各项创新活动都需要基于"道"的规律和指导思想而产生与发展。其二，"道"是创新活动全过程的体现。创新活动的全过程都应该能够体现"道"的规律、准则与特点。其三，"道"是创新活动取得成功的保障。缺乏"道"的支持与保障，创新活动是难以成功的。

（四）古之所以贵此道者何？不曰以求得，有罪以免邪？故为天下贵

这句话强调"道"是万物的庇护神，"道"还可以让有罪的人改邪归正。同样，"道"也是创新的庇护神，"道"也可以纠正创新中的错误，使创新目标得以实现。

三　小结

总之，"得道多助，失道寡助"。受《道德经》第六十二章启发，现代创新管理者应该进一步认识到"道"的重要性："道"是一个"聚宝盆"；"道"是美言和美行的基础，而美言和美行是获得尊重和信任的基础；"道"无比珍贵；"道"是创新的庇护神；"道"可以使创新中的错误得到改正。现代创新管理者仅认识到"道"的重要性是不够的，还要努力学习"道"、掌握"道"、遵循"道"。一分耕耘，一分收获，在这个过程中付出的时间和精力都是值得的。

第六十三章 《道德经》第六十三章对现代创新管理的启示

一 《道德经》第六十三章原文及其翻译

《道德经》第六十三章的原文是："为无为，事无事，味无味，大小多少，报怨以德。图难于其易，为大于其细。天下难事必作于易，天下大事必作于细。是以圣人终不为大，故能成其大。夫轻诺必寡信，多易必多难。是以圣人犹难之，故终无难矣。"① 其中蕴含的古老哲理，用现代文翻译如下。遵循"无为"的原则而有所作为，遵循"不滋事"的原则顺利处理事情，将恬淡无味的日子过得有滋有味。大与小、多与少是紧密联系的，从小而成大，积少方成多。以高尚的品德回报他人之怨。要解决难题，需从容易的地方着手；要实现远大的目标，需从细微之处着手。面对天下的困难之事，一定要将容易之处作为突破口；面对天下的大事，一定要从细微之处入手。因此，得"道"的圣人，始终坚守初心，不妄自尊大，所以最终成就了大事。那些轻易承诺的人通常缺乏信用，如果把事情看得太容易，则在实施时可能困难重重。所以，得"道"的圣人总是重视困难的存在，事先做了很多准备，因此在真正实施时才能顺利，不被困难阻碍了。那么，这些古老的哲理与现代创新管理有什么关系呢？

---

① 张景、张松辉译注《道德经》，第257页。

二　对现代创新管理的启示

（一）为无为，事无事，味无味，大小多少

通过"无为"来实现"有为"，通过"不滋事"的方式来处理事情，让有滋有味源于"无味"，由小而大，积少成多。这段话让我们懂得了一种放松、自然、平和、恰到好处的心态，懂得了一种辩证的思维方式。

这段话启示现代创新管理者在复杂多变的环境中，保持赤子之心，在追求目标的过程中，不妄为，不受干扰与诱惑，以自然为导向，遵循自然规律，发挥员工的自然性，让事情按照其自然发展规律去运行；坚持恰到好处的处事态度，明确每件事情的轻重缓急，平衡工作与生活，做好时间管理，该做的时候恰到好处地做，不该做的时候坚决不做，提高工作效率与生活质量；采取一种朴素的生活态度，珍惜每一天的二十四小时，将恬淡无味的日子过得有味、有序、充实、有价值；不要一味追求"大"与"多"，应明确大来自小、多来自少的道理。按照自然规律，量变才能质变。量变是一个过程。事物都是从小逐渐长大的，也是逐渐积少成多的。大小、多少也在提醒现代创新管理者，要注重事情的发展性、辩证性和全局性，以发展的眼光看待创新全过程中的各个环节、各道工序、各个问题，谨小慎微，不忽视看似不重要、不起眼的局部小问题，重视看起来微不足道的小浪费，因为小问题随着时间的流逝可能发展为大问题、小浪费随着时间的流逝可以积累为大浪费，而本来只有小影响的局部问题也会随着时境变化而演变成对全局有大影响的全局问题。

在这段话中，"无为""无事""无味""大小""多少"都是一些非常简单、朴素、自然的理念，但是它们蕴含着非常深刻的管理智慧。对现代创新管理者有深刻的启示意义。现代创新管理者除了要领悟、掌握这些管理智慧，还要培育自律的品质。只有自律的现代创新管理者，才能使看似无味的每一天都能够充实。

（二）报怨以德

这句话强调注重自己的品德和修养，采取一种自省的态度，培养宽以待人、包容、仁爱、设身处地思考问题的心态，对他人的错误给予谅解，以善意的语言和行为回报他们的伤害。"报怨以德"启示现代创新管理者，重视个人品德、修养的提升，具备包容、仁爱的心态，能设身处地为员工着想，多自省，不要打击报复。

（三）图难于其易，为大于其细。天下难事必作于易，天下大事必作于细

这段话辩证分析"难"与"易"、"大"与"细"，指出"易"是"难"的突破口，"细"是成就"大"的开端。这段话对现代创新管理者也有诸多启示。其一，创新过程中难免遇到难题，解决这些难题的突破口是容易的地方。先解决容易解决的问题，然后再集中力量去解决更加复杂、更加困难的问题。困难、复杂的问题就是一个大系统。系统是可以层层分解的。大的问题系统可以分解成小的问题系统，小的问题系统可以分解为更小的问题系统。这样将复杂的大问题系统层层分解，最终分解成一个个很小的、容易解决的小问题系统，也就是将复杂问题简单化了。我们要解决大的复杂问题，就从最低层次的、容易解决的小问题入手。当我们将底层的小问题都解决了，位于上层的大问题也就迎刃而解了。其二，要实现远大的目标，需要从细微之处着手。关注细节，从小处做起，从细节做起，不断积累和进步，才能成就大事，实现远大的目标。其三，有的放矢，持之以恒，坚持才能收获成功。从易到难、从细小到远大并不容易，可能需要一个漫长而艰难的过程。在开始这个过程前，需要有一个明确的目标，并在目标的拉动下制订清晰的计划。在整个执行过程中，要始终保持坚定的步伐，分阶段、分步骤、循序渐进、百折不挠，坚持者才能最终实现目标。

（四）是以圣人终不为大，故能成其大。夫轻诺必寡信，多易必多难。是以圣人犹难之，故终无难矣

这段话指出，得"道"的圣人不会把自己看得太重要。他们正是因为能够做到"无我"，所以才能成就伟大事业；轻易给人承诺的人，往往没有正确评估兑现承诺的难度，结果无法兑现承诺，给人缺乏信用的印象；低估事情的难度，不重视事情的困难，没有事先做好应对困难的准备，在

具体实施时往往会被困难打倒而失败；得"道"的圣人不是不怕困难，相反，他们很重视困难，只有在事前就做好充分的准备，才能在实施中战胜困难。这段话对现代创新管理者的启示也很重要。其一，作为一名现代创新管理者，不要把自己看得太重要，切不可妄自尊大。其二，许诺之前，务必三思；许诺之后，务必守信。其三，面对任何一个创新项目，都不可低估它的难度，在事前要做好充分的准备，提高应对困难的能力。正视困难，准备好应对之策，这才是符合"道"的做法。其四，只有像圣人那样高度重视、正确评估事情的难度，并做好应对困难的准备，才能顺利实施并成功。

三　小结

总之，受《道德经》第六十三章启示，现代创新管理者宜遵循自然规律，发挥员工的自然性；采取一种恰到好处的处事态度；具备自律的品质，充实自我，将恬淡无味的日子过得充实、快乐而有成就感；应明确大来自小、多来自少的道理，不要一味追求大与多；注重事情的发展性、辩证性和全局性，以发展的眼光看待创新全过程中的各个环节、各道工序、各个问题；注重自己的品德和修养，多自省，宽以待人，包容他人的错误；把复杂问题简单化，将"易"作为"难"的突破口，将"细"作为"大"的开端；谦虚、低调，不要把自己看得太重要；若承诺了，必定要努力兑现承诺；在创新项目开始前就认真评估它的风险和困难，做好充分的准备去应对未来的困难。

第六十四章 《道德经》第六十四章对现代创新管理的启示

一 《道德经》第六十四章原文及其翻译

《道德经》第六十四章的原文是："其安易持,其未兆易谋,其脆易泮,其微易散。为之于未有,治之于未乱。合抱之木,生于毫末;九层之台,起于累土;千里之行,始于足下。为者败之,执者失之。是以圣人无为,故无败;无执,故无失。民之从事,常于几成而败之。慎终如始,则无败事。是以圣人欲不欲,不贵难得之货;学不学,复众人之所过。以辅万物之自然,而不敢为。"① 其中蕴含的古老哲理,用现代文翻译如下。在局面处于安定状态时,比较容易保持安定;在病兆还没有出现时,比较容易采取方法进行预防;在事物处于脆弱状态时,比较容易使其消解;在事物还细微时,比较容易使之消散。在事情开始之前就先做好预防,在未发生混乱之前就提早理顺。两个人合抱才能抱一圈的大树,是从微小的种子成长起来的;高达九层的大台,是从一点点泥土积累起来的;长达一千里的长途旅行,是从脚下的每一步开始的。不愿意遵循自然规律、循序渐进的人,妄为将会导致失败,过分执着会导致损失。得"道"的圣人因为顺应自然规律、不会妄为,所以不会失败;因为不会过分执着,所以不会有损失。人们做事情,经常在事情几成时失败了。如果人们做事情,在事情眼看就要完成时仍然可以保持与事情刚开始时一样的谨慎态度,就不会失

---

① 张景、张松辉译注《道德经》,第262页。

败了。因此，得"道"的圣人追求"不欲"，不稀罕那些很难求得的物品，学习大多数人不曾学到的知识，有能力补救大多数人所犯的过错，遵循万物发展的自然规律并且不敢妄为。那么，这些古老的哲理与现代创新管理有什么关系呢？

二　对现代创新管理的启示

（一）其安易持，其未兆易谋，其脆易泮，其微易散。为之于未有，治之于未乱

这段话指出，要在局面安定时保持、在病兆未显现时采取方法预防、在不良之事（问题）尚处于脆弱和细微状态时使其消散，强调防患于未然、治理于未乱。这段话启示现代创新管理者务必做好预防工作。

在此，笔者提出五个预防创新问题的方法，供现代创新管理者参考。其一，提高员工的素质。人是创新中最重要的资源。预防创新问题，首先要做好人员培训。如果人人都有高素质、高能力来保障创新产品的低成本、高效率和高质量，那么最终取得创新成功的概率就会很高。其二，建立科学的创新流程。创新需要有流程保障。缺乏科学步骤和严格流程，难以确保创新成果的可靠性和准确性。因此，建立并持续优化创新流程也是预防创新问题的重要方法。其三，建立良好的创新团队。不同专业、不同技能特长的员工聚集到一个团队中，为了共同的创新目标而努力奋斗。这样的创新团队是一个创新项目取得成功的必要保障。所以，建立良好的创新团队也是预防创新问题的重要方法。其四，实施全面质量管理。应用全面质量管理的"三全"理念和PDCA循环的工作方法也是有效的预防方法。全面质量管理的"三全"理念是指：全过程、全组织、全员。也就是说，要在创新的"事前、事中、事后"全过程中，调动整个组织中的所有部门中的所有人参与创新质量的管理，每个人、每个岗位，包括临时参与创新的实习生，都要对最终创新成果的质量负责。在这种"质量问题，人人有责"的组织氛围中，创新成果的质量问题可以得到有效的控制。全面

质量管理的 PDCA 循环的工作方法是指"计划—执行—检查—处理"循环的工作方法。第一步是制订计划，第二步是按照计划执行，第三步是检查计划与实际执行之间是否存在偏差，第四步是处理偏差问题，使目标得到实现。这四步是不断循环进行的，但不是像"驴拉磨"一样在原地打圈，而是"螺旋式上升"的循环，每次处理偏差、实现目标后，整个系统就会成长一个阶段，于是，继续开始一个更高层次的"计划—执行—检查—处理"。通过"计划—执行—检查—处理"循环，创新产品的质量问题将得到有效的预防。其五，应用现代信息技术与科学理论方法。在网络信息时代，现代化的高新技术越来越多，与前沿的科学理论和方法一样，务必要得到高度重视、掌握、应用。现代创新管理者要持续学习，掌握前沿科学管理理论和方法，学会应用高新技术，及时引入新技术、新设备，提高组织创新的效率和质量。

（二）合抱之木，生于毫末；九层之台，起于累土；千里之行，始于足下。为者败之，执者失之。是以圣人无为，故无败；无执，故无失

这段话先是陈述了万物从小到大、从细微到强大的自然规律，进而指出，不遵循自然规律、不愿意循序渐进的妄为之人和过分执着的人将会失败或受损失，最后说明了那些得"道"的圣人为什么不会失败和受损失，其原因就是他们遵循自然规律而不妄为、不过分执着。

这段话对现代创新管理者也有很多有益的启示。其一，任何具有高价值的创新成果，都应该来自创新过程中的点滴积累。创新全过程中的任何环节、任何工作步骤都值得高度重视。现代创新管理者的心要细，要能够注意到细节的微小变化，及时发现创新过程中的异常变化，及时分析变化的原因并采取相应的处理措施，这样才能实现最终的创新目标。其二，创新工作必须遵循自然规律，循序方能渐进。现代创新管理者不可违背自然规律，妄图取得反自然的高效率、反自然的低成本、反自然的高质量。现代创新管理者若执迷于追求反自然，结果必定失败或出现损失。其三，掌握"道"的规律和原则、没有失败、没有损失的圣人是现代创新管理者学习的榜样。要做到没有失败、没有损失，现代创新管理者就必须学习

"道"的规律和原则，掌握并遵循"道"的规律和原则，不妄为，不执迷于违背自然规律的所谓"理想"。

（三）民之从事，常于几成而败之。慎终如始，则无败事。是以圣人欲不欲，不贵难得之货；学不学，复众人之所过。以辅万物之自然，而不敢为

这段话指出，人们做事经常有一个现象，那就是在事情几成时失败了。为什么会这样呢？我们可知，这是因为很多人在事情有进展或者看到事情眼看就成功时，就放松警惕了，无法保持最初的谨慎，这才导致事情失败了。也就是说，这段话在警醒世人，处理事情要始终保持谨慎小心的态度。最后，这段话又引出了得"道"的圣人，圣人是如何做的呢？圣人追求"不欲"，不追求难得的稀世珍宝，却学到了大多数人没有具备的知识，这些珍贵的知识比那些难得的稀世珍宝更加贵重。缺乏这些知识的世人时有过错，而圣人所掌握的知识可以补救他们的过错。圣人对于万物的态度是顺其自然，从不妄为而横加干涉。

这段话对现代创新管理者的重要启示如下。其一，创新非儿戏，从立项前的申请到成功后的推广应用等所有环节，始终都要保持谨慎小心的态度。例如，在创新项目立项之前，现代创新管理者需要对竞争对手情况、市场需求情况及其发展趋势等进行客观、充分的调研和分析，并进而谨慎制定创新方案，认真进行可行性分析研究。其二，知识的力量大于那些稀世珍宝。现代创新管理者应该努力做一名学习型的人，持续学习、终身学习。其三，遵守"辅万物之自然，而不敢为"原则。现代创新管理者辅助员工成长，不要过分干预员工的创新思路。

三　小结

总之，受《道德经》第六十四章启示，创新问题，预防为本。本章提出现代创新管理者预防创新问题的五种方法。创新全过程中的任何环节、任何工作步骤都值得高度重视；创新工作必须遵循自然规律，现代创新管

理者不可违背自然规律；现代创新管理者必须学习、掌握、遵循"道"的规律和原则，不妄为、不强为，不执迷于反自然的所谓"理想"；现代创新管理者要谨小慎微，即使在创新眼看成功的时候，仍然要保持谨慎小心的态度，否则，很可能会功亏一篑；知识的力量很强大，现代创新管理者要努力做一名学习型的管理者，辅助员工成长，不要过分干预员工的创新思路。

第六十五章 《道德经》第六十五章对现代创新管理的启示

一 《道德经》第六十五章原文及其翻译

《道德经》第六十五章的原文是："古之善为道者，非以明民，将以愚之。民之难治，以其智多。故以智治国，国之贼；不以智治国，国之福。知此两者亦稽式，常知稽式，是谓玄德。玄德深矣、远矣，与物反矣。然后乃至大顺。"① 其中蕴含的古老哲理，用现代文翻译如下。在古代，那些善于为"道"的圣人，并不教导人们变得更智巧伪诈，而是教导人们变得更朴素、更实在、更敦厚。人们的智巧伪诈往往很难管理和引导。通过教导人们变得更智巧伪诈来治理国家，会影响国家的稳定和繁荣；通过教导人们变得更朴素、更实在、更敦厚来治理国家，会让国家增福，变得更加稳定和繁荣。明确这两种治国思想的区别，也是了解了一种法则。掌握了这个法则的人，可以被称为拥有深刻智慧的人，即拥有"玄德"的人。"玄德"是那样深远啊，看起来不合事物之常理，然而，"玄德"可以带着人们到"大顺"的境界。那么，这些古老的哲理与现代创新管理有什么关系呢？

二 对现代创新管理的启示

（一）古之善为道者，非以明民，将以愚之

这句话指出，古代得"道"的圣人，不希望人们智巧伪诈，而是希望

---

① 张景、张松辉译注《道德经》，第 267 页。

人们更朴素、更实在、更敦厚。"古之善为道者"强调的不是那种懂欺诈、有心机的聪明或狡猾，而是一种内在的品质修养，这种修养是一种高层次的智慧。这种高层次的智慧，即"大智若愚"。外在的"明民"并不能实现"大智若愚"。只有通过提升人们的内在品德修养，才能实现"大智若愚"，进而促进国家的繁荣稳定，也让人们更有安全感和幸福感。

在现代，只有遵循"古之善为道者"思想的现代创新管理者，才能称得上是"智者"。在日常管理中，要更重视对员工的道德品质教导与引导。现代创新管理者只有引导员工变得更加朴素、实在、敦厚，才能赢得客户的信任，进而更多了解客户的现实需求和未来需求趋势。这样，一方面，将已有的创新成果推而广之，让它们得到更多客户的青睐；另一方面，依据从市场、客户处调研而得的客观数据，构建新的创新思路，申请新的创新项目，持续推动组织的创新工作稳定发展。

（二）民之难治，以其智多。故以智治国，国之贼；不以智治国，国之福

这句话指出，如果人们心机多、懂伪诈，那么国家难以治理；通过教导人们变得更朴素、更实在、更敦厚来治理国家，国家会更加繁荣稳定。因此，对于现代的组织创新管理，构建一个促进员工诚实善良的组织文化是很重要的。

现代创新管理者如何构建一个促进员工诚实善良的组织文化呢？本书提出一些建议供参考。其一，制定明确的员工行为规范和道德准则。现代组织管理，也允许存在一定的刚性。例如，现代创新管理者可以通过制定刚性的规章制度来规范员工的言行，提升员工的道德素养。为了保证这些规章制度的长期有效，组织通常会建有一套监督与管理机制，在具体实施这些规章制度时，要做到奖罚分明，让这些规章制度能够客观地落到实处，做到公开、公平、公正。这样的规章制度，不仅可以提高员工的道德素养，而且可以有效防止腐败与欺诈行为。其二，多与员工真诚交流与沟通，以情动人。制定规范和准则是为了让组织有章可循、有章可依，但员工都是有感情的社会人，不可以一味采用规章制度进行刚性管理。现代创新管理者应注重采用温和的柔性管理方式，力求以情动人。这样，现代创

新管理者应该多与员工真诚交流与沟通，了解员工的真实困难，尽力提供支持和帮助。其三，管理者发挥榜样的作用。"身教"的力量远远大于"言传"。榜样的力量是很大的。现代创新管理者要以身作则，带头做一个诚实善良的好领导。管理者身上散发出的道德之光，对其员工会有很大影响。员工信任、依赖这样的管理者，对组织的忠诚度明显提升，发自内心地将诚实善良的管理者作为他们学习的榜样。如此，管理的效果明显提升。其四，加强员工培训。现代创新组织应该是学习型组织，现代创新组织中的管理者与员工都应该是学习型的人。持续学习是每个员工不容推卸的任务。为了促进员工持续学习，组织可以给员工多提供培训机会，培训的方式多样化，例如上函授课、听讲座、定期学习等。通过持续学习，大多数员工的言行素质和道德素养可望得到较大提升，变得更加诚实、更加善良。组织中诚实善良的员工越多，诚实善良的组织文化氛围就会越浓郁。组织中成员受组织文化的熏陶，互相影响，即使是刚参与工作的新成员，也很容易受到这样的氛围的影响，变得更加诚实和善良。

（三）知此两者亦稽式，常知稽式，是谓玄德。玄德深矣、远矣，与物反矣。然后乃至大顺

这段话强调"玄德"。"玄"有神秘、高深之意。"德"有品德之意。高深的品德，其实是一种高深的智慧和深刻的远见。"玄德"所提倡的"愚"，看起来与人们所认识的常规不同，甚至是相反的。只有当人们达到了"玄德"的境界，才能够实现真正的顺应自然，实现真正的和谐。这种和谐不仅是人与人之间的和谐，更是人与自然之间的和谐。

从表面上看，"玄德"不求"智"，反求"愚"。从深层去分析，人们会发现"玄德"只是不追求表面上的智慧。那些浮于表面的智慧，缺乏真诚、善良、朴实、敦厚的品德作为内在基础，虽然可以通过欺诈、狡辩等获得短暂的胜利，但终究是走不长远的。这样的"智"在国家中、在组织中都可能是祸害之源。而真正的"智"必须以真诚、善良、朴实、敦厚等良好的品德为内在基础。这样的"智"，有时候看起来像"愚"，其实是"大智若愚"。现代创新管理不是不追求"智"，而是要追求真正的"智"。

也就是说，现代创新管理追求的是以真诚、善良、朴实、敦厚等良好品德为内在基础的真正的智慧，只有这样的智慧才具有深刻的远见和持续发展力，才能使现代组织在激烈竞争的市场中保持强大的竞争力，才能引领现代创新组织走向"大顺"的境界，实现组织的和谐和进步。

事实上，"玄德"所追求的这种以真诚、善良、朴实、敦厚为内在基础的"智"，是与"道"相结合的"真智"。无论是国家还是一般组织，都很需要将"真智"与"道"结合起来。将"真智"与"道"相结合，是万物达到"大顺"境界、繁荣昌盛、生生不息的必由之路。

三 小结

总之，受《道德经》第六十五章启示，只有遵循"古之善为道者"思想的现代创新管理者，才能被称为"智者"；对于现代的组织创新管理，构建一个促进员工诚实善良的组织文化是很重要的；现代创新管理要追求"玄德"境界。

第六十六章　《道德经》第六十六章对现代
创新管理的启示

一　《道德经》第六十六章原文及其翻译

《道德经》第六十六章的原文是："江海所以能为百谷王者，以其善下之，故能为百谷王。是以欲上民，必以言下之；欲先民，必以身后之。是以圣人处上而民不重，处前而民不害。是以天下乐推而不厌。以其不争，故天下莫能与之争。"① 其中蕴含的古老哲理，用现代文翻译如下。为什么江海可以成为百川之王呢？这是因为江海喜欢处于地势低下的地方，百川都会汇聚到江海中。所以，有"道"的圣人若要有高于人民的地位，必须言辞谦和地对待人民；要想先于民，必须先将自身置于民之后。因此，有"道"的圣人虽然有居于人民之上的地位，但是人民并不会因此感到沉重的负担；人民虽然被有"道"的圣人领导着，但是人民并不会因此而受到伤害。这样的圣人，天下之人都喜欢、推崇、爱戴他，没有人会对他感到厌倦。正因为他从来不争夺，所以天下没有人有能力与他相竞争。那么，这些古老的哲理与现代创新管理有什么关系呢？

二　对现代创新管理的启示

（一）江海所以能为百谷王者，以其善下之，故能为百谷王

这句话强调"下"。"下"是一个方位词，但在《道德经》里的"下"

---

① 张景、张松辉译注《道德经》，第270页。

并不仅仅用于表示方位，它已经从"地势低下"引申为谦和、低调、奉献的态度和品质。这句话分析了江海为什么会成为百川之王，进而引出一句非常有哲理的话——"以其善下之，故能为百谷王"。本来只是一个自然现象，经过这么一引用，其深刻的哲理清晰可见。

这句话对现代创新管理有深刻启示。其一，如同江海一样甘于居"下"的态度和品质，对于现代组织与管理者来说十分重要。在激烈竞争的市场经济中，以自我为中心，只关注自身利益，不考虑客户需求的组织与管理者，是难以立足的。在组织创新中，要想获得客户的信任和青睐，获得员工的真心信赖和真心追随，最大限度激发员工的工作热情和创造力，实现创新目标和顺利发展，组织和管理者都必须具备江海一般"善下之"、包容、谦虚、低调、甘于奉献的态度和品质。其二，江海一般的"善下之"还启示现代创新管理者多审视自己的创新成果，不要像"井底之蛙"一样自以为是、骄傲自大，而要将自己的创新成果与竞争对手的创新成果进行比较分析，客观评价自己的创新成果，不仅要看到其优势，也要谦虚地正视其劣势，学习别人的长处，进而思考改进的方案。如果不愿进行比较而盲目自大，就很可能会导致创新成果停滞不前，或者被其他创新成果超越。其三，江海一般的"善下之"也启示现代创新管理者要善于将创新成果向基层推广和应用，使之得到广泛的应用，实现创新的最大价值。其四，江海不仅有强大的包容性，还有强大的资源整合能力。现代创新管理者向江海学习，除了学习其谦虚的态度和品质，还要学习它强大的包容性和资源整合能力。为了实现创新目标，有必要打破部门之间的壁垒、知识之间的学科界限、专业之间的隔阂等，实现跨部门、多学科、多专业的资源整合和分工协作。

（二）是以欲上民，必以言下之

这句话强调"言下之"。有"道"的圣人具有"言下之"的态度和品德。在领导人民时，圣人不会咄咄逼人、盛气凌人，而是用谦虚的态度、温和的语气，即"言下之"。

这句话启示现代创新管理者要"言下之"。试想，如果一名现代创新管理者总是以"人上人"的姿势居高临下地发号施令，指挥和命令员工，结果会是什么样的呢？其答案是：员工会产生不满的情绪，甚至深感压抑，失去创新的积极性和工作的热情。成功的创新不可能是现代创新管理者单打独斗的结果，现代创新管理者只有以"言下之"的态度面对员工，以谦虚的态度和温和的语气与员工交流和沟通，才能避免员工的不满情绪，激发员工的斗志和创新热情，提高员工的创造力，实现创新团队的"共赢"。

（三）欲先民，必以身后之

这句话强调"身后之"。若想领导人民，必须先把自己的利益放在人民的利益之后。同理，在现代创新管理中，现代创新管理者要想领导员工，就必须先把自己的利益放在员工之后；要想获得客户的青睐，就必须先把自己的利益放在客户的利益之后。

现代创新组织若想在行业中领先，成为客户优先选择的产品生产组织，就必须将自身利益置于客户利益之后。通过与客户的互动和沟通，切实了解客户的需求和痛点，从而推出更符合市场需求的新产品、新服务。现代创新管理者要学会担当、学会奉献、学会关爱、学会传承。

（四）是以圣人处上而民不重，处前而民不害。是以天下乐推而不厌

这段话强调"民不重"和"民不害"。"天下乐推而不厌"是管理的结果。只有不给民众增加负担，不伤害民众，才能受到民众的爱戴和推崇。

这段话启示现代创新管理者：如果不想让员工产生厌憎、逆反的情绪，如果希望得到员工发自内心的喜爱和推崇，现代创新管理者就要加强自身修养，不要在人前公开批评员工，不要伤害员工的自尊心，要认真倾听员工的心声，真心关注员工的需求，让员工能够感受到自己被重视、被尊重，尽力提供舞台与机会，帮助员工成长。

（五）以其不争，故天下莫能与之争

这句话强调"不争"，以"不争"战胜"争"，这是竞争的最高境界，以"不争"的方式获得胜利和成功，这是世界上最强大的力量。

这句话对现代创新管理也有重要的启示。其一，现代创新管理需要组织具有"不争"的竞争观念。传统的竞争观念也需要被打破，以"不争"的竞争观念替代传统的竞争观念，可使组织实现新的突破性发展。传统的竞争观念主张"争"。如果现代创新组织只是把目标放在争夺市场份额、争夺利润等之上，那么往往会忽略更重要的东西，导致得不偿失。主张"不争"的竞争观念，专注于抓住符合客户需求、符合市场需求的创新想法和解决方案。于是，新的市场机会与客户需求被挖掘出来，差异化竞争战略得到有效的实施，创新成果的价值得到很大的提升，创新成果的推广工作也变得更加顺利。其二，现代创新管理需要组织间"不争"的合作。竞争的双方也是可以"放下武器"而成为合作伙伴的。例如，苹果和微软之间虽有激烈的竞争，但他们之间的合作为消费者带来了更多的福利。其三，现代创新管理需要部门和团队间"不争"的协作。在创新过程中，时常需要打破部门之间、团队之间的壁垒，也需要与不同地区、不同国家的技术专家等专业人士取得合作，还可能需要不同投资方的支持和协助，这样取得的创新成果集中了多方智慧，往往更加出色。

三　小结

总之，受《道德经》第六十六章启示，现代创新管理者应该具备江海一般"善下之"的态度、品质和领导能力；向有"道"的圣人学习，做一名"言下之""身后之"的管理者；不要给员工造成负担和伤害；培养"不争"的竞争观念；以"不争"战胜"争"；通过"不争"取得最终的胜利和成功。

第六十七章　《道德经》第六十七章对现代创新管理的启示

一　《道德经》第六十七章原文及其翻译

　　《道德经》第六十七章的原文是："天下皆谓我道大，似不肖。夫唯大，故似不肖。若肖，久矣其细也夫！我有三宝，持而保之：一曰慈，二曰俭，三曰不敢为天下先。慈，故能勇；俭，故能广；不敢为天下先，故能成器长。今舍慈且勇，舍俭且广，舍后且先，死矣。夫慈，以战则胜，以守则固。天将救之，以慈卫之。"① 其中蕴含的古老哲理，用现代文翻译如下。天下人都说"道"是很伟大的，并不像具体物品的样子。正是因为"道"是唯一且伟大的，所以才不像其他任何具体的物品。如果"道"像其他任何具体的物品，那么时间久了就会消失！我有三件宝，掌握了可以保护我：一是慈爱，二是节俭，三是不敢为天下先。因为我慈爱，所以我勇武强大；因为我节俭，所以我在需要时有能力大方使用财物；因为我不敢为天下先，所以我促进万物生长。如果现在我舍弃了慈爱，选择了勇武，舍弃了节俭，选择了大方使用财物，舍弃了退让，选择了敢为天下先，那么，结果就是走向死亡！慈爱，用于战争，则有助于取胜，用于守卫，则有助于国家的巩固。天要救助谁，就会使他变得更加慈爱而有能力自卫。那么，这些古老的哲理与现代创新管理有什么关系呢？

---

　　①　张景、张松辉译注《道德经》，第 273 页。

二 对现代创新管理的启示

（一）天下皆谓我道大，似不肖。夫唯大，故似不肖。若肖，久矣其细也夫

这段话指出，"道"很伟大，但不像任何具体的事物，而且正是因为"道"不像任何具体的事物，所以才更显得伟大。是的，在古代，人们还对无形资产无概念之时，《道德经》能够提出无形却具有强大影响力的"道"，实在是经典。"道"用于现代创新管理中，就是组织在创新活动与创新管理工作中应该遵循的基本原则、客观自然规律和价值观念。相比于组织中看得见的有形资产，"道"给现代组织创新管理所带来的无形资产具有更大的影响力。

"道"在组织创新管理全过程中，都起着举足轻重的作用。其一，在"道"的引导下，组织打造了一支具有创新精神和专业技能的研发团队，构建了合理的研发流程，优化了研发立项、研发规划、研发实施、研发测试等环节的制度建设，强化了研发管理。其二，在"道"的引导下，组织充分利用当前环境的可用资源，改善了市场营销，例如，充分利用大数据时代的数据资源优势，推行数字化营销。其三，在"道"的引导下，组织实现了采购管理的数字化、自动化、透明化、智能化，大量减少采购浪费，降低了创新材料的采购成本。其四，在"道"的引导下，组织更理解了员工的需求，提高了员工的忠诚度，提高了生产效率，有力改善了生产管理。其五，在"道"的引导下，组织构建起完善的质量管理体系，有效提高了创新产品或服务的质量和可靠性。其六，"道"也使现代创新管理必需的经费管理更加完善。现代创新管理需要大量经费支撑，经费管理也是现代创新管理的重要组成部分。在"道"的引导下，组织优化了经费管理，节省了大量开支。

（二）我有三宝，持而保之：一曰慈，二曰俭，三曰不敢为天下先。慈，故能勇；俭，故能广；不敢为天下先，故能成器长

这句话强调三个法宝，这三个法宝分别是慈爱、节俭和不敢为天下

先。将这三个法宝引入现代创新管理中，也有重要的意义。

其一，将慈爱引入现代创新管理中。"慈，故能勇。"慈爱，是一种温暖、一种关怀、一种同理心和共情之心。将慈爱引入现代创新管理，将使现代创新管理工作增加很多人情味，使原本枯燥的工作增加了一剂"润滑剂"，从而增强了创新团队的合作精神，实现了管理者与员工之间的"上下一心"，促进了上下级之间、员工之间的友善沟通与创新观点分享，优化了创新组织的人才建设与人事管理，最终的结果是有力推动现代创新管理向目标前进。

其二，将节俭引入现代创新管理中。"俭，故能广。"将这句话反过来说，就是不节俭就没有能力大方。组织的各项资源都是有限的，经不起铺张浪费。节俭，包括对组织中人、财、物、信息、时间等各项资源的节约。以时间资源的节约为例，与人、财、物等有形资源相比较，时间资源无形且常常被忽视。人们在最初定义资源管理时，甚至并没有将时间资源包括于其中。随着社会的发展，人们才日趋重视时间资源在管理中的重要性。现在，我们已经明确：时间资源是管理中最稀缺的资源。毕竟，"一寸光阴一寸金，寸金难买寸光阴"，具有不可逆性的时间资源，在现代社会显得格外稀缺和珍贵。那么，在组织现代创新管理中，如何节省时间资源呢？在此提出几点建议。①提升技术与方法的敏捷性。将敏捷方法应用于研发与生产，引入精益生产方法等。②主次分明，合理安排时间，制订好计划。在管理的四大基本职能中，计划是首要职能。计划是减少"走弯路"、提升应变力、提高工作效率的重要工作方法。在计划中，应合理安排有效的时间资源，不仅要对即将进行的工作做到心中有数、胸有成竹，还需要安排好每件事的先后顺序。每天都有很多事情要处理，这些事情应该区分轻重缓急。最重要、最急的事情需要优先处理。务必将主要时间和精力集中在最重要的事情上。根据"二八法则"，这些"最重要的事情"通常占20％的比例。③充分利用网络工具，减少非必要的面谈时间。例如，可以用电子邮件、在线会议等，代替面对面的交谈和开会。

信息资源的节约，有些不好理解。针对信息资源的节约，并不是说组织不可分享普通信息，而是指组织不宜将机密的商业信息分享出去，要保守秘密。同时，组织也应该珍惜已经获取的信息，高度重视信息的时效性，在时效范围内尽可能提高信息的有效性，独具慧眼，善于从信息中挖掘与众不同的商业价值。

其三，将不敢为天下先引入现代创新管理中。"不敢为天下先，故能成器长。"管理者若追求"天下先"，其心必然不能清静。不清静，则不能平静，难以稳定，不仅会带来身体健康的问题，还会带来阻碍组织创新的一系列连锁反应。有人说，"清静是人类最大的创新"，此言是有道理的。当前的市场，不少商品的消费者接受能力接近饱和，供远大于求，企业的生存和发展十分依赖更有市场需求的新产品和新服务。寻找新的市场需求，对企业来说很难。如果管理者没有清静之心，就很难有创新灵感帮助其找到新的市场需求和新的发展空间。当然，现代创新管理者需要有上进心，需要有理想、有追求，需要实现自己人生的价值。《道德经》也并不反对人们有理想、有追求、有上进心，只是警醒世人"凡事要适度"，不可过度。在你还没有走稳的时候，就刻意去追求"天下之先"，对理想的实现和身心健康都是不利的。真正的"天下之先"都是一步一步脚踏实地实现的。人生的每个阶段有每个阶段的理想和努力的方向，遵循自然发展规律，从小到大、从弱到强，每一步都是后一步的基础。先把前面的基础夯实了，再去走后面的路，你的人生才会比较顺利。

（三）今舍慈且勇，舍俭且广，舍后且先，死矣。夫慈，以战则胜，以守则固。天将救之，以慈卫之

这几句话进一步强调慈爱、节俭和不敢为天下先的重要性，如果舍弃了慈爱、节俭和不敢为天下先，则是死路一条。慈爱可战胜和保卫一切。因此，在现代创新管理中，应该谨守慈爱、节俭和不敢为天下先的基本原则。

三　小结

总之，受《道德经》第六十七章启发，现代创新管理者应充分认识到，"道"应该在现代创新管理全过程中，并发挥着举足轻重的作用。在"道"的指导下，组织应该将慈爱、节俭和不敢为天下先引入现代创新管理中，以保障创新目标得以实现。

第六十八章 《道德经》第六十八章对现代创新管理的启示

一 《道德经》第六十八章原文及其翻译

《道德经》第六十八章的原文是："善为士者不武，善战者不怒，善胜敌者不与，善用人者为之下。是谓不争之德，是谓用人之力，是谓配天、古之极。"[①] 其中蕴含的古老哲理，用现代文翻译如下。优秀的军队将领，不需要使用武力也可以取胜；久经沙场、善战的人，情绪稳定，不容易被激怒；在战争中善于胜敌的人，不与敌人直接交战、正面冲突；善于用人的人，甘心处于低位，态度谦和。这就是"不争"品德的体现，这就是通过他人的力量实现目标，这就是"配天、古之极"的境界，顺应了自然规律。那么，这些古老的哲理与现代创新管理有什么关系呢？

二 对现代创新管理的启示

（一）善为士者不武，善战者不怒，善胜敌者不与，善用人者为之下

这句话强调"不武"、"不怒"、"不与"与"为之下"，从竞争、情绪、解决冲突的方法、用人的态度，这四个重要的方面启示现代创新管理者。

从竞争方面启示现代创新管理者：不要逞强，不要用武力，而要用基

---

① 张景、张松辉译注《道德经》，第277页。

于道德的智慧谋略去战胜竞争者。基于道德的智慧谋略，既包括管理者的知识、智慧、谋略，又包括管理者的品德、修养、道义，而管理者的品德、修养、道义应该是其知识、智慧、谋略的基础。缺乏道德基础的知识、智慧和谋略也是不可取的。基于道德的智慧谋略，可以简称为"德才"。"德才兼备"的现代创新管理者有能力不战而屈人之兵，无须一味强调自己有多强大，更不需要采用武力，他们只需要用自己的德才打造出高需求、高价值的新产品、新服务，就可以让竞争者心服口服了。

从情绪方面启示现代创新管理者：要控制好自己的情绪，保持情绪的稳定。作为现代创新管理者，如果没能控制好自己的情绪，那么负面影响是很大的。例如组织形象受到伤害。管理者的情绪不稳定，会给客户留下不良印象。这些不良印象，包括认为组织缺乏责任感、组织不值得长期信任、组织缺乏担当等，严重影响了组织的客户满意度与未来发展。又如做出错误判断与决策。现代创新管理者的情绪不稳定，会导致其缺乏理性，不会冷静地思考和判断，特别是面对一大堆复杂的创新数据时，难以静下心来厘清数据之间的联系，导致错误的分析和判断，最终做出错误的决策。再如必要的合作被阻碍。情绪不稳定的现代创新管理者，面对合作伙伴、员工、客户时，会因为情绪失控而产生沟通障碍，甚至产生不必要的矛盾和冲突，使必要的合作无法顺利开展。

从解决冲突的方法方面启示现代创新管理者：不要与竞争者正面交锋，要避免正面冲突。与竞争者正面交锋，发生正面冲突的结果，很可能是两败俱伤。现代管理学倡导双赢、共赢的管理智慧。德才兼备的现代创新管理者会选择与竞争者合作，互相取长补短，实现共同发展。例如，你可以通过分享信息和技术等方式，与竞争对手建立起合作共赢的关系。这样，你们都有更大的能力满足客户的需求，都可以扩大市场份额。又如，你也可以与竞争对手一起联手创新一个新产品、新服务。因为你与竞争对手的优势互补，所以你们联合创新的产品会更有特色，也更受消费者的喜爱。再如，在这个讲究"战略联盟"的时代，你也可以与竞争对手建立"战略联盟"，通过签法律合同建立起合法、稳固的合作关系。这样，你们就会有更强大的实力应对更强的竞争对手，或者应对未来的各种挑战和问题。

从用人的态度方面启示现代创新管理者：不要趾高气扬，平易近人、态度谦和为好。虽然你是一名管理者，但是，你也是这个组织的一员，不要自以为高人一等。你的言辞需要讲究礼貌，你的态度需要谦虚和亲和。如果你不愿意低下头来仔细倾听员工的声音，那么，员工也不会从心里承认你是他们的领导者。领导是管理的四大基本职能之一。所以，通常情况下，我们认为管理者就是领导者。但是，管理者与领导者是不同的。管理者，是组织岗位层级设置的结果。领导者的本质并不是组织岗位层级的设置，而是一种相互影响的力量。领导力是无形的，但能够让追随者主动追随和服从领导者。缺乏领导力的管理者不是真正的领导者。一名现代创新管理者，如果缺乏领导力，就没有员工愿意主动追随和服从他。如果这样，员工就只会敷衍管理者，更谈不上工作热情和创造力了。

（二）是谓不争之德

这句话强调"不争之德"，即"不与其他组织或人争抢"的品德。《道德经》强调"不争之德"，并不是倡导世人不努力、不追求，而是引导世人以低调、适度的方式面对挑战与竞争。

将"不争之德"引入现代创新管理中是很有意义的，它启示现代创新管理者要具备不与他人妄争的品德。所谓"妄争"，即过分、非法、非常规的争抢，这样的争抢是违背自然规律的，最终只会将组织带向灭亡。管理者要有长远的、发展的眼光。"妄争"的效果通常只能短期维持。从长远来看，讲究"优胜劣汰"的市场经济具有"去伪存真"的功能，最终保留下来的获胜者一定是"真正的优"。这种"真正的优"，包括了组织价值观之优、管理者品德之优。因为消费者本身是有智慧和判断能力的，所以，在竞争激烈的现代市场中，最终得到生存权利和持续发展权利的组织，一定是讲究诚信竞争、合法竞争、自然竞争的"不妄争"型组织。德才兼备的现代创新管理者，不会将其宝贵的时间和精力投放于与别人争"长短"之上，而会将他们的时间和精力都用于推动创新团队的建设和进步之上。因为他们深知，只有这样，他们的组织才能持续生存、发展和进步。

（三）是谓用人之力

这句话强调"用人之力"，即借用他人之力实现目标。早期管理学者就给管理下过一个经典的定义，"管理是通过他人来完成工作的一门艺术"。虽然这个管理的定义还不能全面表达管理的内涵，例如，管理不仅是一门艺术，也是一门软科学，但是，这个定义正确而明确地表达出"管理很需要借助他人的力量"。

现代创新管理本身就是一个十分需要借助他人力量的过程。仅靠现代创新管理者之力，是不可能实现组织的现代创新管理目标的。只有群策群力，鼓励全体员工一起参与创新活动，一起为组织的创新发展分忧和出力，才能最终实现组织现代创新管理的目标。为了有效"借力"，现代创新管理者很需要加强与投资方、其他企业、科研机构等的交流与合作，实现优势互补，获得更多资源与支持；发现每个员工的长处，挖掘每个员工的潜力，鼓励他们充分发挥自己的才能；紧密跟踪市场动态，尽力利用市场之力；充分学习相关政策，争取政府的支持和帮助。

（四）是谓配天、古之极

这句话强调一个尊重自然、顺应自然的境界，启示现代创新管理者尊重自然、顺应自然，合理利用自然资源，不可从事破坏环境的创新活动，通过创新活动实现保护环境和修复环境的目标。按照这些启示认真去做，是现代创新管理者实现可持续发展的必由之路。

三　小结

总之，受《道德经》第六十八章启示，现代创新管理者要做到"不武"、"不怒"、"不与"与"为之下"：不要逞强，而要德才兼备；不要动怒，而要控制好情绪；不要正面冲突，而要化干戈为玉帛；不要趾高气扬，而要态度谦和。此外，现代创新管理者还需要具备不与他人妄争的品德，懂得借助他人之力，尊重自然、顺应自然。

第六十九章 《道德经》第六十九章对现代创新管理的启示

一 《道德经》第六十九章原文及其翻译

《道德经》第六十九章的原文是："用兵有言：'吾不敢为主而为客，不敢进寸而退尺。'是谓行无行，攘无臂，扔无敌，执无兵。祸莫大于轻敌，轻敌几丧吾宝。故抗兵相加，哀者胜矣。"① 其中蕴含的古老哲理，用现代文翻译如下。用兵者说："我不主动攻击别人，而是保持着防守的姿势，让敌人先行动；不敢轻易前进一寸，宁可向后退一尺。"这就叫作以"没有行为"来行动；以"无臂"来奋臂；面临强敌，保持冷静，以"不主动攻击敌人"来作战；手执兵器，就像"没有兵器"一样，不要依赖兵器。最大的危险和祸患就是轻视敌人，轻敌会让我们几乎丧失宝贵的生命。因此，如果双方军队实力相当，那么不会盲目乐观的那方获胜。那么，这些古老的哲理与现代创新管理有什么关系呢？

二 对现代创新管理者的启示

（一）用兵有言："吾不敢为主而为客，不敢进寸而退尺。"

这句话强调用兵要谨慎，不要轻易进攻，宁愿防守和后退。这句话在

---

① 张景、张松辉译注《道德经》，第280页。

启示现代创新管理者，要保持谨慎的工作态度，不要轻易冒险。保持谨慎的工作态度，并不是一味退让，而是要通过持续的创新，提高自己的防卫能力。以军队组织的现代创新管理为例，军队组织也需要现代创新管理，即通过开发新的作战方式、装备和战术等，提高军队的战斗力。一个组织的战斗力提升了，又保持防守的状态，那么，这个组织是稳定的，其稳定又进一步促进其创新发展，其创新发展又进一步促进其战斗力的提升。这样，就形成了良性的、螺旋式循环向上持续发展的状态。

对于一般组织的现代创新管理来说，也是如此。现代创新管理者保持谨慎、和平的状态，不要将主要时间和精力用于主动攻击竞争对手上，而要将组织宝贵的时间资源用于研发新品、提高用户体验满意度、吸引和培养人才、培训员工、提升上下级的亲和度、资源支持、激发员工内在创新潜力、营造良好工作环境、提升组织的内外形象、提高组织适应多变市场的能力等更有价值的工作上。只要组织做好了自己，提高了自我，默默积蓄了强大的力量，又何愁有外敌？组织不去主动进攻竞争对手，不等于不加强防备。只要加强了防备力量，就有能力使竞争对手望而却步，即使竞争对手不却步，组织也有能力战胜竞争对手。

（二）是谓行无行，攘无臂，扔无敌，执无兵

这句话看起来有些不容易理解，也是哲理性很强的一句话，强调"无行""无臂""无敌""无兵"，对现代创新管理者有如下重要启示。其一，以"不行动"制对方的"行动"，即以静制动。在现代组织竞争中，当竞争对手处于躁动状态时，你只要静观其变就好，不必跟着躁动。也许竞争对手正试图通过某项创新超越你。你也可以先观察。其二，以"无臂"制服对方的长臂，即不要将手臂伸太长了。对手的手臂伸得太长了，甚至伸到你的领域，对你造成了干扰，你要不要也伸长手臂反击对手呢？《道德经》认为，这时的你要冷静，不要伸长手臂与对手交战。你可以收回你的手臂，分析当前的客观形势和市场环境，思考你的应对之策，采取正确的策略。盲目地伸长手臂，是有害无益的。其三，以"不主动攻击敌人"来反制对手的攻击。其四，以"没有兵器"的状态战胜对手"有兵器"的状

态，即不要太依赖自己的兵器。商场如战场，商业中的利器也是可以伤害人的。但是，德才兼备的现代创新管理者并不会依赖自己的武器，而会通过良性竞争的方式取得成功。

（三）祸莫大于轻敌，轻敌几丧吾宝

还有比轻敌更可怕的事情吗？这句话启示现代创新管理者切勿轻敌。在前文的分析中，我们强调了不主动攻击敌人、不依赖武器等"让敌"观点，但是，"让敌"不等于轻敌。轻敌是很可怕的，它会让组织或人丧失宝贵的生命。

不轻敌，要求现代创新管理者居安思危，保持警惕性。我们熟知一个自然现象：将青蛙放入沸水中，青蛙可能会马上跳出沸水，尚能保存性命，如果将青蛙放入冷水中慢慢加热，青蛙刚开始还不能察觉水温的升高，没有及时跳出来，随着水温的升高而丧失了生命。

现代创新管理者如何居安思危，保持警惕性呢？这个问题的答案仍然是加强防守，提高组织的凝聚力，努力积蓄组织的内在力量，以强大的力量震慑竞争者，以"不主动进攻"战胜对手的"主动进攻"。

（四）故抗兵相加，哀者胜矣

这句话中的"哀"是指保持冷静、理性和客观，不盲目乐观。这句话启示现代创新管理者不要盲目乐观。作为推动组织创新与发展的重要角色，现代创新管理者需要客观认识复杂的市场环境，也要客观评估竞争对手的实力与优势，做好应对各种挑战与困难的准备。同时，创新活动通常都存在失败的风险，万一创新失败了，之前投入的大量资金、物质都成为巨大的浪费，这样的状况也需要现代创新管理者有所认识并做好充分的准备。

现代创新管理者不盲目乐观不等于悲观。作为管理者，应该是有魄力、有担当的。为了组织的未来，持续创新是必要的。事前做好充分的准备和评估，包括严格而客观的可行性分析研究，确认可行的、有价值的创新项目是值得努力去开展的。

三　小结

总之，受《道德经》第六十九章启示，爱好和平的现代创新管理者更有利于组织的创新发展；现代创新管理者在爱好和平、不主动进攻竞争对手、不将手臂伸得太长、不依赖武器的同时，要保持谨慎、客观的态度，不要轻视敌人，不要盲目乐观。现代创新管理者通过不断积蓄内在的力量，一定能立于不败之地。

第七十章 《道德经》第七十章对现代
创新管理的启示

一 《道德经》第七十章原文及其翻译

《道德经》第七十章的原文是："吾言甚易知，甚易行；天下莫能知，莫能行。言有宗，事有君。夫唯无知，是以不我知。知我者希，则我者贵。是以圣人被褐而怀玉。"① 其中蕴含的古老哲理，用现代文翻译如下。我的言论很容易被理解，也很容易执行，但是，天下却没有人真正地理解和执行。我的言论都有根据和主旨，行事也都有依据，那些人只是不知道，所以才不理解我。能够理解我的人稀少，能够向我学习的人更加难得，所以，得"道"的圣人看起来穿着粗布衣服，实则怀揣着绝世美玉。那么，这些古老的哲理与现代创新管理有什么关系呢？

二 对现代创新管理的启示

该章，作者对自己的言论进行评价。这些言论都是绝世美玉啊！但是很难得到世人的理解，学习、掌握并执行这些言论的人更少了。作者发出了感叹：为什么世人不理解他啊？这是因为世人的知识面还不够、智慧还不足。

从现在的观点看，《道德经》的价值已经得到世人认可。这就是说，

---

① 张景、张松辉译注《道德经》，第 283 页。

绝世的美玉，虽然有可能最初不被人认可，但最终总是会受到重视的。

该章的内容同样也给予现代创新管理者深刻的启示。

第一，现代创新管理者要多学习，形成能够识别美玉的慧眼。现代创新管理者需要通过不断学习、不断思考、不断探索，持续积累知识与技能。只有这样，现代创新管理者才能具有敏锐的观察力和前瞻力，才能独具慧眼，善于发现"绝世美玉"未被识别的价值。

在积累知识和技能方面，现代创新管理者应该如何做呢？在此提出几点建议。其一，现代创新管理者需要具备良好的人文科学和社会科学基础知识。现代创新管理者需要具备良好的沟通能力、团队合作能力和跨文化交流能力。具备较好的人文和社科知识素养的现代创新管理者通常具备更好的沟通能力，能够更好地与同事、合作伙伴、客户等沟通，更好地理解不同文化和背景的人的想法和需求，更好解决人际矛盾和冲突，从而有效推进创新。其二，现代创新管理者需要具备管理知识、商业知识、财务知识、法律知识等。在现代创新管理过程中，通常会涉及管理知识、商业知识、财务知识、法律知识等。现代创新管理者只有具备这些知识，才能具备良好的能力去处理各种管理问题、商业问题、财务问题、法律问题等。这些知识也有助于现代创新管理者提升市场分析能力和商业判断能力，使他们更有慧眼去识别新的市场需求和商业机会。其三，现代创新管理者需要具备扎实的数学和自然科学基础知识。创新需要运用数学模型和数学方法，需要对数据、信息和理论进行分析和理解。只有具备扎实的数学和自然科学基础知识，现代创新管理者才有能力处理庞大的数据和信息。不同领域的创新，涉及的学科不同，但通常都需要多学科的交叉和融合应用。现代创新管理者的知识面要广，与本领域创新相关的学科都要有所了解。通过努力学习，让自己的知识结构呈现"T"形，上面的"—"表示知识的广度，下面的"|"表示专业知识的深度。作为一名管理者，上面的"—"要有相当宽度才是合格的。

第二，现代创新管理者要百折不挠。"是金子，总会发光的。"成功之路可能很崎岖、很艰难，默默耕耘多年有可能还不被世人发现，但只要坚持下去，总有一天会成功。正如莫言所指的"晚熟的人"，大器者，晚成者居多。

成功，需要99%的汗水。世界上没有人能够轻易成功。要想成为一名成功的现代创新管理者，是很不容易的。绝大多数现代创新管理者的成功之路都不平坦，需要一个从不被认可到被认可、被重视的过程。这个过程，有些是很漫长的，甚至是很多年。这些成功的现代创新管理者，无论承受怎样的压力与挑战都不会放弃。他们都是值得学习的，因为他们的身上有东西在发着光。这些发着光的东西是：理想、信念、信仰、坚定和百折不挠。也许他们不够聪明、不够年轻，也许他们受到无数嘲讽和否定，也许他们经历无数次失败，也许他们被质疑、沮丧和无助，但是，他们有着足够的坚定和坚强，他们知道成功通常只青睐有准备的人，只有始终坚守自己的信念，不断学习、不断实践、不断挑战自己、不断超越自己、不断积累知识和经验，才能最终取得成功。

第三，现代创新管理者应是创造并推广"绝世美玉"的人。好的新产品、新服务，犹如"绝世美玉"。当"绝世美玉"还被隐藏在石头下时，世人是很难发现的。但是，"是金子，总会发光的"，是"绝世美玉"，也总会被世人发现。现代创新管理者就应该是那个创造"绝世美玉"并努力让世人发现"绝世美玉"的人。

现代创新管理者如何创造"绝世美玉"并让世人发现"绝世美玉"呢？笔者有如下建议。其一，通过精准的市场调研，了解消费者的需求和偏好，从而推出符合市场需求的产品。其二，新产品、新服务最初问世时，还处于"幼童"阶段，市场认识度不高，很多消费者不了解，也不愿意轻易尝试一个新产品、一项新服务。这样的情况很普遍。面对这样的情况，现代创新管理者要通过创新营销手段，如线上线下的广告、社交媒体推广、促销、产品或服务免费试用、业内专家和明星宣传等，提高产品的知名度，让"幼童"型新产品逐步被大众认识，并且成长为"明星"型产品。其三，通过社交媒体等平台，与消费者加强互动，收集消费者的各种反馈，也包括征求消费者的意见和建议，不断优化产品与服务。其四，通过加强品牌建设，打造品牌的形象和信誉，让消费者对产品形成信任和依赖。在这个过程中，现代创新管理者要始终保持足够的耐心和毅力。同时，整个过程都要紧跟市场的需求趋势，与时俱进、与境共生。

三　小结

总之，受《道德经》第七十章启示，现代创新管理者要多学习，形成能够识别"绝世美玉"的慧眼；无论成功的道路多么崎岖，要坚信，"是金子，总会发光的"，要具备百折不挠、持之以恒的精神品质；优秀的创新成果犹如"绝世美玉"，然而，即使是"绝世美玉"，也需要有一个被世人发现的过程，而现代创新管理者的使命就是创造"绝世美玉"并将"绝世美玉"推而广之。

第七十一章 《道德经》第七十一章对现代创新管理的启示

一 《道德经》第七十一章原文及其翻译

《道德经》第七十一章的原文是："知不知，上；不知知，病。夫唯病病，是以不病。圣人不病，以其病病，是以不病。"① 其中蕴含的古老哲理，用现代文翻译如下。知晓自己的"有所不知"，算是高明；不知晓自己的"有所不知"，将"不知"当成"知"，是德行、智慧不足的表现。正是因为他们将自己的不足当成不足去正视和克服，所以他们才没有不足。得"道"的圣人有德有智，因为他们将自己的不足当成不足，并努力克服不足。那么，这些古老的哲理与现代创新管理有什么关系呢？

二 对现代创新管理的启示

（一）知不知，上；不知知，病

这里的"知"，指"知晓"，即对事物有认识和理解。反之，"不知"，指"不知晓"，即对事物没有认识和理解，也可以理解为"无知"。"病"不是指生病、疾病，而是指缺点、德行的不足、智慧的不够、道行的不足。这句话明确指出，将"不知"当成"知"是病态的，而且这是一种德行和智慧上的病态。

---

① 张景、张松辉译注《道德经》，第286页。

真正的创新，是建立在知晓基础之上的创新。在创新之前，要知晓行业发展趋势，要知晓市场，要知晓用户，要知晓竞争对手，要知晓组织的创新资源和创新环境，要知晓现有的创新模式，要知晓现有的创新机制和创新方法，要知晓创新项目潜在的不确定因素和风险；在创新过程中，要知晓所有员工的工作状态，要知晓创新工作的进展，要知晓各方面的反馈，要知晓现有创新机制与当前创新项目运行之间是否有矛盾，要知晓现有的创新方法是否存在问题，要知晓创新项目运行中的阻碍与困难，要知晓创新项目运行的各种风险；在创新成果诞生后，要知晓创新成果是否符合预期，要知晓创新成果的推广和应用情况，要知晓创新成果的保护，要知晓用户对创新成果的反馈。现代创新管理需要知晓的事物很多，创新，是在知晓基础上的克服、突破和改进。

然而，不少组织在知晓方面做得很不足。例如，当前仍有不少组织只是在申请创新项目后才开始关注创新，但是在此之前，忽略了通过做大量的调研和分析工作来知晓行业发展趋势、知晓市场需求、知晓用户期盼、知晓竞争对手的情况、知晓组织已有的创新资源和创新环境是否可行等。现代创新管理者要承认自己的"不知晓"，改变自己的"不知晓"状态。只有改变了"不知晓"状态，才能实现现代创新管理的目标。

（二）夫唯病病，是以不病

这里的"病病"，是指将"病"当成"病"，而不是忽视"病"、不敢正视"病"。高明的人，是一定能够认识到自己还存在知识盲点的。如果一个人不承认自己还存在无知之处，就是一种品德和智慧之病啊。而圣人之所以很高明，是因为他们将自己的不足当成了不足，并且正视这些不足。这句话启示现代创新管理者，要清醒地认识到自己是有所不知的，即"知之为知之，不知为不知，是知也"，广纳良言，继续学习和探索新的知识和技能，不断自我提升。

（三）圣人不病，以其病病，是以不病

这句话指出，所谓"不病"的状态，是知晓自己的缺点，正视自己的缺点，努力克服缺点。

这句话启示组织在现代创新管理中，要认识到每个创新项目中都潜藏着未知风险，要正视风险，并建立有效的风险防控机制预防不知晓的风险。现代创新管理如何建立有效的风险防控机制呢？一是加强对数据隐私和安全的管理。创新需要以客观数据为基础。组织需要制定严格的数据隐私和安全政策，并采取必要的技术手段保护数据安全，只有被授权的人才有权限看到这些数据，以防止重要的数据被竞争对手窃取和应用。二是分析组织可能面对的创新风险，建立全面风险管理体系。组织的创新风险有哪些？每个创新项目都有所不同。常见的创新风险，有政治风险、法律风险、创新经费风险、员工操作不当风险、创新失败风险、知识产权风险等。针对每个创新项目的情况，客观评估各类潜在创新风险的大小，并考虑应对各类风险的措施和对策。面对发生概率大，一旦发生就损失重大的创新风险，可以选择规避。例如，可行性分析认为该创新项目成功的可能性较小，可以选择不立项以规避风险。面对发生概率较小，但一旦发生就会有重大损失的创新风险，应该采取风险转移等应对措施。例如，面对创新可能失败的风险，应该通过投保等方式将创新风险转移给保险公司。有些创新风险发生概率也不小，但实在无法规避，应该采取风险缓解的措施，通过严格的管控措施努力降低风险发生的概率或减少风险可能带来的损失。风险缓解就好比我们在新冠疫情期间出门戴口罩一样，我们被隔离在家不出门，切断与病毒接触的机会，这样的措施就是风险规避；但是，很多时候我们必须出门，而出门又存在被病毒感染的风险，这样就只能通过规范戴好口罩来降低被病毒感染的风险，这就是风险缓解措施。还有一些创新风险，如员工操作不当风险，在加强员工培训、严格规范员工操作流程的情况下，发生的概率较小，发生时组织自身有能力应对。这样的风险，可以采用风险自留措施，通过严格管理、预留风险准备金等方式"自留"风险，积极准备，应对风险的挑战。组织应建立全面风险管控体系，通过该体系对各类可能发生的创新风险进行客观识别、评估、监控和应对，建立相应的规章制度，进行全方位的管理和监控，尤其要加强对重要岗位、重要环节的控制。例如，加强对重要岗位人员的培训和教育。又如，某组织通过建立严格的财务制度，采用一些管理控制措施，有效防范财务风险和内部腐败问题。三是制订应急计划。组织要加强面对突发创新风险事件的能力，制订应急计划。应急计划，应包括储备一定量的应急资源、建立应急机制、科学预测并事先规划好应急措施等。四是提高员工的风险意识。管理者要通过大会、讲座、培训等方式，让员工了解风险的存在、风险可能带来的后果、风险的应对措施，提高员工的风险意识和风险应对力。五是加强外部风险管理。组织与专业的风险评估机构、咨询机构、法律服务机构、知识产权保护机构、行业协会等建立良好的合作关系，有利于及时获取外部信息帮助组织防控创新风险。六是保持谨慎，持续完善风险防控体系。各类风险都会随时间的运动而运动。现代创新管理要充分认识到风险具有动态发展的特点。面对风险的动态性，一方面，组织要以发展的眼光、谨慎而积极的态度观察、监测风险的变化与发展；另一方面，组织要适时调整风险防控体系，增强风险防控体系的客观性和适用性。

三　小结

总之，受《道德经》第七十一章启示，真正的创新需要多方面的"知晓"，现代创新管理者要承认自己的"不知晓"，这样才能正视自己的"不知晓"，进而通过不断学习、不断探索、不断调研、不断摸索，持续减少自己的"不知晓"，持续增加自己的"知晓"。否则，如果仍然不承认自己的"不知晓"，自以为是，就很难实现现代创新管理目标了。

第七十二章 《道德经》第七十二章对现代创新管理的启示

一 《道德经》第七十二章原文及其翻译

《道德经》第七十二章的原文是："民不畏威，则大威至；无狎其所居，无厌其所生。夫唯不厌，是以不厌。是以圣人自知，不自见；自爱，不自贵。故去彼取此。"① 其中蕴含的古老哲理，用现代文翻译如下。如果人民不害怕权威，而是感觉到被尊重和信任，那么，强大的威慑力就来了。不要使人民安全居住的感觉受到逼迫，不要使人民生存的空间受到阻塞。只有不做让人民厌恶的事情，才不会被人民厌恶。因此，有"道"的圣人有自知之明且不自我表现，自我珍爱而不夸耀自己。所以，他们懂得取舍，去除自我表现和自我夸耀，保持自知之明和自我珍爱。那么，这些古老的哲理与现代创新管理有什么关系呢？

二 对现代创新管理的启示

（一）民不畏威，则大威至

这句话强调，统治者的威慑力来自对民众的尊重和信任，而不是来自对民众的威压。这启示现代创新管理者，不应该用权力和威压来对待员工，如果现代创新管理者能通过尊重员工获得员工的信任，那么，管理者

---

① 张景、张松辉译注《道德经》，第289页。

的威慑力自然就来了。

尊重员工，是稳定员工的基础。稳定是组织发展的基础。如果组织能够将创新与稳定结合起来，将创新与尊重员工结合起来，那么员工就会更加忠诚和高效，组织就更有稳定力和发展力。否则，如果组织过度关注创新、过度强调利润和扩张，而忽略创新人才的培养及工作条件的改善，降低了员工的福利，就可能导致员工不满、不愿意全身心投入创新工作，甚至离职，致使组织不稳定，给组织的发展带来负面影响。

（二）无狎其所居，无厌其所生。夫唯不厌，是以不厌

这句话强调不要做让人民厌恶的事情，例如，不让人民安居乐业、阻塞人民的生存空间。这启示现代创新管理者，不要做让员工厌恶的事情。

在现代组织创新中，让员工厌恶的事情有哪些呢？其一，现代创新管理者官僚主义严重，过度控制和监管。具有官僚主义的管理者，往往过度控制员工的行为，常向员工提出不必要的要求，让员工深感不自在、困惑和疲惫。建议摒弃官僚主义作风，采取更加民主的管理风格，营造比较和谐、民主的组织氛围。其二，沟通少，工作透明度低。一些现代创新管理者不愿意与员工"多说"，工作任务安排不清，员工只知道工作任务，并不知道工作的目的。员工不理解上级的指令，被动实施工作任务，工作效率与质量不高。建议现代创新管理者多与员工沟通，让员工明确自己当前的工作价值，提高员工的主人翁意识，化被动为主动。其三，管理者不道德、不公平，或让员工感受到歧视。不少现代创新管理者的素质尚待提高，组织中还存在不道德言行、不公平待遇、歧视员工现象。这些都是员工普遍厌恶的。这种不道德言行、不公正待遇和歧视员工现象会导致员工对组织产生敌意，增加组织的不稳定、不安全因素。建议现代创新管理者尽快提高个人素质，处事公平，不可因为任何原因而歧视其员工。其四，现代创新管理者对员工的期望过高，使员工感到过大的工作压力。有些现代创新管理者过度期待员工在短时间内取得巨大的成果和进步，于是，他们给员工过度施压。要知道，员工的时间、精力、能力都是有限度的，过高的工作期望会降低组织的士气，加重员工的抱怨和逆反心理，也会使员

工消极抵抗，工作任务无法完成。建议合理评估员工的工作能力，制定合理的工作定额。其五，工作任务的难度太大。工作太烦琐、工作任务太重、工作流程太复杂等工作本身的问题，也会让员工感觉到厌恶。面对这种状态，组织可以根据情况改善工作方式或工作条件。例如适当降低员工的压力、分工协作、请专家指导、采用弹性工作时间、加强工作反馈、奖励或表扬工作效果突出的员工等，也建议在必要时开设培训班，让员工在学习中提升工作技能，解决工作中的难题。

（三）是以圣人自知，不自见；自爱，不自贵。故去彼取此

"自知"，即知道自己，也就是有自知之明。"自见"，即表现自己。"自爱"，即爱惜自己。"自贵"，即认为自己尊贵，也就是自我夸耀。这段话强调，有"道"的圣人是懂得取舍的，他们选择的是"自知"和"自爱"，舍弃的是"自见"和"自贵"。

这段话启示现代创新管理者，要有自知之明，要自我珍爱，不要过度自我表现，不要自我夸耀。其一，现代创新管理者要有自知之明，既要知道自己的优势，又要知道自己的劣势；既要有自信，又要很谦虚。知道自己的优势，让你更加有信心、有勇气、有决心开启并全过程管理好创新项目；知道自己的劣势，使你更加谦虚，不敢中断学习和自我提升。只有这样，你才能适应现代的竞争环境。其二，现代创新管理者要自我珍爱。一方面，现代创新管理者要珍爱自己的身体，对自己的身体负责任。身体是创新的本钱，如果没有健康的身体，创新事业就会受阻。另一方面，现代创新管理者要珍爱自己的内在品质和道德情操，有正确的价值观，不轻易改变初衷，不做有违原则与道德的事情。其三，现代创新管理者不要过度自我表现。作为一名管理者，你也许需要适度的自我表现，让员工认识你、欣赏你，从而更加敬重你，但是，切不可过度自我表现。如果现代创新管理者过度自我表现，就会影响创新团队的合作。一个人的力量总是有限的，无法将一个人的力量与一个团队的力量进行比较。创新应该是群策群力的事情。现代创新管理者可以适度隐藏自己的才华，授权给团队成员。其四，现代创新管理者不要自我夸耀。虽然你是管理者，但也不值得

自我夸耀。自我夸耀会让现代创新管理者失去员工的信任和尊敬。因为大多数员工喜欢低调而实干、有行动力的管理者，而对夸夸其谈、说多于做的现代创新管理者缺乏信任感。

三　小结

总之，受《道德经》第七十二章启示，现代创新管理者要将创新与稳定结合起来，将创新与尊重员工结合起来；不要做让员工厌恶的事情；要有自知之明，要自我珍爱，不要自我表现，不要自我夸耀。

第七十三章 《道德经》第七十三章对现代创新管理的启示

一 《道德经》第七十三章原文及其翻译

《道德经》第七十三章的原文是："勇于敢，则杀；勇于不敢，则活。此两者，或利或害。天之所恶，孰知其故？是以圣人犹难之。天之道，不争而善胜，不言而善应，不召而自来，繟然而善谋。天网恢恢，疏而不失。"① 其中蕴含的古老哲理，用现代文翻译如下。有些人勇于上阵杀敌就被杀了，有些人不敢上阵杀敌就活下来了。从这两种情况可见，勇气可能会带来好处，也有可能带来坏处。上天讨厌什么，谁知道是什么原因呢？所以，就连圣人也难以做出选择。我们知道的是，按照天的法则或自然规律，不去争夺的人更有可能取胜，不回应的人更有可能得到应答，不召唤反而可以让他人自动前来，不紧张、坦然处事的人反而是善于谋划的人。自然规律的范围很宽广，虽然看起来宽疏，但不会遗漏任何一人一物。那么，这些古老的哲理与现代创新管理有什么关系呢？

二 对现代创新管理的启示

（一）勇于敢，则杀；勇于不敢，则活。此两者，或利或害。天之所恶，孰知其故？是以圣人犹难之

这段话指出了两种现象，有勇气上阵杀敌本来是好事，却可能被杀

---

① 张景、张松辉译注《道德经》，第291页。

死，而没勇气上阵杀敌本来是坏事，却活下来了。在现代组织中，创新是必要的，但也存在这样的现象：有勇气开展一项创新的，结果却失败了，损失不小；没有勇气开展这项创新的，结果没有失败，也没有损失。这之中存在矛盾问题：到底是有勇气好，还是没有勇气好？谁能说得清楚呢？就连圣人也说不清啊。

这段话启示现代创新管理者，要培养"权变"的管理思维。"权变"，即"权衡和变化"。权衡的是组织环境的动态变迁、每个项目具体的不同特征等，变化的是管理者所采用的管理理论、管理模式、管理方法、管理手段以及对待组织中每项工作的态度等。也就是说，这世界上没有绝对最好的，也没有绝对最不好的。所谓的"好"与"不好"都是针对具体环境而言的。引一个常见的例子来说明这个道理。笔者是一名管理学教授，在课堂上向学生提问："民主型领导风格与专制型领导风格相比较，哪个更好？"结果大多数学生不假思索地回答："民主型领导风格。"这个答案对吗？民主型领导者长于上下级协商。假设正面临火灾，民主型领导者仍然用协商的语气与下属张三说："张三，你去救火，好吗？"张三回答："不好。"领导者又用协商的语气让其他几位下属去救火，结果所有的下属都不去，火势蔓延，导致巨大的损失。在这种情况下，你能说民主型领导风格是好的吗？所以，民主型领导风格有其适用的环境，专制型领导风格也有其适用的环境，放任型领导风格也有其适用的环境。在类似于火灾这样紧急的环境中，不适合采用民主型领导风格，而更适合采用专制型领导风格。同样道理，虽都说创新是对组织发展有利的，但也不可盲目创新。只有符合当前环境需求的创新才是"好创新"。否则，缺乏对环境需求的分析，缺乏严谨的可行性分析研究，盲目地开展创新很可能给组织带来灾难。

"勇于敢"与"勇于不敢"，是现代创新管理者需要面对的两种选择。现代创新管理者需要审时度势，根据客观时、势，力求做出明智的选择，既不要因为不敢创新而失去生存和发展的机会，也不要因为盲目创新而失去组织的发展力。

（二）天之道，不争而善胜，不言而善应，不召而自来，绵然而善谋

这句话阐述了一个高深的哲理，强调"不争""不应""不召""绵然"。这句话启示现代创新管理者："不争"可以战胜"争"而成为获胜者；最初的"没有响应"或失败，到最后可能有很好的回应或成功；"不召"可以自来；以"绵然"而多谋的方式进行现代创新管理。

其一，在现代创新管理中，"不争"可以战胜"争"。"不争"，是一种管理智慧，是指在面对竞争时，不主动争夺他人的资源或者利益。"不争"并不是指完全放弃"争上游"。"不争"的组织仍然是上进型组织，其通过持续不断的学习与改进，不断提高内在实力和竞争力。"不争"只是指不主动去抢夺他人之物。这种"不争"的态度，可以有效避免矛盾和冲突，有利于创新组织间的合作共赢；密切组织内外的友好关系，构建和谐的组织文化，提升社会和客户对组织的好感，增加组织的外援，提升员工的自豪感和忠诚度；组织也可以在"不争"的和平状态中，更清晰地看到组织的未来和目标，从而在适当的时候抓住机会采取适当的行动实现组织的目标。反之，"争"则影响了组织内外环境的和谐感，难以通过合作实现共赢，也容易让人因看不清自己的目标而错失良机。

其二，在现代创新管理中，最初的"没有响应"或失败，到最后可能有很好的回应或成功。在现代创新管理中，创新方法和创新模式不成熟、操作不熟练、数据读取方式不恰当等时常导致初次试验失败或"没有响应"。在这种情况下，切勿放弃。失败并不是终点，它只是通往成功的起点。在大多数情况下，经过不断的尝试和改进，创新方法和创新模式不成熟、操作不熟练、数据读取方式不恰当等问题都得到了改进，成功就会到来，你会收到很好的回应。

其三，"不召"可以自来。也就是说，我们可以通过一些无形的力量推动创新。例如，文化创新、教育创新可以营造一个蒸蒸日上、促进学习和探索的组织创新氛围，推动员工以开放的心态看待新信息，建立起促进人人创新的组织机制，鼓励每位员工充分运用他们聪明的大脑，时常使用头脑风暴法辅助思考问题，及时收集创新灵感。以这样无形的力量推动创

新，可以实现以低成本助推创新的目的。

其四，以"绰然"而多谋的方式进行现代创新管理。"绰然"，是放松、坦然的意思。多谋，强调讲究策略和方法。现代创新管理者既要做到胸有成竹，也要做到策略得当、方法恰当。现代创新管理者从全局到局部，乃至每个细节都要做到心中有数。不但要有明确的创新总目标，而且要有明确的各阶段、各环节子目标。围绕目标，制订好长期计划、中期计划和短期计划。在计划中可以预先设想未来可能的情境，预先规划应对突发情况的策略和方法，以提高对未来环境的应变能力，并应用滚动计划法等科学方法提高计划与实际相符合的程度。如此，只有心有目标、胸存计划、策谋在胸，才能坦然、循序渐进、高效率地开展现代创新管理工作。

（三）天网恢恢，疏而不失

这句话强调自然规律之普遍。天下万物，无不被"天网"笼罩，也没有不被自然规律所涵盖的。这启示现代创新管理者，创新活动作为万物之一，务必要遵循自然规律。

三 小结

总之，受《道德经》第七十三章启示，现代创新管理者既要重视创新，又要懂得审时度势，充分考虑环境、风险、客户、经费、技术、人员、物质、时间等多方面的客观情况，通过严谨的可行性分析研究，确认可行之后方可果断开展创新。切不可盲目创新、过度创新。此外，在现代创新管理中，"不争"可以战胜"争"；如果最初"没有响应"或失败，切不要放弃，因为到最后可能会有很好的回应或成功；"不召"是可以自来的，应用无形力量可以实现以低成本推动创新；坦然而多谋地进行现代创新管理。创新活动，被"天网"笼罩着，务必要遵循天道、遵循自然规律。

第七十四章 《道德经》第七十四章对现代
创新管理的启示

一 《道德经》第七十四章原文及其翻译

《道德经》第七十四章的原文是："民不畏死，奈何以死惧之？若使民常畏死，而为奇者，吾得执而杀之，孰敢？常有司杀者杀。夫代司杀者杀，是谓代大匠斫。夫代大匠斫者，希有不伤其手矣。"① 其中蕴含的古老哲理，用现代文翻译如下。如果民众不怕死亡，那么用死亡来让民众恐惧有什么用呢？如果让民众总是害怕死亡，那么对于那些敢于冒险为非作歹的人，我们就可以抓住他们处以死刑，这样谁还敢为非作歹呢？通常执行杀人任务的是"司杀者"，这个"司杀者"也就是专管杀人的人。那些代替"司杀者"去执行杀人任务的人，就像那些代替高明的木匠去砍木头的人一样，因为不专业，所以很少有人不伤了自己的手指头。那么，这些古老的哲理与现代创新管理有什么关系呢？

二 对现代创新管理的启示

（一）民不畏死，奈何以死惧之

这句话强调"畏惧"的重要性。在现代创新管理中，管理者也要学会灵活运用"畏惧"。"畏惧"是一种常见的心理。管理者要奖罚分明。只有

---

① 张景、张松辉译注《道德经》，第293页。

奖罚分明，才能使管理出成效。组织中奖罚分明，需要有"白纸黑字"的制度为依据，否则，如果没有依据就进行奖或者罚，就会让员工无法信服，甚至会感觉很不公平，进而对组织和管理者产生不满意感和敌意，很不利于组织的安定。因此，为了做到奖罚分明，现代创新管理者就必须事先明文制定相关的规章制度，在规章制度中有明确的奖罚条款。在这些条款中要写清楚，什么情况下可以受奖励，受到什么样的奖励；什么情况下要受到惩罚，受到什么样的惩罚。"民不畏死，奈何以死惧之？"启示现代创新管理者，只有用大多数员工都畏惧的事情作为惩罚才有管理效果。例如，A组织规定迟到者罚款5元/次，而现在大多数员工不"畏惧"5元/次的罚款，所以这项规定并不能减少迟到现象。后来，A组织改了制度条款，规定迟到者罚款500元/次。修改条款后，迟到现象马上消失了，因为绝大多数员工都"畏惧"500元/次的罚款。

（二）若使民常畏死，而为奇者，吾得执而杀之，孰敢

这句话承接上一句话，仍然在强调利用民众的"畏惧"心理治理国家。是的，管理者应用员工的"畏惧"心理可以更好地管理组织。但是，员工都是有安全需求的人，不愿意长期处于一个令人生畏的工作环境中。如果员工对自己的工作环境感到害怕，那么他们如何能够具备创新思维？如何能够进行创造性思考呢？

前文也分析了，现代创新管理应该讲究"人和""民主""柔性"。为了能够真正激发员工主动创新的热情，建议现代创新管理者通过努力营造让人感觉安心、温暖、舒心的工作环境，来消除员工对创新的恐惧心理，并且尽力让员工爱上创新、主动创新。

在现代创新管理中，如何消除员工对创新的恐惧心理呢？其一，分析员工对创新感到恐惧的原因。不少员工对创新感到恐惧，这严重阻碍了创新的进程。现代创新管理者首先要思考的问题是：为什么这些员工会对创新感到恐惧。这个问题的答案因人而异，笔者曾经进行相关的问卷调研，对得到的有效问卷进行统计后发现，大多数员工对创新感到恐惧，是因为缺乏创新的信心。其二，对症下药，提升员工对创新的信心。现代创新管

理者要通过创新动员会、私下沟通、鼓励等方式给员工传递创新的信心和勇气。在这个过程中，现代创新管理者要向员工说明当前正需要开展的创新项目的特征、意义和价值，还需要让员工知晓组织实施这个创新项目的迫切性和优势，使员工对未来的创新工作心中有底。鼓励员工积极参与创新的方式较多，例如，目标激励法，给员工一个明确目标，并让员工知道实现目标后可以获得哪些奖励，让员工从心里产生创新的动力和热情，这样的动力和热情可以进一步减轻员工对创新的恐惧心理，从被动创新转化为主动创新。又如，提供良好的创新工作环境和设备。再如，针对员工的知识薄弱点，给员工开设培训学习班，并给员工提供足够的创新资源。其三，及时沟通并及时了解员工的心理动态，及时调整。要消除员工对创新的恐惧，一次沟通往往不够，需要在之后的创新进程中与员工保持沟通，以便能及时收到员工的反馈、及时了解员工的心理状态，如果在沟通中发现问题和偏差，要找出原因，再进行对症下药的调整和纠偏。

（三）常有司杀者杀。夫代司杀者杀，是谓代大匠斫。夫代大匠斫者，希有不伤其手矣

这段话强调"司杀者"和"大匠"，也就是专业杀人的人和专业砍木头的人。也就是说，就连执行死刑的刽子手和砍木头的人，都需要专业人士，何况现代化创新呢？这段话启示现代创新管理者，不仅要通过努力学习提升自身的专业性，还要通过一系列举措来提升员工的专业性。

现代创新管理者如何提升员工的专业性呢？要提升员工的专业性，需要从专业知识培训、引进专业性高的创新人才、改善工作环境、优化沟通渠道、保护创新成果等方面着手。其中，专业知识培训是培养员工、提升员工专业性的重要途径。专业知识培训要注意培训的效果。要防止有些员工只是在培训班里混着，一场培训下来并没有什么专业进展。所以，现代创新管理者需要采取一些措施督促员工的学习。例如，笔者曾经到福建泉州的某公司调研，该公司设有企业内部的大学，员工每年都必须到企业内部大学选修学习课程，每门课都需要考试，考试通过才能获得学分。这些学分是与员工的福利、绩效挂钩的。在调研中，笔者了解到员工很重视学

习并争取考试合格以获得学分。整个企业弥漫着学习的氛围，笔者从员工的谈吐中也可以看出他们具备较高的专业素养。

三　小结

总之，受《道德经》第七十四章启示，如果要惩罚组织中的不良行为，就要用受惩罚者"畏惧"之事作为惩罚。然而，如果组织总是重视营造让员工"畏惧"的氛围，会对员工的创造力有较大的负面影响。员工只有不"畏惧"创新，才会愿意主动投入时间和精力进行创造性思考。因此，现代创新管理者应注重给员工营造一个安心、温暖、舒心的工作环境，消除员工对创新的"畏惧"心理。此外，现代创新管理者要努力提升自己与员工的专业性。

第七十五章 《道德经》第七十五章对现代创新管理的启示

一 《道德经》第七十五章原文及其翻译

《道德经》第七十五章的原文是："民之饥，以其上食税之多，是以饥；民之难治，以其上之有为，是以难治；民之轻死，以其上求生之厚，是以轻死。夫唯无以生为者，是贤于贵生。"① 其中蕴含的古老哲理，用现代文翻译如下。民众之所以会受饥饿，是因为他们交了太多"食税"，这样他们才饥饿啊；民众之所以难以治理，是因为他们的统治者追求"有为"，这样他们才难以治理；民众之所以轻生，是因为他们的统治者太贪图享乐，让民众缺乏生存物质，这样民众才轻生啊。那些不追求享乐人生的人，是比那些过分重视享乐生活的人更加贤明的。那么，这些古老的哲理与现代创新管理有什么关系呢？

二 对现代创新管理的启示

（一）民之饥，以其上食税之多，是以饥

"食税"，指古代的苛捐杂税。这句话指出古代民众饥饿的原因。这句话启示现代创新管理者，反思一下组织中的员工是否也存在"饥饿"现象，例如"知识饥饿"现象、"尊重饥饿"现象、"晋升饥饿"现象、"福

---

① 张景、张松辉译注《道德经》，第295页。

利饥饿"现象等。如果你的组织存在类似的饥饿现象，那么你要高度重视起来，并且深入分析每一个"饥饿"现象背后的根本原因，采取相应的措施解决员工的"饥饿"问题。例如，你经过反思和观察发现，你组织中存在"晋升饥饿"现象，不少老员工勤勤恳恳工作了几十年，连副高职称都评不上，导致他们失去了勤奋工作的动力，甚至有些员工"躺平"了。面对这样的现象，你要首先查找其原因，你发现"晋升饥饿"现象的根本原因是晋升条件不符合实际情况，高于大多数员工能达到的水平。找到原因后，你就要针对原因着手解决这个问题，向组织上层汇报这个现象及其原因，协助组织的决策层一起修订晋升文件。

（二）民之难治，以其上之有为，是以难治

这句话分析，古时候的民众为什么难以治理呢？是因为他们的统治者追求"有为"啊。这里的"有为"，是指因为有太大的野心而妄为。这句话启示现代创新管理者，切不可妄为。在现代创新管理中，过度创新、不顾环境保护而盲目创新、缺乏社会价值的创新等都属于妄为。

在前文，笔者强调过不可不顾环境保护而盲目创新、不可进行缺乏社会价值的创新活动。在此，笔者将着重强调不可过度创新。

现代组织应该持续不断地创新，以获得持续的市场竞争优势。然而，创新也需要有一个合理的节奏和范围，不可过度创新。创新的适度与否，关键在于创新之前是否有充分的市场调研、研究和分析。只有通过充分的市场调研、研究和分析，组织才能明确哪些创新是必要的、哪些创新可以被消费者所接受。所谓过度创新，是指没有以充分的市场调研、研究和分析为基础，盲目推出超出市场需求范围、不符合市场发展节奏的新产品或新服务。过度创新不但不能给组织带来正利润，而且很可能会导致巨大的浪费，挫败组织的创新自信，严重时也可能导致组织破产。创新要适度。"磨刀不误砍柴工"，创新之前务必要花费时间和精力做好市场调研和分析工作，除了要明确消费者的需求及其发展趋势，还需要明确竞争对手的产品和服务情况，知晓市场上已经有了哪些同类产品或服务、你未来的新产品或新服务可以从哪些方面战胜竞争对手。这些在创新之前的准备工作重要且必要，只有做好这些准备工作，你才能规划好你的创新计划，做好适度创新工作。

（三）民之轻死，以其上求生之厚，是以轻死。夫唯无以生为者，是贤于贵生

这两句话指出，古时候的民众为什么不重视自己的生命了？生命如此可贵，是什么让古代这些民众轻视生命而选择了死亡？这是因为这些民众受到了太大的压迫啊，根本原因是他们的统治者太重视享乐、放肆搜刮民脂民膏啊。这两句话用"夫唯无以生为者，是贤于贵生"总结，进一步强调管理者不要太追求享乐的观点。

这两句话启示现代创新管理者，要以员工的利益为上，因为现代创新管理者与其员工不但有着共同目标，而且是利益共同体，缺乏任何一方的支持都无法实现他们共同的目标。而在这个利益共生的关系中，现代创新管理者是主导者、主动方，其一言一行都可以直接影响员工对其的态度。员工先是作为一个被动接受方，当员工接收到现代创新管理者善意或者恶意的信息后，也会做出善意或者恶意的反馈。如果一名现代创新管理者以员工的利益为上，员工接收到管理者善意的信息后，会做出善意的反馈，也用全心全意的努力和优良的工作表现支持现代创新管理者的工作。于是，一个良性循环就形成了，久而久之，组织中弥漫的都是善意的、互相支持的和谐氛围。顺利实现组织目标成为组织全体成员的共同心愿。这样的组织有极强的战斗力、凝聚力和持续发展力。相反，如果一名现代创新管理者总是以自己的利益为上，自私自利，凌驾于员工之上，员工接收到管理者恶意的信息之后，会做出恶意的反馈，工作敷衍了事、不愿意全心全意投入工作、对组织不忠诚、只要有机会就想跳槽等。于是，一个恶性循环就形成了，久而久之，组织中弥漫的都是恶意的不正之风，组织上下不同心。这样的组织缺乏战斗力和凝聚力，难以实现组织的创新目标和持续发展。

现代创新管理者如何以员工的利益为上呢？笔者在前文中强调过，现代创新管理者要尊重员工，要给员工提供良好的工作环境，要保证员工可

以在工作中获得健康的身体和愉快的人际关系，要积极地肯定员工的成绩，要多与员工交流沟通并及时了解员工的困难，要尽力帮助员工解决困难，要给予员工必要的支持，要有完善的福利制度，要关心员工的心理健康，要给员工提供学习和培训的机会，要定期举办一些活动，要让员工感受到组织的关爱和温暖。这些都是现代创新管理者以员工的利益为上的表现。

三　小结

总之，受《道德经》第七十五章启示，现代创新管理者要反思组织中是否存在"饥饿"现象，分析这些"饥饿"现象产生的原因并及时采取必要的纠正措施；不可妄为，例如不可过度创新；要以员工的利益为上，实现管理者与员工的共同目标。

第七十六章 《道德经》第七十六章对现代创新管理的启示

一 《道德经》第七十六章原文及其翻译

《道德经》第七十六章的原文如下。"人之生也柔弱，其死也坚强。万物草木之生也柔脆，其死也枯槁。故坚强者死之徒，柔弱者生之徒。是以兵强则灭，木强则折。强大处下，柔弱处上。"① 其中蕴含的古老哲理，用现代文翻译如下。人在初生的时候身体状态是柔软的，死去后身体状态反而是僵硬的。草木在初生的时候是柔软脆弱的，死去后也呈现干硬枯槁的状态。所以，坚硬是死亡的状态，柔弱是生存的状态。因此，用兵过于刚强、不知柔性多变，就会被消灭；树木过于刚强，就容易被风摧折。在大自然中，强大的事物通常处于下方的位置，而柔弱的事物通常处于上方的位置。那么，这些古老的哲理与现代创新管理有什么关系呢？

二 对现代创新管理的启示

（一）人之生也柔弱，其死也坚强。万物草木之生也柔脆，其死也枯槁。故坚强者死之徒，柔弱者生之徒

此处，用人类和草木生存、死亡的状态作对比，指出柔弱是正在生存和生长的状态，而坚硬是死亡的状态。

---

① 张景、张松辉译注《道德经》，第298页。

305

这段话启示现代创新管理者，要守住生机活力，就必须避免刚硬和刻板，有必要采用柔性管理方式。柔性管理者能以多元化的方式满足员工的需求；能平易近人地与员工交流，并鼓励员工提出自己的创意和意见；能为员工提供更多的自由和空间去发挥他们的创造力；能在创新全过程中，根据客观环境的变化，动态调整策略和方法，始终保持与时俱进、与境同步的创新态度；能用积极的态度主动学习和自我提升，严于律己、宽以待人；能与客户成为好朋友，尽力满足客户的需求，提高客户的满意度，使客户长时间喜欢本组织的产品或服务；不会对竞争对手采取过于强硬的措施，而会尊重竞争对手，通过强化自身实力战胜竞争对手。这样的管理模式，使组织即使处于复杂多变的竞争环境中，也仍然能够保持灵动的适应力和强大的生命力。举个大家熟悉的例子，疫情突然发生，刚性管理的组织难以适应，但柔性管理的组织会马上制定应对措施，短时间内就构建了线上办公的系统渠道，保证组织的创新工作不会受到疫情的大影响。

（二）是以兵强则灭，木强则折

这句话强调"勿强"。这里的"强"是"过于刚强""过度刚强"的意思。过度刚强的军队会被灭亡，过度刚强的树木也更容易被摧折，即"木秀于林，风必摧之"。这句话启示现代创新管理者，遵循自然规律，不要过于刚强。

如果现代创新管理者过于刚强，可能会导致集体智慧难以发挥、团队合作出现较多矛盾和冲突、一些原本可以解决的技术难题无法解决等问题，甚至有可能导致严重的后果和失败的结局。在此，给现代创新管理者提出几点建议。其一，现代创新管理者不要过于自负和固执。创新涉及许多不确定性和风险，如果管理者过于自负和固执，缺乏风险规避意识，就很容易失败。其二，现代创新管理者要加强自我管理。现代创新管理者要保持冷静和稳重，控制好自己的情绪，不要不顾及团队中其他成员的意见，过于强调自己的能力，这样既不利于发挥创新团队集体的智慧，也不利于创新团队内部的团结，使整个创新团队的凝聚力下降。其三，现代创新管理者应该允许试错。现代创新管理原本就应该存在一个试错的过程，现代创新管理者要明白自己的观点也需要试错来检验。成功的现代创新管理者在创新过程中，有时会采取试错的方法。现代创新管理者不会轻易高调宣布自己的观点是正确的，而是通过不断地尝试不同的想法和解决方案，最后根据结果来选择最有效的观点和方案。其四，现代创新管理者应该保持自己的身心健康。现代创新管理者不要让自己总是处于"高压"状态，需要学会通过钓鱼、跑步等方式给自己减轻压力，保持自己的身心健康。身心健康状态下的现代创新管理者思维敏捷、善于控制情绪。

（三）强大处下，柔弱处上

这句话是该章的中心思想，即强调柔弱胜于强大的哲理。按照现代管理学的"权变"思想，我们不能说这个哲理在任何情况下都是适用的，但可以说，在大自然中，普遍存在柔弱胜于强大的事例。例如，柔弱的水滴可以穿透强大的石头。又如，柔弱的小鸟可以轻松地飞越强大的险峰。再如，柔弱的小草可以在强大的狂风下依然保持旺盛的生命力。

这句话启示现代创新管理者，凡事不可只看表面现象。有些事物，看起来是强大的，其实缺乏活力和发展前景；有些事物，看起来是柔弱的，其实充满了生机活力和发展力。

三　小结

总之，受《道德经》第七十六章启示，柔弱的事物常常战胜强大的事物，柔弱是趋活的状态，而强大是趋死的状态，因此，现代组织应该加强现代创新管理的柔性。采用柔性的现代创新管理，有利于保持组织的创新活力和发展活力。根据自然规律，过度刚强的军队会被灭亡，过度刚强的、长得太高的树木也容易被风摧折，因此，现代创新管理者不宜过度刚强，以避免不必要的矛盾、冲突和失败风险。此外，现代创新管理者需要有一双慧眼，能够透过现象看本质。那些看起来柔弱的事物和看起来强大的事物，是不是真的就那么柔弱和强大呢？答案常常是否定的。

第七十七章 《道德经》第七十七章对现代 创新管理的启示

一 《道德经》第七十七章原文及其翻译

《道德经》第七十七章的原文是："天之道，其犹张弓与？高者抑之，下者举之；有余者损之，不足者补之。天之道，损有余而补不足，人之道则不然，损不足以奉有余。孰能有余以奉天下？唯有道者。是以圣人为而不恃，功成而不处，其不欲见贤。"[1] 其中蕴含的古老哲理，用现代文翻译如下。天的法则，不是像张弓吗？如果弦拉得太高，就要把它压低一些；如果弦拉得太低，就要把它举高一些；如果弦拉得太满，就要把它放松一些；如果弦拉得不足，就要把它补充一些。可见，天的法则是削减有余的部分来补充不足的部分，这样才能实现平衡。人的法则，却不是这样的，反而是削减本来就不足的部分来奉养本来就有余的部分。谁能既有余又主动去奉养天下呢？只有得"道"的人。所以说，得"道"的圣人才能既成为榜样又不自傲，既获得功绩又不居功，他是那么低调而不愿意显示自己的贤能啊。那么，这些古老的哲理与现代创新管理有什么关系呢？

---

① 张景、张松辉译注《道德经》，第 300 页。

二 对现代创新管理的启示

（一）天之道，其犹张弓与？高者抑之，下者举之；有余者损之，不足者补之。天之道，损有余而补不足，人之道则不然，损不足以奉有余

在这段话中，"天之道，损有余而补不足"总结了"天之道"的规律，即将有余的地方减损，而去补充那些有缺陷和不足的地方。"天之道"是讲究平衡的，而"人之道则不然，损不足以奉有余"指出，当时人类社会普遍应用的规则与"天之道"有很大不同。对于那些贫困的、缺衣少粮的老百姓，不给予补给，反而进一步削减，使他们更加贫困；而对于那些衣食有余的达官贵人，反而进一步给予补给，使他们更加富有。这样"朱门酒肉臭，路有冻死骨"的人间现象，让人清醒地认识到，当时这种违背"天之道"的所谓"人之道"，已经造成了人间贫富分化的严重不平衡现象。不平衡会成为社会发展的一大阻碍。

同理，组织发展也要平衡。组织犹如一辆巨型大车，车子下面有很多车轮，组织中的每个管理者和员工都是一个小车轮。如果这些车轮，有的特别大，有的特别小，那么组织这辆大车就很难顺利前进了。只有当这些车轮的大小差不多时，组织这辆大车才能稳稳当当地向目标前进。因此，在《道德经》中提出的"天之道"启示下，现代创新管理应该有以下几方面的认识。

其一，及时补充短板或消灭短板。未经过科学改造之前，几乎每个组织都有短板，管理者要明确组织中有哪些短板、为什么会有这些短板等问题的答案，并且针对短板产生的原因采取恰当的措施补充。有些情况下，组织中的短板可以消除，这时管理者要果断消灭这些短板。例如，某运动用品生产企业中设有一个绿化养护的部门，这个部门专门负责公司中绿地的养护。公司也确实很需要有人专门养护绿地，但是这个部门比其他部门的实力弱、对公司的贡献较小，属于公司的短板。由于这个部门的业务不属于公司的核心业务，管理者最终决定撤销这个部门，即消灭了这个短

板。撤销这个短板部门后，公司将养护绿地的业务外包给了专业的养护公司。这样，公司不但撤销了一个短板部门、减轻了一些人员负担，而且还有了专业化的团队协助养护公司的绿地，成本还较之前更低了。

其二，促使落后员工快速成长。员工的落后，通常各有原因。现代创新管理者要通过多维观察和沟通了解员工落后的原因，明确原因后再"对症"地采取措施才有效率。例如，现代创新管理者发现某员工没有充分发挥自己的潜力，于是找来这位员工单独谈话，在夸赞这位员工有能力的同时也给予他自我挖掘个人潜力的压力，督促他改善，使他更努力工作并更多发挥自己的潜力。又如，有些员工因为缺乏经验或培训学习而落后，管理者可以给一些机会让他们去学习、培训、操作，并引导他们在学习、培训、操作中多总结和积累经验，促使他们逐步成长起来。

其三，减少多余的物质。在不少组织的现代创新管理工作中，仍然存在多余的流程、多余的会议、多余的浪费、多余的无价值的工序、不必要的高成本工序、不必要的高消耗工序等，这些多余的部分都应该去除。建议管理者应用精益方法中的价值流图分析法，绘制组织创新的价值流图，进而找出图中潜在的各种对实现创新目标无意义的工作环节，这些无助于实现创新目标的工作环节都属于没有价值的浪费。组织应该消除所有浪费，去除所有不必要的环节，这样才能把有限的资源更多地用到那些更需要的工作环节中去。这就是遵循"天之道"的平衡规律。

（二）孰能有余以奉天下？唯有道者。是以圣人为而不恃，功成而不处，其不欲见贤

这段话再次强调"道"的重要性。只有得"道"的人才能遵循"天之道"，既能够做到自身有余，还能将自身余出的东西用于奉养天下，使天下不足之士得到提升。而圣人低调地面对自己的功勋成绩，并不会居功自傲。

这段话启示现代创新管理者，要遵循"道"的规律，既成就自己，也帮扶员工，实现共同进步。前文强调现代创新管理者要遵循"道"的规律，强调现代创新管理者要自我提升、成就自己，也强调现代创新管理者

要尊重员工。在此，提出几点建议促进现代创新管理者帮扶员工。其一，关注员工的心理健康，帮助员工认识自我。基于前文说的柔性管理与交流，了解员工的心理动态，引导员工进行正能量思考，并帮助员工对自己的潜在能力、优点、薄弱点、适合的发展方向等有更多的认识，充分调动员工的潜在能力。其二，促进员工成长和自我超越。给员工以机会和挑战，让员工抓住机会发挥自己的能力，引导员工在实践中不断挑战自己并超越自己。其三，提供培训和支持。促进员工持续学习，让他们有机会参加培训班并更系统地学习，推动员工学以致用，给予他们必要的物质支持，促进员工实现目标。

三　小结

总之，受《道德经》第七十七章启示，现代创新管理者要遵循"天之道"的平衡规律，削减有余者并补给不足者。现代创新管理的资源总是有限的，只有实现平衡分配，才能使现代创新管理之"车"顺利地向目标快速前进。此外，本章再次强调现代创新管理者要遵循"道"的规律，提出几点建议促进现代创新管理者在成就自我的同时有效帮扶员工成长，实现共同进步。

第七十八章　《道德经》第七十八章对现代创新管理的启示

一　《道德经》第七十八章原文及其翻译

《道德经》第七十八章的原文是："天下莫柔弱于水，而攻坚强者莫之能胜，其无以易之。弱之胜强，柔之胜刚，天下莫不知，莫能行。是以圣人云：'受国之垢，是谓社稷主；受国不祥，是为天下王。'正言若反。"①其中蕴含的古老哲理，用现代文翻译如下。普天之下，没有什么比水更柔弱的了。然而，用水来进攻那些坚硬而强大的东西，没有什么东西能够胜过水，水是无可替代的。柔弱可以胜过强大，柔弱可以胜过刚硬，天下都知道这个道理，却没有人能够践行这个道理。因此，有"道"的圣人说："只有承受着全国的屈辱，才能被称为国家的君主；只有承受着全国的灾祸，才是天下之王。"这样的真理说出来就像非真理一样。那么，这些古老的哲理与现代创新管理有什么关系呢？

二　对现代创新管理的启示

（一）天下莫柔弱于水，而攻坚强者莫之能胜，其无以易之

这句话再次强调柔弱的力量，并且以与水相关的自然现象为例，让人们更加容易理解柔弱的力量。在这个世界上，水算是最柔弱的事物了，然

---

① 张景、张松辉译注《道德经》，第302页。

而，一个个微不足道的小水滴，只要它们持续不断地落下来，就可以穿透坚硬的石块；抽出世界上最锋利的刀去砍水，水只是溅起一些水花，刀抽起后，水很快就恢复原样，并且继续欢快地向前流动。

滴水穿石、抽刀断水水更流等自然现象，都在启示现代创新管理者在组织管理中可以灵活应用以柔克刚对策来应对管理难题。在前文中，我们曾经强调过柔弱和柔性管理的优势。在此，补充说明一点：现代组织的创新行为往往是组织外部压力和组织内部力量结合后的产物。在激烈竞争的市场环境中，来自组织外部的压力通常都不会小，而组织内部的力量，如员工的创新激情、员工的创造潜力、员工的灵动思考力等，只有在一个较民主、有弹性、鼓励创造性思考、激励创新精神、柔和而灵动的组织环境下才能得到更好发挥。而与刻板、缺乏灵动和民主的刚性管理相比较，柔性管理更能够为组织提供这样一个较民主、有弹性、鼓励创造性思考、激励创新精神、柔和而灵动的组织环境。组织内部的力量只有与柔性管理相结合，才可以发挥出攻坚克难的强大力量，推动组织在创新路上发展壮大。同时，注重员工需求和情感的柔性管理也可以在一定程度上缓冲组织外部的压力，有利于提升员工的抗压能力和保持员工的心理健康。

而滴水穿石的自然现象，也让现代创新管理者明白坚持不懈和坚韧不拔的重要价值。组织创新十分需要坚持不懈和坚韧不拔的精神品质。创新是一个向既有事物、陈旧观念、传统的思维定式挑战的过程，也是一个突破的过程。既有事物已经有了既有的程序和规范，陈旧观念也已经被人们广泛地接受了，传统的思维定式更是根深蒂固，要向它们挑战谈何容易！挑战和突破的过程一定需要不断试错和改进，只有具备坚持不懈和坚韧不拔的精神品质，才能坚持下去，直至成功。

（二）弱之胜强，柔之胜刚，天下莫不知，莫能行

这句话指出，虽然天下人都看到滴水穿石等柔弱胜刚强的事例，也明白以柔克刚的道理，但是真正按照这个道理去践行的人很少。这句话启示现代创新管理者，只懂得以柔克刚的道理是不够的，要在实践中切实实行以柔克刚的策略。

在实践中切实实行以柔克刚的策略，除了从宏观角度构建起柔性管理体系，还要从微观角度关注管理细节的以柔克刚。例如，当组织成员或者部门之间发生矛盾和冲突时，可以应用以柔克刚之术轻松地化干戈为玉帛。又如，创新可能使一些员工感到不安和抵触，这时候，情绪创新管理者需要用温和的沟通使员工得到心理上的安慰，强化员工对创新和未来工作的理解，增强员工的安全感。同时，通过这样的沟通，现代创新管理者也更容易获得员工在未来工作中的支持。成功的企业都很重视以柔克刚的重要性。例如，华为公司的创始人任正非就是一名善于以柔克刚的现代创新管理者。要注意，以柔克刚的柔并不是没有原则和主心骨的柔，更不是现代创新管理者对员工的妥协。现代创新管理者的以柔克刚之术一定要以基本的原则为基础，在应用时要根据客观环境而灵活应变，要注意克制自己的情绪，放平自己的语气，保持谦虚而温和的言行和态度，因材施教、因势利导，不怒不争，不要与员工发生对抗。

（三）是以圣人云："受国之垢，是谓社稷主；受国不祥，是为天下王。"正言若反

这句话指出，要想成为一个国家的君王，就必须承担起一个国家的屈辱和灾祸。这句话强调的是，作为国家的君王，不能只享受君王之位的权力，还要承担起君王之位的义务。

这段话启示现代创新管理者，权力与责任是对立而统一的，有权必有责，有多大的权力就必须承担多大的责任，要做一名有责任感、有担当的管理者。事实上，作为一名管理者，仅有责任感还是不够的，还要具有强烈的责任感，勇于接受创新全过程中的各种挑战，不惧困难，并积极寻找克服困难和解决问题的对策，对企业和员工的未来负责。

三　小结

总之，受《道德经》第七十八章启发，现代创新管理者要以柔性战胜刚性。柔性管理可以为组织提供较民主、有弹性、鼓励创造性思考、激励

创新精神、柔和而灵动的组织环境。只有将这样的组织环境与组织内部力量结合起来，才能实现现代创新管理的目标。明确了以柔克刚的道理还是不够的，现代创新管理者要积极行动起来，将以柔克刚的策略在实践中应用起来。此外，现代创新管理者要提高责任感，在其位就要尽其职，承担起管理者的义务。

第七十九章 《道德经》第七十九章对现代创新管理的启示

一 《道德经》第七十九章原文及其翻译

《道德经》第七十九章的原文是："和大怨，必有余怨，安可以为善？是以圣人执左契，而不责于人。有德司契，无德司彻。天道无亲，常与善人。"① 其中蕴含的古老哲理，用现代文翻译如下。深重的怨就算得到和解了，也必然会有残留的怨气，怎样妥善解决才能让那些怨恨全部消除呢？怨恨不容易消除，所以得"道"的圣人不结怨。得"道"的圣人就算执有借据的存根，也不会用来逼迫他人偿还债务。有"德"的人就像得"道"的圣人那样执有借据而不逼迫，具有宽容的品德；而无"德"的人就像掌管税收的人那样逼迫他人缴纳税收。天的法则没有偏爱任何人，常帮助有德行的人。那么，这些古老的哲理与现代创新管理有什么关系呢？

二 对现代创新管理的启示

（一）和大怨，必有余怨，安可以为善

这句话强调大怨不容易消解，即使得到暂时和解，也会存有余怨。在此，作者看似在阐述一个现象，其实是为了引出下文的圣人之德行。这句话是该章的引语，对现代创新管理者有深刻的启示。

_____

① 张景、张松辉译注《道德经》，第305页。

这句话启示现代创新管理者：怨恨一旦结下就很难消解。为了组织和创新工作的稳定，现代创新管理者务必做到公平处事、不侵害员工的权益、不结怨。根据公平理论（该理论也被称为社会比较理论），员工总是喜欢对比，这样的对比通常有横向对比和纵向对比。员工与组织中的其他成员、自己的同学、家人以及组织当前的制度规定等进行对比，属于横向对比；员工与自己的过去对比，属于纵向对比。通过横向对比，员工如果发现自己的收入付出比同别人的收入付出比不一样，或者与当前制度规定的收入付出比不符合，就会较真起来。如果员工发现自己的收入付出比更大，通常也不会要求领导减少自己的收入，只是有些不好意思，悄悄地增加自己的付出；但一段时间后，员工又会心安理得了，不再悄悄增加自己的付出，因为他们渐渐地高估了自己的付出。相反，如果员工通过对比发现自己的收入付出比更小，员工就会感觉到不公平。一旦员工感觉到不公平，就不愿意再增加付出，工作态度会由原来的积极转变为消极，有部分员工会直接找管理者说理，但大多数员工不会找管理者说理，而是将这份怨恨积累起来，这些积累的怨恨严重影响员工的工作积极性，他们会变得越来越不爱工作，越来越敷衍管理者，甚至找机会跳槽离开。那些会找管理者说理的员工，通常还是对组织和管理者抱有希望的。例如，有些员工认为，这次不公平事件或许只是管理者工作上的疏忽，只要提醒了管理者，这样的不公平就可以得到修正。故管理者若遇员工找自己诉说某种不公平，一定不可以置之不理，而要高度重视起来，给这些员工一个合理的解决方案或说法；否则，这些员工也会对组织和管理者失望。明白了员工很喜欢比较并将比较的结果同公平与否挂钩起来，现代创新管理者在工作中就要格外注意公平原则，根据制度规定和每个员工的工作表现，给每个员工以公平的报酬和奖励；在处理员工问题时，要做到公正而不偏袒；保护每位员工的合法权益；争取与员工互相理解，避免与员工结怨。

（二）是以圣人执左契，而不责于人。有德司契，无德司彻

这句话指出，有德行的人要像有"道"的圣人那样宽容，即使有据可依，也不逼迫他人；只有那些缺乏德行的人才会像掌管税收的人那样逼迫

他人。

　　这句话启示现代创新管理者，要做一个宽容有德的管理者，充分调动员工的主动性，不要逼迫员工。严苛的、常逼迫员工的现代创新管理者，往往让员工敬而远之，无法获得员工的信服，更无法让员工充分发挥创造潜力。只有宽容有德的现代创新管理者才能够营造一个包容力强、提倡主动、给予员工足够尊严、可充分调动员工创新激情的组织氛围。宽容有德，并不是说你要无限度地宽容和忍让，只能在合理合法的范围内给予包容和引导。你需要与员工互相了解和理解。当员工渐渐了解你，发现你是一位宽容有德的管理者时，员工会有安全感、幸福感和舒适感，这样的员工能够按照你的期望最大限度地发挥自己的创新潜能。你也需要告知员工你的创新目标和当前工作的价值，从而使员工更加理解你对他们的要求和期望。然后你营造一种鼓励创新的组织氛围，使员工乐于创新、乐于为组织奉献。你还需要通过组织一些团队活动来进一步增强组织的凝聚力，这些活动也可以使员工进一步明确自己的价值，增强他们的自信心和创新热情。

　　（三）天道无亲，常与善人

　　这句话继续强调德行的重要性，天的法则不会偏袒任何人，只会帮助有德行的人。这启示现代创新管理者，如果他们也希望成为上天庇护的人，那就要做一个有德行的管理者。

　　在本章"（二）"中，笔者指出了现代创新管理者要做一个宽容有德的管理者；在"（三）"中强调现代创新管理者要做有德行的人。这两点的内容有递进的关系。"（三）"中提出的"有德行"在"（二）"指出的"宽容有德"基础上又前进了一步。

　　现代创新管理者如何做一个有德行的管理者？现代创新管理者需要承担自己的道德责任。其一，现代创新管理者要有正确的价值观，遵守国家的法律法规和组织内部的规章制度，要有爱岗敬业的工作精神；其二，现代创新管理者要爱护员工，懂得感恩，有同情心，将自己的所得部分回馈给社会，积极参与慈善活动和社会公益活动，这样做也能使组织的声誉和口碑得到提升；其三，现代创新管理者要自我反思，敢于自我批评，具备持续自我改进的精神，在组织中以身作则，成为员工学习的榜样；其四，现代创新管理者要懂得认真倾听员工的心声，有包容力，有合作精神。

三　小结

总之，受《道德经》第七十九章启示，现代创新管理者要遵守公平原则、认真处事，不要侵害员工的权益，保持和谐的上下级关系，避免结怨，并努力做一名宽容有德的管理者。作为一名管理者，现代创新管理者应当承担起道德责任，做一名有德行的管理者。

第八十章 《道德经》第八十章对现代创新管理的启示

一 《道德经》第八十章原文及其翻译

《道德经》第八十章的原文是："小国寡民。使有什伯之器而不用，使民重死而不远徙。虽有舟舆，无所乘之；虽有甲兵，无所陈之；使人复结绳而用之。甘其食，美其服，安其居，乐其俗。邻国相望，鸡犬之声相闻，民至老死，不相往来。"[①] 其中蕴含的古老哲理，用现代文翻译如下。设想一下国家变小一些、人民变少一些的状况。那样，即使有各种各样的器具也不使用，民众珍惜生命并不愿意迁徙到远方。即使有船有车也不需要乘坐，即使有武器装备也不需要布阵打仗，民众仿佛又回到远古结绳记事的年代。民众乐于享受甘甜的美食、漂亮的服饰、舒适的房屋、悦人的风俗习惯。相邻的国家能够互相看得到，鸡犬的叫声都可以互相听得见，但是，不同国家的民众从来也不互相往来。那么，这些古老的哲理与现代创新管理有什么关系呢？

---

① 张景、张松辉译注《道德经》，第 310 页。

二 对现代创新管理的启示

（一）小国寡民。使有什伯之器而不用，使民重死而不远徙。虽有舟舆，无所乘之；虽有甲兵，无所陈之；使人复结绳而用之。甘其食，美其服，安其居，乐其俗

在这几句话中，作者进行设想，如果国家变小了、人口变少了会是什么样的呢？作者认为，国家虽然小了、人民虽然少了，但是，国家机构精简了，各种复杂器具减少使用了，人民不远离故土，车船费用节省了，武器装备没有用武之地了，国家得到很好的治理，人民吃得好、穿得好、住得好、过得也很快乐。作者在此描写了一个桃花源一般的可爱国度，也是作者心中的最美国家。这启示现代创新管理者，不要一味追求组织的扩大，要精简组织机构，减少组织的臃肿现象，可以使组织更加精干高效，节省开支，并能够更加适应多变的市场环境。

不少管理者追求组织规模的扩大，认为组织规模越大越好。诚然，在合适的情况下，扩大组织规模可以带来一些好处。例如，某药品生产企业，从最初的小型生产工厂，经过多年发展，成长壮大为科、工、贸并举的一条龙服务的巨型企业。企业可以自行研发新药，也可以自行生产药品，还有自己的药店和医院。这样一条龙服务的巨型企业，不仅保障了企业药品的贸易渠道，而且使该企业下设的医院用药成本低、质量有保障。但是，这样从小组织到巨型组织的扩张方式必须有特定的应用环境。这个应用环境中最关键的一点就是该企业所经营的产品是永远有市场需求的"长青"的产品。笔者上文引用的企业是经营药品的，无论社会如何发展变化，药品总是有市场需求的，属于"长青"的产品。我们知道，市场需求总是处于动态变化的状态中，如果你的产品不属于"长青"的产品，那么，一旦市场需求发生变化，你的产品不再受市场欢迎，随之而来的就是对企业的沉重打击。你的巨型"一条龙"组织可能会在这样的打击下完全失去生存的力量。都说"不要将蛋都放在一个篮子里"，管理者在组织规

模上的投入犹如"放在篮子里的蛋"。"篮子"是必须放在一个多变的市场环境中的，顺利时，"篮子"不倒，"蛋"安稳；不顺利时，"篮子"倒了，"蛋"也全部打了。这样的打击沉重到让人无法承受。在多变化的环境中，大型动物的生存力要远远低于小型动物，很多时候，当灾难来临时，小型动物以其灵动的身躯可以快速逃离，而大型动物却被庞大的身躯拖累着，无法快速逃离而灭亡。因此，不要盲目扩大你的组织规模。

一个组织究竟要选择扩大规模还是缩小规模，是很需要审时度势的。根据"权变"管理思想，没有一种模式是绝对最好的，我们在管理工作中要持续观察客观环境的变化，制定决策时需要应用"如果……那么……"的思维模式，即"如果环境是这样的，那么我这样决策；如果环境是那样的，那么我那样决策"。

在此，本书要针对大多数管理者的误区——盲目追求组织规模的扩大，强调一下缩小组织规模、精简组织机构的优势：其一，精简组织机构可以节省管理费用等各项开支，通过减少不必要的部门、层级和不必要的岗位，组织可以变得不"臃肿"，以更健康的状态参与市场竞争；其二，精简组织机构可以让组织通过"瘦身"变得更加灵活，应对各种市场变化的能力更强了，组织的适应力和生存力得到提升；其三，精简组织机构也使组织中的管理者减少无效工作，可以将精力更多投放在核心业务上，提高工作效率和管理质量。

那么，组织要如何缩小组织规模呢？在此提出几点建议。其一，明确组织目标，并确定缩小组织规模的目标。明确目标是有的放矢、高效工作、不走弯路、减小工作误差的基础。组织在明确目标的同时，也要对自身的优势、劣势、发展机会和发展威胁有一个客观的评估，认真思考如何扬长避短、如何充分发挥自身优势提升市场竞争力等问题，进而确定缩小组织规模的目标，如提高组织的适应力、减少不必要的成本、提高工作效率等。其二，制订计划。围绕缩小组织规模的目标，制订一个可行的计划。计划中要针对一些重要的问题进行预先规划。这些重要问题有如何减少员工数量、如何进行部门重组、如何进行岗位重组等。其三，执行计划。事态总是随时间而动态变化，组织重组的过程中可能会出现一些突发情况，需要管理者对计划做一些调整，使计划更加符合实际情况。组织再造是一个突破和创新的过程，不要总想着"原来是什么样子的"，要敢于突破原来的组织模式并进行合理创新。当然，所有的创新都应该是围绕着目标进行的。

（二）邻国相望，鸡犬之声相闻，民至老死，不相往来

这句话强调国家与国家之间相安无事的状态。这启示现代创新管理者，相安无事的自然状态有利于组织实现创新目标和稳定发展，保护本组织的权益，也不要侵犯其他组织的合法权益。

三　小结

总之，受《道德经》第八十章启示，现代创新管理者要走出盲目追求组织规模扩大的误区，要明白组织规模缩小也有较多好处；要懂得管理的"权变"思想，根据客观环境做出科学决策；要保护本组织的权益，不要侵犯其他组织的合法权益。

第八十一章 《道德经》第八十一章对现代创新管理的启示

一 《道德经》第八十一章原文及其翻译

《道德经》第八十一章的原文是："信言不美，美言不信；善者不辩，辩者不善；知者不博，博者不知。圣人不积，既以为人，己愈有；既以与人，己愈多。天之道，利而不害；圣人之道，为而不争。"① 其中蕴含的古老哲理，用现代文翻译如下。那些真实可信的话语并不漂亮，听起来很舒服的话语常不可信；真善的人不需要争辩，那些喜欢争辩的人往往并非真善之人；有真知的人不会四处卖弄知识，而四处卖弄自己的人往往并没有真知。得"道"的圣人不存在积功利之心，他们认为越为别人着想，自己就越富有，越帮助别人，自己就越充实。天的法则，是利人而不害人。圣人的处世之"道"，是做了很多有利的事情却不争功。那么，这些古老的哲理与现代创新管理有什么关系呢？

二 对现代创新管理的启示

（一）信言不美，美言不信

这句话指出"信"与"美"之间的辩证关系，强调语言的可信度，同时排斥那些漂亮却不可信的语言。这启示现代创新管理要讲究诚信、言出

---

① 张景、张松辉译注《道德经》，第 316 页。

必行,不要用虚假的"漂亮话"欺骗员工和客户。在生活中,有些现代创新管理者向员工和客户承诺了很多"漂亮话",结果却不兑现。时间会证明各种"漂亮话"的真伪,虚假的"漂亮话"不仅会伤害员工的感情、破坏客户的信任,还会损害组织形象和口碑,严重影响创新的后续工作和组织的后续发展。建议你通过可靠的产品或服务、让客户满意的售后服务、真诚对待员工等方式证明你的诚信,而不是说"漂亮话"。当然,"酒香不怕巷子深"的年代已经过去了,不会说"漂亮话"的现代创新管理者也很难适应这个需要多做产品宣传的年代。这个年代的现代创新管理者,要既会说"漂亮话",又能做到言出必行、言出有据,让消费者和员工能够真切地看到你所说的"漂亮话"是真实可靠的。其实,当消费者使用过你的产品或服务后,如果确实如你所说的那般"漂亮"、有效果,他们也可能会帮助你将产品或服务推荐给他们的亲朋好友,这样就使你的产品或服务得到更好的宣传和推广。从长期来看,诚信经营是可以促进组织实现良性循环的良好经营方式,它会使组织越来越好;相反,不诚信经营是将组织推入恶性循环的经营方式,它会使组织最终被淘汰。

(二)善者不辩,辩者不善

这句话指出"善"与"辩"之间的辩证关系,强调真正和善的心,同时排斥那些善辩而虚伪的假善人。这启示现代创新管理者要存真善之心、行大于言,伪善的管理者迟早会被员工和客户识破而唾弃。

当代管理者,都在消费者对真与善要求越来越高的环境中求发展。消费者在复杂的市场经济中,慧眼识假的能力越来越强。伪善者一旦被识破就会被唾弃,甚至在网络上被曝光,而无立足之地。真正的善良,是发自内心的、简单的、不需要言语表达的。真正的善行是有感染力和感动力的,这样的行为会使员工受到感染而善化,会使客户受到感动而选择并长期忠于你的产品或服务。如果你的客户被你的真善感动,他们也会以善良和理解回馈你,即使你的产品或服务偶有不足,他们也不会过于计较。而真善的现代创新管理者更能坦诚面对自己的不足和错误,会真心承认自己的不足和错误并认真提升和改正,于是得到客户和员工进一步的认同和忠诚。

（三）知者不博，博者不知

这句话指出"知"与"博"之间的辩证关系，强调真知，同时排斥那些缺乏真知却喜欢四处卖弄知识的人。这启示现代创新管理者要追求真知，言多不代表有真知，缺乏真知却喜欢四处卖弄的管理者不会得到员工和客户的尊重。在知识经济时代，员工尊重有真才实学的管理者，客户重视产品或服务中的知识含量。创新是格外需要知识基础的。缺乏真知的现代创新管理者难以创造出有高知识含量、高价值的新产品或新服务。知识日新月异，更新速度很快，即使有博士学位的现代创新管理者也需要不断学习、补充新知识，否则就跟不上知识进步的脚步，那么，又谈何创新呢？真知是持续学习、持续积累、持续思考、持续探索、持续拓展知识面而逐渐获得的，不是夸夸其谈而来的，员工不会真心尊敬一位只会夸夸其谈、四处卖弄的管理者。现代创新管理者要想实现目标，就必须低下头来努力学习、追求真知。

（四）圣人不积，既以为人，己愈有；既以与人，己愈多。天之道，利而不害；圣人之道，为而不争

这句话指出，有"道"的圣人并不会刻意去积累自己的功和利，他们为他人着想、帮助他人都是出于本心的诚和善，并且他们能够在帮助他人中得到由衷的快乐。有"道"的圣人与天的法则是相符合的，都是以发自本心的诚和善去利人而不害人，都是默默做了很多有利的事情而不争功。

这段话对现代创新管理者也有深刻的启示。其一，做有真才且有真德的现代创新管理者；其二，只有真正为消费者着想的创新产品或服务才能被消费者接受；其三，只有本着"为而不争"的心，才能成为最后的胜利者。

三　小结

总之，受《道德经》第八十一章启示，现代创新管理者既要珍惜员工

缘，又要珍惜客户缘。员工和客户的信任和尊重都是来之不易的。如果言而无信、虚伪不善、无才而浮夸，就会被员工和客户轻视，失去员工缘和客户缘。一名现代创新管理者，一旦失去员工和客户的尊重和信任，就会举步维艰，难以实现组织创新的目标。此外，本章再次强调，现代创新管理者要做一个德才兼备的人。一名真诚而不贪心、真善而利人、有真知而不争的现代创新管理者，必然是最后的胜利者。

总结与展望

在本书的八十一章中，笔者逐章分析了《道德经》对现代创新管理的深刻启示。作为本书的最后一章，此章将对《道德经》的核心观念及其对现代创新管理的启示进行总结和展望。

一　《道德经》中的核心理念

《道德经》全书，一直在强调"道""德""自然""不争""不妄为"等核心理念，而这些核心理念都对现代创新管理有重要而深刻的启示意义。

（一）道

《道德经》中多处强调"道"。例如，第一章，"道可道，非常道"①；第四章，"道冲，而用之或不盈"②；第十八章，"大道废，有仁义"③；第二十一章，"道之为物，惟恍惟惚"④；第二十三章，"故从事于道者同于道"⑤，"同于道者，道亦乐得之"⑥；第二十四章，"物或恶之，故有道者不处"⑦；第二十五章，"吾不知其名，字之曰'道'"⑧，"故道大，天大，

---

① 张景、张松辉译注《道德经》，第 1 页。
② 张景、张松辉译注《道德经》，第 20 页。
③ 张景、张松辉译注《道德经》，第 71 页。
④ 张景、张松辉译注《道德经》，第 84 页。
⑤ 张景、张松辉译注《道德经》，第 92 页。
⑥ 张景、张松辉译注《道德经》，第 92 页。
⑦ 张景、张松辉译注《道德经》，第 94 页。
⑧ 张景、张松辉译注《道德经》，第 99 页。

地大，王亦大"①，"人法地，地法天，天法道"②；第三十章，"物壮则老，是谓不道，不道早已"③；第三十一章，"物或恶之，故有道者不处"④；第三十二章，"道常无名，朴虽小，天下莫能臣也"⑤，"譬道之在天下，犹川谷之于江海"⑥；第三十七章，"道常无为而无不为"⑦；第四十章，"反者，道之动。弱者，道之用"⑧；第四十一章，"上士闻道，勤而行之；中士闻道，若存若亡；下士闻道，大笑之，不笑，不足以为道"⑨，"道隐无名，夫唯道，善贷且成"⑩；第四十二章，"道生一，一生二，二生三，三生万物"⑪；第四十六章，"天下有道，却走马以粪；天下无道，戎马生于郊"⑫；第四十八章，"为学日益，为道日损，损之又损，以至于无为"⑬；第五十三章，"使我介然有知，行于大道，唯施是畏。大道甚夷，而民好径。朝甚除，田甚芜，仓甚虚。服文彩，带利剑，厌饮食，财货有余，是谓盗竽。非道也哉！"⑭；第五十九章，"是谓深根固柢、长生久视之道"⑮；第六十章，"以道莅天下，其鬼不神"⑯；第六十二章，"道者，万物之奥"⑰；第六十七章，"天下皆谓我道大"⑱；第七十七章，"孰能有余以奉天下？唯

①　张景、张松辉译注《道德经》，第 99 页。
②　张景、张松辉译注《道德经》，第 99 页。
③　张景、张松辉译注《道德经》，第 125 页。
④　张景、张松辉译注《道德经》，第 127 页。
⑤　张景、张松辉译注《道德经》，第 129 页。
⑥　张景、张松辉译注《道德经》，第 129 页。
⑦　张景、张松辉译注《道德经》，第 154 页。
⑧　张景、张松辉译注《道德经》，第 170 页。
⑨　张景、张松辉译注《道德经》，第 173 页。
⑩　张景、张松辉译注《道德经》，第 173 页。
⑪　张景、张松辉译注《道德经》，第 178 页。
⑫　张景、张松辉译注《道德经》，第 194 页。
⑬　张景、张松辉译注《道德经》，第 200 页。
⑭　张景、张松辉译注《道德经》，第 217 页。
⑮　张景、张松辉译注《道德经》，第 244 页。
⑯　张景、张松辉译注《道德经》，第 247 页。
⑰　张景、张松辉译注《道德经》，第 253 页。
⑱　张景、张松辉译注《道德经》，第 273 页。

有道者。是以圣人为而不恃,功成而不处,其不欲见贤"①。

(二)德

《道德经》中多处强调"德"。例如,第二十一章,"孔德之容,唯道是从"②;第二十三章,"德者同于德"③,"同于德者,德亦乐得之"④;第二十八章,"为天下谷,常德乃足,复归于朴"⑤;第三十八章,"上德不德,是以有德;下德不失德,是以无德。上德无为而无以为,下德为之而有以为"⑥;第四十一章,"上德若谷,大白若辱,广德若不足,建德若偷,质真若渝"⑦;第四十九章:"圣人无常心,以百姓心为心。善者,吾善之;不善者,吾亦善之,德善。信者,吾信之;不信者,吾亦信之,德信"⑧;第五十一章,"道生之,德畜之,物形之,势成之。是以万物莫不尊道而贵德。道之尊,德之贵,夫莫之命而常自然。故道生之,德畜之,长之育之,亭之毒之,养之覆之。生而不有,为而不恃,长而不宰,是谓玄德"⑨;第五十四章,"修之于身,其德乃真;修之于家,其德乃余;修之于乡,其德乃长;修之于国,其德乃丰;修之于天下,其德乃普"⑩;第五十五章,"含德之厚,比于赤子"⑪;第五十九章,"重积德则无不克"⑫;第六十五章,"常知稽式,是谓玄德。玄德深矣、远矣,与物反矣。然后乃至大顺"⑬;第七十九章,"有德司契,无德司彻"⑭。

① 张景、张松辉译注《道德经》,第 300 页。
② 张景、张松辉译注《道德经》,第 84 页。
③ 张景、张松辉译注《道德经》,第 92 页。
④ 张景、张松辉译注《道德经》,第 92 页。
⑤ 张景、张松辉译注《道德经》,第 116 页。
⑥ 张景、张松辉译注《道德经》,第 157 页。
⑦ 张景、张松辉译注《道德经》,第 173 页。
⑧ 张景、张松辉译注《道德经》,第 203 页。
⑨ 张景、张松辉译注《道德经》,第 210 页。
⑩ 张景、张松辉译注《道德经》,第 221 页。
⑪ 张景、张松辉译注《道德经》,第 225 页。
⑫ 张景、张松辉译注《道德经》,第 244 页。
⑬ 张景、张松辉译注《道德经》,第 267 页。
⑭ 张景、张松辉译注《道德经》,第 305 页。

（三）自然

《道德经》中多处强调"自然"，指出自然是讲究平衡和辩证的。例如，第二十三章，"希言自然"①；第二十五章，"道法自然"②；第四十二章，"故物，或损之而益，或益之而损"③；第四十四章，"知足不辱，知止不殆，可以长久"④；第四十五章，"大成若缺，其用不敝。大盈若冲，其用不穷。大直若屈，大巧若拙，大辩若讷。躁胜寒，静胜热。清静为天下正"⑤；第五十二章，"见小曰明，守柔曰强"⑥；第五十八章，"其政闷闷，其民淳淳；其政察察，其民缺缺。祸兮福之所倚，福兮祸之所伏"⑦；第六十三章，"为无为，事无事，味无味，大小多少，报怨以德。图难于其易，为大于其细。天下难事必作于易，天下大事必作于细。是以圣人终不为大，故能成其大。夫轻诺必寡信，多易必多难。是以圣人犹难之，故终无难矣"⑧；第六十四章，"合抱之木，生于毫末；九层之台，起于累土；千里之行，始于足下"⑨，"民之从事，常于几成而败之。慎终如始，则无败事。是以圣人欲不欲，不贵难得之货；学不学，复众人之所过。以辅万物之自然，而不敢为"⑩；第七十三章，"天网恢恢，疏而不失"⑪；第七十七章，"天之道，其犹张弓与？高者抑之，下者举之；有余者损之，不足者补之。天之道，损有余而补不足"⑫。

---

① 张景、张松辉译注《道德经》，第 92 页。
② 张景、张松辉译注《道德经》，第 99 页。
③ 张景、张松辉译注《道德经》，第 178 页。
④ 张景、张松辉译注《道德经》，第 185 页。
⑤ 张景、张松辉译注《道德经》，第 191 页。
⑥ 张景、张松辉译注《道德经》，第 214 页。
⑦ 张景、张松辉译注《道德经》，第 239 页。
⑧ 张景、张松辉译注《道德经》，第 257 页。
⑨ 张景、张松辉译注《道德经》，第 262 页。
⑩ 张景、张松辉译注《道德经》，第 262 页。
⑪ 张景、张松辉译注《道德经》，第 291 页。
⑫ 张景、张松辉译注《道德经》，第 300 页。

（四）不争和不妄为

《道德经》中多处强调"不争"和"不妄为"。例如，第三章，"不尚贤，使民不争"①；第八章，"夫唯不争，故无尤"②；第十章，"爱民治国，能无知乎？"③；第二十二章，"夫唯不争，故天下莫能与之争"④；第四十六章，"祸莫大于不知足，咎莫大于欲得。故知足之足，常足矣"⑤；第四十七章，"是以圣人不行而知，不见而名，不为而成"⑥；第四十八章，"无为而无不为"⑦；第五十七章，"故圣人云：'我无为，而民自化；我好静，而民自正；我无事，而民自富；我无欲，而民自朴。'"⑧；第六十四章，"为者败之，执者失之。是以圣人无为，故无败；无执，故无失"⑨；第六十六章，"以其不争，故天下莫能与之争"⑩；第六十八章，"善为士者不武，善战者不怒，善胜敌者不与，善用人者为之下。是谓不争之德，是谓用人之力，是谓配天、古之极"⑪；第七十三章，"天之道，不争而善胜，不言而善应，不召而自来，繟然而善谋"⑫；第七十五章，"民之难治，以其上之有为，是以难治"⑬；第八十一章，"信言不美，美言不信；善者不辩，辩者不善；知者不博，博者不知。圣人不积，既以为人，己愈有；既以与人，己愈多。天之道，利而不害；圣人之道，为而不争"⑭。

---

① 张景、张松辉译注《道德经》，第 14 页。
② 张景、张松辉译注《道德经》，第 36 页。
③ 张景、张松辉译注《道德经》，第 43 页。
④ 张景、张松辉译注《道德经》，第 88 页。
⑤ 张景、张松辉译注《道德经》，第 194 页。
⑥ 张景、张松辉译注《道德经》，第 196 页。
⑦ 张景、张松辉译注《道德经》，第 200 页。
⑧ 张景、张松辉译注《道德经》，第 234 页。
⑨ 张景、张松辉译注《道德经》，第 262 页。
⑩ 张景、张松辉译注《道德经》，第 270 页。
⑪ 张景、张松辉译注《道德经》，第 277 页。
⑫ 张景、张松辉译注《道德经》，第 291 页。
⑬ 张景、张松辉译注《道德经》，第 295 页。
⑭ 张景、张松辉译注《道德经》，第 316 页。

二 《道德经》的核心观念对现代创新管理的启示

（一）"道"对现代创新管理的启示

《道德经》中强调的"道"，是宇宙的本源，也是万物发展的基本规律和方向。在现代创新管理中，"道"是创新发展的理念和规律，也是科学的创新思维和创新方法，还是实现创新目标的价值观念和行为规范。

《道德经》第六十章指出："治大国若烹小鲜。"① 现代创新管理，也像烹调鲜美的小菜，需要在"道"的指引下，用心并讲究技巧与方法。现代创新管理的所有环节，包括调研市场需求、培养创新意识、培养创新精神、鼓励创新思维、建立创新管理组织、构建创新管理机制、优化创新流程、培育创新人才、组建创新团队、选择创新方法、营造创新文化、提升创新能力、推动创新合作、搭建创新平台、整合创新资源、保护创新成果、推广创新成果、提高客户满意度、生成独特品牌等，都应以"道"为基础，并应受"道"的指引。

"道"，既是现代创新管理应该遵循的规律、标准和规范，也是现代创新管理的保障和庇护。如果不遵循"道"，现代创新管理就会因失去重要保障而难以成功。

（二）"德"对现代创新管理的启示

"德"是现代创新管理者的重要社会责任，也是现代创新管理者的为人基石。《道德经》中强调的"上德若谷""有德""不失德""广德""建德""质真""德善""德信""德畜之""贵德""玄德""德真""德余""德长""德丰""德普""含德之厚，比于赤子""重积德则无不克"等，始终在启示现代创新管理者成为德才兼备的管理者。

重"德"文化是我国传统文化的瑰宝。现代组织应该传承中华优秀传统文化。随着社会的进步，"德"在现代创新管理中的地位越来越高，对

---

① 张景、张松辉译注《道德经》，第 247 页。

组织的形象、口碑、生存和发展有重要影响。只有德才兼备的现代创新管理者才能实现创新价值的最大化。

（三）"自然"对现代创新管理的启示

1. 现代创新管理要遵循自然规律

能够决定万物发展方向的是自然规律。自然规律是潜藏于万物运动中的一条"钢脊"，人类只有发现这条"钢脊"、适应这条"钢脊"、遵循这条"钢脊"、尊重这条"钢脊"，才能取得成功。

在现代社会，外界的干扰和诱惑较多，现代创新管理者要能够自觉抵制外界的各种干扰和诱惑，不要妄图用自己的主观意志来决定创新的发展方向，不要不顾客观的自然环境而做盲目的事情，例如盲目扩大组织规模、盲目立项创新项目等。

创新的本质是回归自然，大自然是创新灵感的源泉。现代创新管理者要向自然学习，多观察自然环境，并基于对自然环境的观察，了解自然环境的需求及其发展趋势，充分发挥自己的创造力，创造满足自然环境需求的新产品或新服务。

2. 不要盲目追求速度

根据自然规律，量变方能质变。万物都需要从小到大、积少成多的过程，不能盲目追求速度，一下子就变大、变多是违背自然规律的。盲目追求速度、急功近利等违背自然规律的做法，会破坏创新的自然性和可持续性，甚至直接导致创新失败。

现代创新管理者都害怕失败，却很难不失败。失败也是自然规律的产物。根据自然规律，天将降大任于某人前，必先苦其心志。所以，要看到失败的自然性和积极意义。创新失败往往是宝贵经验的来源，失败是成功的奠基者。以积极的态度对待创新失败，将失败看成成功的一个必经过程和吸取教训的来源，你将走出阴霾、重整旗鼓，走出自己的成功之路。

3. 关注过程，过程决定成果的质量

创新是一个过程，这个过程中的每个阶段、每道工序、每个细节都会影响最终的创新成果质量。简而言之，"细节决定成败"。因此，现代创新管理者既要关注整体，又要高度关注创新过程中的每个细节。从每一个细节入手，不断优化流程，确保每一个细节都符合规律和标准，从而确保创新成果的质量和可靠性。

4. 知辩证、懂平衡

"天下难事必作于易，天下大事必作于细"[1]，"天之道，损有余而补不足"[2]。自然规律是讲究辩证、平衡的规律。

现代创新管理者需要具备辩证的思维，不能只从单一方面去分析问题，要从多个角度去思考问题，掌握问题的本质，明白看似矛盾的双方是可以互相转换的。例如：失败可以转化为成功，成功也可以转化为失败。明白了这个道理，现代创新管理者即使在面对创新失败时，也能泰然处之，保持冷静、理智和乐观，因为自然规律启示我们否极泰来。同理，现代创新管理者即使在面对巨大的成功时，也不应该居功自傲，而应该保持谦虚谨慎，因为自然规律启示我们乐极生悲。

现代创新管理者还需要懂平衡。其一，平衡创新的内外环境。为了保持竞争力，组织需要不断推陈出新。在这个过程中，现代创新管理者需要面临来自组织内外环境的各种压力。例如资金压力、制度压力、团队稳定性压力、竞争者压力、市场压力等。只有平衡好这些压力，创新工作才能顺利推进。其二，平衡投入与产出。在现代创新管理的过程中，需要注意控制好投入和产出的比例，保持一个合理的平衡。其三，平衡创新的节奏。创新越多并不一定越好，一切创新都应以满足市场需求为最终旨向，现代创新管理者要根据市场需求平衡创新的节奏，确保创新与市场需求的对接。

（四）"不争"和"不妄为"对现代创新管理的启示

创新需要摒弃功利之心和过多的人为干预。只有遵循自然规律，以真善之心思考消费者之需、社会之需、人类之需，才能找到真正符合消费者

---

① 张景、张松辉译注《道德经》，第 257 页。
② 张景、张松辉译注《道德经》，第 300 页。

需求的创新思路。只有找到了真正符合消费者需求的创新思路，才能创造受大众欢迎的新产品或新服务，才能实现创新的根本目标。

《道德经》强调的"不争"和"不妄为"，始终在提醒现代创新管理者保持内心的平静和清醒，提升个人修养，放下太重的自我心和功利心，将争抢之心转化为自我提升之心，将妄为之心转化为尊重自然之心，将自傲之心转化为平和之心，努力做好自己的产品和服务，推出一个又一个深受社会欢迎、深受消费者喜爱的高价值新品。

三　展望

展望未来，《道德经》的智慧将进一步帮助人类社会走好创新之路，在优化创新思维与现代创新管理理论、组建创新组织、构建创新文化、引导创新行为等方面都有良好的应用前景。在此，着重强调《道德经》在优化创新思维与现代创新管理理论方面可期望的卓越贡献。

《道德经》高度重视柔性，尤其重视水的柔性。《道德经》第八章言："上善若水。水善利万物而不争。"① 第三十六章言："柔弱胜刚强。"② 第四十三章言："天下之至柔，驰骋天下之至坚，无有入无间。吾是以知无为之有益。"③ 第七十六章言："人之生也柔弱，其死也坚强。万物草木之生也柔脆，其死也枯槁。故坚强者死之徒，柔弱者生之徒。是以兵强则灭，木强则折。强大处下，柔弱处上。"④ 第七十八章言："天下莫柔弱于水，而攻坚强者莫之能胜，其无以易之。弱之胜强，柔之胜刚，天下莫不知，莫能行。"⑤

基于《道德经》的上述论述，本书在前文强调了柔性管理的重要性，展望未来环境对"至柔"的需求，建议将"至柔之水"引入创新思维与现

---

① 张景、张松辉译注《道德经》，第 36 页。
② 张景、张松辉译注《道德经》，第 146 页。
③ 张景、张松辉译注《道德经》，第 183 页。
④ 张景、张松辉译注《道德经》，第 298 页。
⑤ 张景、张松辉译注《道德经》，第 302 页。

代创新管理中，构建水式创新思维与水式现代创新管理理论。

简而言之，水式创新思维就是具备"水"特征的创新思维。具体说，水式创新思维具有如下特征：极大的思维空间；灵动的思维范式；可塑性、流动性、适应性极强，与时俱进、与境同变、同境共生；迎难而上，遇到阻碍绕个弯又可以继续前进；渗透性强，可以通过渗透，找到问题的根源；以柔克刚，有滴水穿石般的坚韧之力，无坚不摧；思维可跳跃式前进，很有利于发现新的创新空间和发展空间，开拓新市场。

将水式创新思维引入现代创新管理中，可以构建一个系统的水式现代创新管理理论。基于对未来市场环境的预测，水式现代创新管理理论将有持续而辉煌的应用前景。以水式现代创新管理理论为基础，现代创新管理的所有环节都将得到优化，现代创新管理者也可以更好适应市场、客户和员工的需求，做出更适应环境需求的决策。于是，现代创新管理的价值提升了，创新的效益提高了，客户、社会与国家更满意了。

后　记

创新之路并不平坦，它需要我们驰骋在技术、管理、道德等多个领域，需要我们结合现代技术与传统文化的优势。在现代创新管理中，哲理与智慧始终是不可缺少的。

《道德经》对现代创新管理的启示是深刻的，也是多维的。通过认真研究《道德经》全书，我们深入理解了创新基础、创新本质、创新规律、创新节奏、创新中各要素的辩证关系与平衡等，获得了宝贵的现代创新管理智慧。

本书终于完成了。回忆成书的艰辛，在感到欣慰的同时，笔者内心充满感激。我要感谢我的家人，他们一直支持着我，给我研究《道德经》与写书的时间。我要感谢我的领导与同事，他们一直鼓励着我，给我支持和力量。我要感谢我的导师，他在百忙中抽空帮我审阅书稿，并给我公开出版的信心。

完成本书后，我将继续从事相关研究。路漫漫其修远兮，吾将上下而求索。

图书在版编目（CIP）数据

《道德经》对现代创新管理的启示 / 肖天明著 .
北京：社会科学文献出版社，2024.6.--ISBN 978-7
-5228-3850-2

Ⅰ.B223.15

中国国家版本馆 CIP 数据核字第 2024S57B07 号

《道德经》对现代创新管理的启示

著　　者／肖天明

出 版 人／冀祥德
责任编辑／岳梦夏
文稿编辑／李铁龙
责任印制／王京美

出　　版／社会科学文献出版社·马克思主义分社（010）59367126
　　　　　　地址：北京市北三环中路甲 29 号院华龙大厦　邮编：100029
　　　　　　网址：www.ssap.com.cn
发　　行／社会科学文献出版社（010）59367028
印　　装／三河市尚艺印装有限公司

规　　格／开　本：787mm×1092mm　1/16
　　　　　　印　张：21.75　字　数：320 千字
版　　次／2024 年 6 月第 1 版　2024 年 6 月第 1 次印刷
书　　号／ISBN 978-7-5228-3850-2
定　　价／138.00 元